本书受到国家社会科学基金重大招标项目"互联网群体传播的特点、机制与理论研究"(15ZDB142)资助

"建设性新闻"研究丛书

REPORTING BEYOND THE PROBLEM
From Civic Journalism to Solutions Journalism

超越问题的新闻
从市民新闻到方案新闻

〔美〕凯伦·麦金泰尔（Karen McIntyre）
〔美〕妮可·达曼（Nicole Dahmen） 主编

晏青　邵鹏　译

社会科学文献出版社
SOCIAL SCIENCES ACADEMIC PRESS (CHINA)

"建设性新闻"研究丛书编委会

主　　任　唐绪军

副主任　殷　乐　沈　玲

委　　员　（以姓氏笔画为序）
　　　　　方　勇　沈　玲　陈　龙　殷　乐　唐绪军
　　　　　黄楚新　崔保国　蔡　雯

总 序

随着互联网的广泛应用,整个世界开始进入快速而多向度的结构变迁和关系重构,国家与国家、国家与社会、权力与权利、文化与历史、制度与技术……既有破坏又有创新,解构和建构往往同时进行。

传媒行业和新闻领域亦然。

众所周知,在互联网的助推下,传媒业正处在一个快速变革的时期。媒体生态在变,新闻场景也在变:传统媒体信任度下降、影响力弱化,社交媒体迅速崛起、广泛应用,人工智能大举进入,假新闻四处泛滥,算法新闻喜忧参半……当互联网赋予所有人以传播信息的权利,既有的传播格局必然发生巨大的变化。我们可以预判的起码有三点:其一,大众传播时代正在向着公共传播时代演进和跃升;其二,公共传播时代的新闻产制方式将不同于大众传播时代;其三,公共传播时代的媒体角色也将不同于大众传播时代。面对大环境的转换,全球媒体都在寻觅新的生存方式,探索如何在公共传播时代重建公众信任,其中,建设性新闻(Constructive Journalism)正成为近年来国际新闻实践和学术探讨中的一个聚焦点。

什么是"建设性新闻"?我们可以从两个层面来加以理解。狭义来看,"建设性新闻"指的是在新媒体环境下一类积极参与解决社会问题的新闻实践的新探索。这类新闻实践强调在新闻报道中除了要坚持内容的客观真实外,也应拓展报道的思路,要以解决问题为报道宗旨。与之相仿的另一个经常被人提及的概念是"解决之道新闻"(Solutions Journalism),

亦有将其译为"解困新闻""解题新闻""方案新闻"等。此外，还有些相关的概念，如"方案聚焦新闻"（Solutions-Focused Journalism）、"好新闻"（Good News）、"积极新闻"（Positive Journalism）、"和平新闻"（Peace Journalism）、"恢复性叙事"（Restorative Narrative）等。如果我们将视野放宽，甚至还能追溯到"公共新闻"（Public Journalism）、"市民新闻"（Civic Journalism）等。

广义来看，建设性新闻则是在近年来此类新闻实践基础上将其宗旨抽象概括而形成的一种新闻理念。无论是"建设性新闻"，还是"解决之道新闻"，抑或是其他什么名目的新闻，均强调两个重点：其一是积极；其二是参与。所谓"积极"，即以正面报道为主，给人以向上向善的信念和力量，即便是揭露问题的报道，出发点也是为了解决问题，因而在报道问题时会同时提供解决问题的策略或方案，而不是把问题一揭了之。所谓"参与"，指的是媒体和记者不再置身事外，而是作为社会成员之一，介入到社会问题的解决过程之中，与其他社会成员一起共筑美好生活。这两点其实都是对传统西方新闻理论所强调的"坏事情就是好新闻""媒体记者必须中立"的观点的一种扬弃。简言之，建设性新闻并非要取代批判性的"守门人理论"，也并非仅仅局限于只能报道正面新闻，它强调的是，好的新闻报道可以激发公众对话和参与，能解决社会面临的诸多问题，推动媒体在公共传播时代社会价值的重新定位。这也是诸多研究者将这一类新闻实践探索冠以"建设性新闻"名称的原因。

综上，建设性新闻指的是媒体着眼于解决社会问题而进行的新闻报道，是传统媒体在新媒体时代立足于公共生活的一种新闻实践或新闻理念。

建设性新闻的理念对我们来说一点都不陌生。我国是社会主义国家，以人民代表大会制度为根本政治制度，实行中国共产党领导的多党合作和政治协商的政党制度。这种制度既不同于西方国家的两党或多党竞争制，也有别于有的国家实行的一党制，它是非对抗性的、合作性的、建设性的。与这种非对抗性的政治格局相适应的社会主义新闻媒体，既是党的耳目喉舌，也是人民的耳目喉舌，更注重新闻媒体广泛凝聚共识、增进发展合力的社会建设功能，力求最大限度地促进各种公共资源的优化配置，有效地保持政治稳定与社会和谐。因此，以正面报道为主一直是我国新闻媒体的重要报道方针。但是，由于长期的惯性使然，我国部分媒体也存在对正面报道的片面理解和僵化执行，如选题流于形式，语言陈旧落后，报道手法拘于八股模式，甚至于一味歌功颂德、害怕暴露问题而粉饰太平，未能真正实现正面报道、正能量新闻应有的正向传播，受众的参与分享度低，未达到应有的社会效果。某种程度上，传统媒体正面报道在新媒体环境下的不适应是当前新闻报道中一个亟待解决的紧迫问题。

面对百年未有之大变局，面对众声喧哗的公共传播时代的来临，新闻媒体的社会责任该如何体现？媒体和职业新闻人应该以何种方式参与到行动中去推动社会问题的解决？新闻报道与社会治理之间到底应该有何种关联？这一系列问题都值得我们深入思考。

缘于此，中国社会科学院新闻与传播研究所自2014年开始，在"公共传播时代的新闻实践研究与传播理论创新"的总题目下，推进了一系列与互联网治理与建设性新闻相关的研究项目。在对不同媒介环境中的新闻传播现象进行持续性跟踪和研究的基础上，展开了多个面向的探索：有对全球主流媒体、新媒体前沿议题的持续追踪与解析，有对新闻传播经典理念的爬梳与反思，有对建设性新闻与社会发展的比较研究，有对中国媒体融合和民生新闻发展的调研与探讨，更有在实践层面与媒体机构合作的建设性新闻试点……不同研究项目各有其侧重点，但其共通之处在于，以"建设"为核心概念来关注和探讨互联网治理和新闻传播，把建设性新闻作为研究新闻业务发展、研究互联网治理的一个重要环节，探寻传统主流媒体在公共传播时代的立足点，发掘社会发展中的媒体角色，追问智能互联时代媒体的初心与使命。通过深入的理论探讨和试点实践，我们获得了一些初步的思考结果。

其一，推进建设性新闻的发展是顺应信息技术发展的必然趋势。在当前学界和业界提出的林林总总的新闻发展趋势中，新媒体给新闻带来的本质冲击在于从告知到参与，而且这一参与的深度和广度远甚于技术门槛降低之初的参与表达，媒体需要重新定位与受众的关系。媒体的价值不仅在于选择和彰显问题，更在于就问题与公众进行深度对话，将公众所关注的问题作为报道核心，在挖掘问题成因的同时，提出解决问题的建设性方案，这样才是能启迪人心的新闻。鼓励参与，有助于把握人心。由是观之，建设性新闻开辟了公共传播时代新闻业务发展的新思路，改变了传统媒体时代"自上而下"的信息传递方式，鼓励公众共同参与新闻制作及线下方案活动，从而推动整个社会的变化与进步。

其二，推进建设性新闻也是强化问题意识的一种举措，有助于媒体设置议程引导舆论。在公共传播时代，单纯对某些事件进行新闻报道已经远远不够，好的媒体应该有更积极的角色定位，将报道中心转移至发现问题、设置议题，通过专题策划和采访报道，架起多方沟通的桥梁，同时还需要在报道之后进行持续跟踪，促成议题得到正向发展。社会发展永远都会面临各种各样的问题：人与人的问题，老年人与青年人的问题，人与自然的问题，人与科技的问题……而每解决一个问题都能促使社会向前发展一步。从这个意义上来说，问题的存在是社会发展的前提条件，而发现问题、引导问题的解决是新闻媒体存在的社会价值，是社会发展的动力之一。

其三，以建设性新闻的理论探讨和实践为基础，发展具有中国特色的社会主义新闻学。习近平总书记2016年在哲学社会科学工作座谈会上的讲话中，将新闻学列入对哲学社会科学起支撑性作用的十一个学科之一，这表明了党对新闻学的重视。中国新闻学发展百年，为中国新闻事业的进步做出了巨大的贡献。但是，在大众传播向公共传播演进的过程中，应当也亟须有新的新闻传播理论观照新现象、解释新问题、指导新实践。开展建设性新闻实践，是当前探索传统媒体与新兴媒体融合发展的一条路径。传统的主流媒体具有政府背景、政治优势，可以协调社会各界的力量；而新兴的社交媒体具有互动和参与的优势，可以广泛调动民众参与社会治理的活动。因此，把建设性新闻的倡导与实践作为传统媒体与新兴媒体融合的一个切入点，有助于加快媒体融合。新闻学本来就是实践的产物，是实践经验的规律性总结，也必定在实践中不断发展。

这套丛书既是我们对上述一系列问题的梳理、思考和阶段性研究成果的呈现，也是我们继续不断努力的一种动力。我们希望通过这套丛书能够拓展媒体从业者和学界同人的视野，引发更多的思考和创造，同我们一起为推动中国新闻事业的发展贡献智慧。

　　是为序。

中国社会科学院新闻与传播研究所所长　唐绪军
2019 年 10 月

中文版序言

凯伦·麦金泰尔
(Karen McIntyre)

本书中译本的出版，说明包括建设性新闻在内的富有社会责任的报道种类正日益增长，并引发全球的关注。近年来建设性新闻在中国的发展势头强劲，序言将围绕这个问题展开。

本书中讨论的一些报道形式已有几十年的历史，另一些则是新兴的或重新出现的。具体来说，在过去的5~10年里，建设性新闻和方案新闻在业务实践和学术研究上的受欢迎程度飙升。据我所知，除了南极洲，各大洲的新闻编辑部都在运用这些方法，学者们对它们的实践和学术研究也越来越多。在这个时间节点上，我和佐治亚大学的同事凯泽·洛（Kyser Lough）对建设性新闻和方案新闻研究情况进行了系统回顾，由此发现的一些趋势为学者们提供了该领域的概况，并且可为未来的研究提供信息和指引。在此，我将分享2021年建设性新闻和方案新闻领域的研究现状。

研究正在增多，学术成果覆盖面广

就在十年前，没有一篇发表的研究文章提及建设性新闻或方案新闻。直至2010年代初期到中期，有几篇研究生的学位论文（包括我自己的）讨论了这些报道方法；2017年，期刊上开始刊登论文；到2021年底，学界已经发表了近100篇关于该主题的杂志文章、学术论文和学位论文。种种迹象表明，学界对这个议题的兴趣与日俱增——因此我猜测研究成果还在增多，这个领域的学术研究将会硕果累累。

目前，有37家期刊发表了关于建设性新闻或方案新闻的文章，这表明这些研究方向受到广泛关注。虽然大部分文章刊登在两种期刊上，但看到这么多的学术期刊接受这一主题的研究成果，还是令人备受鼓舞。我们的样本中没有发现中国的期刊，但有一个是亚洲期刊——《亚洲传播杂志》。

建设性/方案新闻具有国际吸引力

全球的学者都对建设性新闻和方案新闻产生了兴趣。目前已发表论文里的第一作者来自19个国家的研究机构。其中，中国作者发表的占比约为5%，因而中国是第三多产的国家，仅次于美国（占比37%）、荷兰（占比12%）。研究内容也呈现地理上的多样性。研究者分别在北美洲、欧洲、非洲、亚洲和拉丁美洲等地的23个国家，开展了建设性新闻和方案新闻的研究。

尽管来自欧美的研究者发表的成果占了大部分，但很明显这些报道方法在世界各国正逐渐受到重视。这也带来了一系列重要问题，即在不同的社会政治背景下，建设性新闻和方案新闻对记者、官员和公众意味着什么。未来，应该着眼于在不同的文化和媒体系统，特别是新闻自由程度不同环境中对这些方法进行比较，研究它们是如何被定义和实践的，以及这样做的效果如何。

方法很多元，需要理论性发展

在对建设性新闻和方案新闻的研究中，约有半数聚焦于这些报道方法的过程和制作。近30%的文章研究了这些实践的影响，仅有11%的文章是纯概念性的研究。研究的概念框架仍然很广泛，我们发现作者普遍依赖积极心理学、框架理论、社会责任论以及新闻业中的规范角色和标准来支撑他们的研究。该领域需要进一步开展研究以确定有助于解释建设性新闻和方案新闻机制的理论，对于其他富有社会责任的新闻报道方法也是如此。

情感影响明晰，其他影响尚无定论

已经有很多人称赞过建设性新闻和方案新闻的（潜在）影响了，特别是支持这些报道实践的专业组织，但也有学术界人士。我和同事洛博士想知道，这些在受众效果方面的研究的共同发现是什么。我们的系统回顾仅关注实验效果的研究，我们发现这些方法对新闻消费者的情绪有极强烈的影响。在发表的22个实验中，有17个将情感作为结果变量对受众进行了测量，令人感到惊奇的是，这17个实验都发现建设性新闻和方案新闻让受众感觉更积极（或者至少不感到更加消极）。然而，这些实验在其他媒体效果方面仍然没有定论，如功效（efficacy）、行为意图、实际行为改变等。为了加深我们对这些方法的效果的理解，学者们应测量中介变量，进行更多纵向研究，丰富这些方法的参与渠道。我们发现，尚没有任何实验测试建设性新闻或方案新闻对中国受众的影响，因而我们鼓励中国学者填补这一空白。

在序言里，我将从建设性新闻和方案新闻的研究现状和趋势出发，抛砖引玉，为中国学者提供参考。建设性新闻和方案新闻只是本书讨论的八种方法中的两种。我希望读者能够发现每一种社会责任新闻类型的价值，也希望全世界的学者都能为这一领域的发展贡献智慧。

前言*

1993年，英国广播公司（以下称为BBC）告诉我，如果我还在科罗拉多大学演讲，他们就要解除我在晚间黄金档新闻节目《九点钟新闻》（*Nine O'Clock News*）的主持人一职。

他们的理由是，我的主题不合适（事先报呈且他们知悉了）。我的演讲用了一大段篇幅指出，大部分媒体需要更好地平衡负面报道和正面报道，电视新闻尤其如此。BBC没有对我的论点进行任何辩驳，就将我的演讲视为一种内部攻击，并认为其可能会引发媒体的负面评论。

我的建议是，当我们决定每天编辑新闻的优先事项时，应该比从前更有准备地用此前衡量负面新闻的新闻尺度去考虑那些积极的、严肃的新闻报道（不是人为创造的，而是自然地出现在新闻议程中的事

---

* 作者：马丁·刘易斯爵士（Sir Martyn Lewis），英国记者、播音员，在电视新闻方面有30多年的现场报道和新闻播报经验。作为数千部电影和视频报道的制片人，他还主持了BBC及其竞争对手ITN所有主流电视新闻节目，包括关于威尔士王妃去世的6小时现场直播。在独立电视新闻史的《最后》（*And Finally*）一书中，他被描述为"ITN有史以来最好的新闻故事电影制作人之一"。1993年，为纪念科罗拉多大学新闻学院的首任院长，他受邀在克罗斯曼年度大会上发表演讲，首次公开且引发争议地挑战了传统的新闻价值等级秩序。他因长期参与英国志愿活动（他将其描述为"新闻消极性的完美解毒剂"），被英国首相授予爵士头衔。他曾担任独立电视新闻规范组织（Independent Press Standards Organization）主任四年，也是《积极新闻》（*Positive News*）杂志的赞助人。他目前担任女王志愿服务奖主席，表彰当地社区志愿者团体的不凡工作。

件）。这些报道合适与否的主要判断标准不应该是它们所包含的暴力、死亡、冲突、失败或灾难的程度，而应是这些报道塑造或改变，或有潜力塑造或改变我们赖以生存的国家及世界的程度。

上述这些标准不仅让我们能够揭露世界上的不公及问题所在，而且能够适当为这个世界的成就、成功和胜利"加码"。

在我看来，这是一个合情合理的观点，但对BBC的管理层来说并非如此。因此，他们想让我闭嘴，并迫使他们的时事节目《新闻之夜》(Newsnight) 取消了几个小时前跟我预约的采访。

我怒火中烧！要知道，这是一个有着很高公信力的新闻机构，是一个民主辩论的全球性堡垒。它对社会的很多部门都进行了恰如其分的调查、质疑和评论，但他们拒绝用同样的鹰眼来观察自己，并在自己的一亩三分地上就新闻的价值和判断进行辩论。这种"双标"真的让人"叹为观止"！和支持我的妻子商量后，我决定辞职不干。所以我如期进行演讲，待我返回家乡后，再重新寻找一份工作。

但出乎意料的是，在返回伦敦时，我发现英国的其他主流媒体对我的演讲做了全面报道，正如BBC的主席告诉我的那样，演讲中的观点得到了铺天盖地的报道与支持。更重要的是，我也保住了我的主持人工作，并将继续在世界各国进一步探讨这个话题。

而令人振奋的是，近乎25年后，BBC开始接受现在被称为"建设性新闻"的概念，尽管他们更喜欢称其为"方案新闻"。但不管怎么称呼它，一个明确的信息是，过去的几年里，在《纽约时报》的戴维·伯恩斯坦（David Bornstein）和蒂娜·罗森伯格（Tina Rosenberg）、丹麦主流广播公司的前新闻执行总监乌尔里克·哈格鲁普（Ulrik Haagerup）以及调查记者凯瑟琳·吉尔登斯特德（Cathrine Gyldensted）等先行者的大力推动下，媒体行业正在发生根本性变革。其重点在于，媒体不仅报道大量的人和组织机构为纠正世界上的错误所做出的巨大努力，还要报道"这些错误是什么"。毕竟，要抛出潜在的方案，必须首先概述引发该方案的问题。伦敦《泰晤士报》是近期的建设性新闻"皈依者"之一，该报编辑约翰·威瑟罗（John Witherow）认为："建设性新闻报道是恢复人们对主流媒体信任的一种方式……这将改善媒体的形象，因为读者会开始觉得，我们可以帮助他们改善生活。"

无论是漠视媒体负面导向的报道和虚假新闻，还是几乎不受约束的社交媒体的"野蛮生长"，都造成公众对传统新闻的"离心运动"，这个问题显然亟待解决。为了使民主不至于脱轨，选民就需要得到准确的信息。本书列出了许多饱含善意的记者提出的好想法，正如他们所说的，这些方法试图达到一个目的——"超越问题本身"。

本书由凯伦·麦金泰尔（Karen McIntyre）和妮可·达曼（Nicole Dahmen）精心构思、编撰，是美国出版的第一本关于这些"好想法"和新兴报道的学术著作，它也肯定了世界其他地区已经展开的类似工作。这是一本新闻界和学界都迫切需要的汇编，书中提到的观点和风险，正在塑造着新闻业的"新方法"。

本书较全面地解答了一些问题，比如对 24 小时新闻的需求；所谓的"慢新闻"（slow journalism）①，即通常需要时间来解释的复杂故事；以及如何重新与读者接触，使市民新闻再次成为在社区日益壮大的力量。它严谨地报道了那些仍然对新闻宗旨"再阐释"持怀疑态度的学者的论点。但事实上，如果不这样做，这将是一个新闻业忽视的问题！例如，书中解释了积极的和消极的"和平新闻"的区别，期待用它唤起过去的回响，并讲述了近乎一个世纪前，新闻业的一些先贤在制定其职业目标时是如何谈论"建设性"的必要性的。

其实，"建设性"在宗旨或称呼上并不新鲜。但与以往不同的是，"建设性"一词已成为新闻业的显著标签，以适应新的全球环境下的报道挑战。这本书不仅对学术界和新一代记者有极大意义，而且

---

① 本书有两个术语：slow journalism 和 slow news，两者皆可译为"慢新闻"，若不加区分，则易造成混淆。所以，凡是 slow journalism 处都会标出英文；而 slow news 直接译为慢新闻，没有标出英文。——译者注

对那些（无论多么不情愿）准备考虑新技巧的"老古板"们也是一本无价的指南，甚至对于那些希望新闻业能够更好地服务这个急剧变化的社会的人而言，它也是一本"圣经"，它希望新闻业能够为我们生活的世界树立一个更加公平的形象——在这个世界里，成功、胜利和努力总是与灾难和悲剧相伴，但其分量总是大大超过灾难和悲剧。

我希望本书能启发并激励下一代人。

马丁·刘易斯 爵士

伦敦

2019 年 9 月

目 录

总　序 / 1
中文版序言 / 1
前　言 / 1
一　富有成效与社会责任感的报道 / 1
二　市民新闻：新闻创新溯源至市民新闻 / 12
三　建设性新闻：基于积极心理学报道新闻以准确描绘世界 / 32
四　方案新闻：报道对策与报道问题皆具新闻价值 / 51
五　解释性新闻：为复杂的问题提供解释和深度 / 67
六　协作式新闻：关注光明面又不忽视黑暗面 / 87
七　参与式新闻：权力动态转移以增加公众参与 / 113
八　和平新闻：以非暴力方式解决冲突 / 136
九　慢新闻（Slow Journalism）：融合数字新闻与慢新闻 / 168
十　趋势：生产具有社会责任感的新闻 / 186
后　记 / 197

一 富有成效与社会责任感的报道

凯伦·麦金泰尔（Karen McIntyre）

妮可·达曼（Nicole Dahmen）

新闻是一项公共服务事业，亦是民主之基。它从不"怠工"，哪怕一天、一小时，甚至一分钟。记者坚持不懈地揭露非法行为，对当权人进行问责，以告知公众、为弱势群体发声为使命。新闻曾让一些领导人下台，推动政策变革，并对无数人的生活产生积极作用，这些新闻影响深远。

然而，新闻工作还可以做得更好。这是一个新闻业混乱的时代：负面新闻泛滥、政治党派走极端、公众对媒体信任度降低，而本书为我们提供了前进的方向。其中，有些是卓有成效的，有些是重焕生机的，还有些是新兴的。这些新闻形式秉承新闻的专业价值观，使用富有成效的、对社会负责的报道方法，向公众提供信息。

所谓"富有成效"（productive），指的是推进对话、吸引受众并对其赋权，寻求创造有意义的影响力的实践。而"社会责任"（socially responsible），是指新闻报道超越以问题为基础的叙事，通过深度挖掘、包容复杂性、强调与社区的联系与协作，思考社会效应最大化。需要明确的是，这些新闻实践并不是所谓积极的新闻，也不是目的是创造良好感觉的无用报道，它们是严谨的新闻实践，报道具有重大社会意义、不容忽视的问题，包括气候变化、移民、无家可归、种族不平等、枪支暴力、人口贩卖、经济差距等。

本书讨论的八种报道方法有细微差别。如果你想了解它们的定义和诞生背景，不妨先看以下案例，它们或许会是最好的解释。

刚果民主共和国是一个饱受折磨的国家：政局动荡、暴力冲突、贫困不堪、疾病肆虐……这是世界上最贫穷的国家之一，大多数新闻报道也都反映了这一事实，但这不是刚果土地上唯一的事实。同样有新闻价值的是，这个"世界上最闹心的国家"即将消灭一种致命的疾病。正如《卫报》记者萨拉·博斯利（Sarah Boseley）在2018年的文章中描述的那样："刚果医生终于赢得了与昏睡病的战斗。"（Boseley，2018）这种致命的虫媒传染病（insect-borne infection）被列为极易被忽视的热带病。

这一消息肯定能带来希望和信心，但同时也存在严峻的挑战：医生短缺；有效药物还处在临床试验阶段；最可能被感染的人住在交通不便的村庄。通常患有昏睡病的人会有思维混乱和其他神经系统紊乱的症状，但他们不会选择就医，因为他们深信自己的疾病是因巫术而起。尽管存在以上种种挑战，但在过去的20年里，医生们发现昏睡病的病例至少减少了96%。

博斯利因《夜长梦多》（the Big Sleep）而获得了由方案新闻网和建设性新闻研究所联合颁发"未来新闻奖"（Future of Journalism Award）。这不仅是因为这本书立足于方案，还在于它讨论了平衡性和新闻背景，理解了如何让新闻报道更全面、准确地描绘刚果甚至整个世界的情景，而其他记者常常做不到这一点。

博斯利说："我们不想提出整体状况。"记者们倾向于放大一件事，而这件事通常是黑暗的、负面的。她认为，许多编辑认为读者无法说清楚过于复杂的报道，因此他们基本上会对报道进行简化，在表达上通俗易懂。

"我们一次次使冲突升级，扼杀了对话的复杂性。"《时代》《大西洋》等多家新闻杂志社的调查记者阿曼达·里普利（Amanda Ripley）赞同博斯利的观点，她提道："我们删掉了不符合叙述的引语，编辑也会帮我们编辑调整，我们寻求的是整齐自然的连贯性。"她在方案新闻网发表的文章《让叙事复杂化》（Complicating the Narratives）中写道："问题是，在一个冲突剧烈的时代，仅仅关注条理性、连贯性的新闻报道是糟糕的，近乎渎职。"

里普利和博斯利都认为，记者需要拥抱报道的复杂性，而不是回避它。综合性强、内容丰富的新闻报道正是受众所需要且想看到的。对此，里普利解释说：

> 对于那些在极强冲突中工作的记者（或任何人）来说，需要汲取的教训是：要让叙事复杂些。首先，复杂性能表达和呈现一个更完整、准确的故事。其次，尤其当它涉及一个冲突性极强的问题时，复杂性会让你事半功倍。人们遇到复杂性，会更加好奇，对新信息也不那么封闭。换言之，他们会倾听。（Ripley，2018）

可是现在，人们闭目塞听。至少，倾听者不像以前那样多了，尤其是没有记者们所期待的那样多了。其中一个原因是，新闻可能会令人沮丧和紧张。即便在新冠肺炎疫情（COVID-19）助推新闻消费上升之前，95%的美国成年人表示，他们经常看新闻，但超过半数（56%）的人说这会给他们带来压力（American Psychological Association，2017）。事实上，美国国家公共广播电台、罗伯特·伍德·约翰逊基金会和哈佛大学公共卫生学院（National Public Radio et al.，2014）共同开展的一项全国性调查显示，在2014年，美国人认为阅读、观看或收听新闻是他们产生压力的主要原因之一。在新冠肺炎疫情期间，许多美国人表示，疫情消息让他们的情绪更糟糕，大多数人表示他们其实需要在新闻中"休息一下"（Mitchell et al.，2020）。

看到这里，你可能会感同身受：谁没有过因为感到悲伤、厌恶或绝望而关掉电视新闻广播或关闭浏览器窗口呢？事实上，研究早就证明了消费新闻的负面影响，尤其是电视新闻负面消息会导致人们情绪的不稳定，增加悲伤和焦虑（Aust，1985；Johnston & Davey，1997），这些情绪状态会影响人们的思想和行为。例如，负面新闻让我们对陌生人和整个社区更加冷漠，不信任政治领导人，并强化我们的担忧，直至演变出一场"灾难"（Galician & Vestre，1987；Johnston & Davey，1997；Kleinnijenhuis et al.，2006；Veitch & Griffitt，1976）。人们发现，长期接触播放暴力新闻的电视媒介，更容易形成"世界卑鄙而危险"的印象，在这个世界里，人们只关注自己，而不能互相信任（Gerbner，1998）。我们想问的问题是，新闻带来这么严重的情绪波动，人们还会为它付费吗？

新闻除了会令人沮丧、加深紧张感之外，还会被公众质疑准确性。72%的美国成年人认为媒体夸大了事情的严重性（American Psychological Association，2017）。尽管情况复杂多面，但这或许也有助于解释为什么受众正在对新闻失去信任。西方社会对新闻业之于一个正常运作的民主社会的价值有共识，这种共识中包括对记者提供准确信息的期望。但在2016年，只有6%的美国人表示对新闻媒体"非常有信心"，创历史新低（American Press Institute，2016）。

此外，或许是因为媒体正逐渐丧失公信力，或许是出于对焦虑和信任丧失的回应，公众正在疏远新闻媒体。2017年，美国几乎所有主要新闻媒体的受众数量都有所下降（Pew Research Center，2018）。一项针对当地广播新闻收听情况的调查发现，公众之所以这么做，是因为这些报道太负面，而且经常涉及犯罪（Potter & Gantz，2000）。同样令人担忧的是，研究对象也减少了观看当地新闻的频率，因为正面新闻的报道很少（Potter & Gantz，2000）。新闻报道以冲突和负面为主，通过触目惊心和耸人听闻的报道来吸引读者眼球，这是一种从公共服务转向市场导向的趋势：新闻机构更关心的是赚钱，而不是为公众服务（Beam et al.，2009），并且形成了一种建立在点击量和点赞量基础上的广告模式，但这并不能真正衡量新闻的参与度或影响力（Kormelink & Meijer，2018）。鲍尔斯（Powers）将新闻影响定义为"新闻工作的结果，是增加受众知识、促进对话或改变政策，而不是生产故事或增加收入"（Powers，2018：454-455）。需要明确的是，有价值的影响指的是出现有重要意义的言论，以及促进持续的政策革新和人道主义行动，而不仅仅是点击、点赞和分享行为。

21世纪以来，新闻业出现了财务危机，新冠肺炎疫情发生后，其财务状况更是雪上加霜。大量新闻编辑室关闭、公司裁员、广告收入下降。新闻界的这类问题是有据可查的，在此不做赘述，我们的重点放在"现在怎么办？"这一问题的讨论上。

富有成效、对社会负责的报道强化了新闻的核心原则

本书介绍的八种报道方法，都忠于新闻业的职业价值观：寻求真相、最大限度地减少伤害、独立行动、负责任和透明原则（SPJ Code of Ethics，2020）——在实现新闻报道预期效果的同时，采用具有社会责任感的报道方法将信息传达给公众，让他们明白，如果没有知情的民众，民主就无法繁荣（Kovach & Rosenstiel，2014；Siebert et al.，1963）。事实上，这些理念广泛地用于新闻业，但上面提及的问题却出现恶化。当今的主流新闻大多不太符合上述价值观，其不足之处在于，主流媒体止于报道问题，而不是推进对话。当报道内容止于问题时，其导向有可能过于消极和负面，由于没有提供对未来有所帮助的信息，故而受众会对其感到厌烦。许多新闻机构过于注重新闻的时效性，强调第一时间发布报道，而忽视其准确性、深广度和精准度。常规新闻报道一般会报道社区，却没有报道来自社区的声音，或者以主流范式的声音来报道被边缘化的社区。例如，典型的以问题为核心的新闻报道了逮捕卖淫者的事件，却没有对其中的人口贩卖等问题进行深入解释，从而使受害者受到额外的"伤害"。另一个例子是2020年抗议活动期间的新闻报道——关于公众对白人警官杀害非裔美国人乔治·弗洛伊德表示强烈抗议的报道仅仅聚焦于抢劫，而未能解释抢劫行为与黑人、印第安人和其他有色人种对被边缘化的愤怒有何关联。

本书的这些报道方法向新闻界的社会责任理论看齐——不仅是作为一种理念，更是作为一种实践。书中我们介绍了八种适合这种模式的报道方

法，概述了它们的基础知识，并详细介绍了一些实践案例和传播效果。每一部分都由一名或多名参加过这些实践的专家撰写，他们从专业和学术两方面对此进行深入探讨。有的作者有学术背景，有的作者有行业背景，有的作者两者兼备。我们虽然聚焦这八种方法，但还有更多的报道方法存在，也会有更多的新闻形式被开发出来。目前，我们已经有以下新闻形式：

- Action journalism 行动新闻
- Communitarian journalism 社群主义新闻
- Community journalism 社区新闻
- Conciliatory journalism 调解新闻
- Contextual journalism 情境新闻
- Crowd-powered reporting 群众赋权报道
- Dialogue journalism 对话新闻
- Interpretive news 说明性新闻
- Knowledge-based journalism 知识型新闻
- Participatory journalism 协作式新闻
- Problem-solving journalism 解决问题新闻
- Public-powered journalism 公众赋权新闻
- Reciprocal journalism 互惠新闻
- Reparative journalism 修复新闻
- Restorative narratives 恢复性叙事
- Social journalism 社会新闻
- Soft-advocacy journalism 软宣传新闻
- Solidarity journalism 支持性新闻

前路如何？富有成效和社会责任的新闻实践概览

我们相信，关心世界并不能让记者成为"积极分子"。调查性报道中心出版平台 Reveal 的莱特森（Letson）解释说："我们的使命是让世界变得更美好、更公正。在我们现在所处的这个媒体版图中,重要的是找到与人们接触的方式。"

通过适当的情境、复杂性和新闻严谨性来寻求有意义的效果,实现我们的共同目标——通过新闻报道让世界变得更美好,这可能也是一种抵达受众的有效方式。许多记者和新闻学研究者同意这一观点,并创造了各种实践方式作为回应。本书试图定义和区分其中几种取向,并确定它们的共性。我们的目的不是讨论或研究这些报道方法是否有适当的界限,或者是否与其他报道方法有足够多的差异,以保证它们名副其实,或者恰如其分——实际上,这些取向有重叠和交叉之处。相反,在接下来的各部分中,我们将通过八种富有成效和社会责任感的报道方法,探讨加强新闻行业、使其对社会有益的实践方法(见表1-1)。

表1-1 本书讨论的八种报道方法的简要定义

市民新闻 (Civic journalism)	通过促进公众对新闻的参与和讨论使公众参与民主进程的新闻方法。
建设性新闻 (Constructive journalism)	从积极心理学中汲取经验和灵感的新闻方式,其最终目标是在报道关于破坏、腐败和冲突的新闻的同时,重视报道有关进步、成就和合作的新闻,增进社会福祉。
方案新闻 (Solutions journalism)	一种对社会问题进行有效回应的报道方式,强调证据、见解和局限性。
解释性新闻 (Explanatory journalism)	将叙事、时事和趋势等元素嵌入既定问题的故事序列,为复杂问题提供更强大的解释力和具有深度的报道。
协作式新闻 (Participatory journalism)	专业记者与公众合作的新闻形式,以公众利益为目标,收集、分析和解读信息。
参与式新闻 (Engaged journalism)	它是这样一种新闻方法:公众、专家和参与者作为平等的"伙伴"参与报道过程,实现共同的使命,即为一个知情和繁荣的社区提供准确的信息。
和平新闻 (Peace journalism)	通过框架和用词技巧,实现以非暴力解决冲突的报道,如避免使用煽动性、妖魔化、陈规定型的语言,拒绝"我们 vs. 他们"的对立叙述等,并将此应用于对冲突新闻的报道。
慢新闻 (Slow journalism)	要求记者花更多的时间消化和理解新闻和信息,更深入地报道新闻,以帮助受众理解的新闻方式。

* 市民新闻(Civic journalism),也译为"公民新闻",本书统一译为"市民新闻"。

为了更好地理解"富有成效与社会责任感"的新闻报道形式，我们有必要对其进行溯源。在第二部分，杰克·罗森伯里（Jack Rosenberry）讲述了当代市民（或公共）新闻的历史，这是一种促使公众参与民主进程的方法，也是本书中多种实践形式的前身。他提供了市民新闻工作有成效的证据，即当记者提供参与公共生活的便捷方式时，公众就会参与进来。但是，对市民新闻内涵的理解因人而异，它缺乏统一的定义和哲学内涵，这很可能是它在20世纪90年代达到鼎盛之后，无法保持上升势头的原因之一。

第三部分深入讨论了"建设性新闻"的现代流变，这种实践形式呼吁在新闻报道中保持更多的平衡，在这种语境下，关于进步和成长的报道与关于腐败和冲突的报道一样受到重视。彼得·布罗（Peter Bro）和凯瑟琳·吉尔登斯特德（Cathrine Gyldensted）详细阐述了运动的发起人奉行或驳斥的观点，他们为建设性新闻的概念化提供了一个模式，既保持了既有的新闻规范，又允许灵活的新闻形式存在。

第四部分探讨方案新闻，这种新闻报道实践以扎实的证据回应社会问题。凯瑟琳·蒂尔（Kathryn Thier）回顾了方案新闻的起源，并对越来越多的关于方案新闻报道效果的研究进行讨论。

在第五部分，约翰·维贝（John Wihbey）就解释性新闻提出了令人信服的论点，阐明了解释性新闻服务受众之道，以及关于新闻客观性的百年争论。他提到，解释性新闻是通过整合科学、社会科学和数据科学的技术和内容，对复杂议题进行细致入微的辨析和透明的新闻报道的新闻模式。

在第六部分，马克·波普塞尔（Mark Poepsel）讨论了协作式新闻的利弊，这是一种由专业记者和受众合作生产并传播新闻的实践。一旦出现问题，"暗箱操作"可能会将错误信息和虚假信息引入公众话语。如果做得好，协作式的新闻实践可以鼓励受众对新闻生产传播过程的深度参与，还可以成为加强社区凝聚力的纽带，为受众提供价值，即便是那些没有直接参与的人。

与协作式新闻相似，但范围更大的实践形式是"参与式新闻"（即第七部分的主题），它涵盖新闻机构与受众关系的方方面面。作者安德鲁·德维加尔（Andrew DeVigal）和苏米塔·路易斯（Sumita Louis）认为，参与式新闻必须成为一种充满活力的、共同创造的实践做法，新闻编辑室需要推动构建更积极、参与度更高的记者—受众的关系。他们建议，将持续的参与作为平衡新闻编辑室和公众关系与交往功能的模式。

史蒂文·扬布拉德（Steven Youngblood）在第八部分阐述了和平新闻的原则。他解释了为什么传统新闻媒体需要和平新闻，这是一种"解药"，通过框架和用词消除对战争和冲突的不负责任报道。他通过描述和平新闻的演变来推进讨论，详细说明这种做法是如何从仅仅报道战争转变成可以用于报道许多其他主题，特别是那些以冲突为核心的话题的方法的。

在第九部分，彼特·劳弗（Peter Laufer）、约翰·V. 帕夫利克（John V. Pavlik）和克里斯托弗·圣路易斯（Christopher St. Louis）对两个看似矛盾的维度进行创新性的综合或融合——伴随着 24 小时新闻周期的技术进步，以及在某种程度上与这些进步背道而驰的方法，即慢新闻。慢新闻意味着受众要花更多的时间来消化和理解新闻和信息，这意味着在数字连接的世界里，它是应对日益狂热的新闻和信息节奏的方案。

在第十部分，我们将前面各部分的要点进行总结。作为新闻编辑、新闻教育者和学者，他们发表了关于这些新闻实践的研究成果，与专业人士谈论这些做法，并在课堂上进行教授，而我们有必要对其进行学术层面的整合。我们希望这些内容能够道出这些新闻实践的独特之处，在最后一部分中我们将重点关注这些方法的共性，并反思它们对新闻业未来的影响。

参考文献

American Press Institute. 2016. "A new understanding: What makes people trust and rely on news." https://www.americanpressinstitute.org/publications/reports/survey-research/trust-news/single-page/.

American Psychological Association. 2017. "Stress in America: The state of our nation."

https：//www.apa.org/news/press/releases/stress/2017/state‑nation.pdf.

Aust, C. F. 1985. "Judgments of well-being after exposure to televised bad and good news." Master's thesis, ERIC (ED322547).

Beam, R. A., Brownlee, B. J., Weaver, D. H., & Di Cicco, D. T. 2009. "Journalism and public service in troubled times." *Journalism Studies*, 10 (6)：734‑753.

Boseley, S. 2018. "The big sleep：How the world's most troubled country is beating a deadly disease." *The Guardian*, November 16. https：//www.theguardian.com/world/2018/nov/16/congo‑drc‑sleeping‑sickness‑upside‑tropical‑disease‑ntd.

Galician, M. L., & Vestre, N. D. 1987. "Effects of 'good news' and 'bad news' on newscast image and community image." *Journalism Quarterly*, 64 (2‑3)：399‑525.

Gerbner, G. 1998. "Cultivation analysis：An overview." *Mass Communication & Society*, 1 (3‑4)：175‑194.

Johnston, W. M., & Davey, G. C. 1997. "The psychological impact of negative TV news bulletins：The catastrophizing of personal worries." *British Journal of Psychology*, 88 (1)：85‑91.

Kleinnijenhuis, J., Hoof, A. V., & Oegema, D. 2006. "Negative news and the sleeper effect of distrust." *Harvard International Journal of Press/Politics*, 11 (2)：86‑104.

Kormelink, T. G., & Meijer, I. C. 2018. "What clicks actually mean：Exploring digital news user practices." *Journalism*, 19 (5)：668‑683.

Kovach, B., & Rosenstiel, T. 2014. *The elements of journalism：What newspeople should know and the public should expect*. New York：Three Rivers Press.

Mitchell, A., Baxter Oliphant, J., & Shearer, E. 2020. "About seven-in-ten U. S. adults say they need to take breaks from COVID-19 news." Pew Research Center, April 29. https：//www.journalism.org/2020/04/29/about‑seven‑in‑ten‑u‑s‑adults‑say‑they‑needto‑take‑breaks‑from‑covid‑19‑news/.

National Public Radio, Robert Wood Johnson Foundation, & Harvard School of Public Health. 2014. "The Burden of Stress in America." https：//www.rwjf.org/content/dam/farm/reports/surveys_and_polls/2014/rwjf414295.

Pew Research Center. 2018. "Network News Fact Sheet." https：//www.journalism.org/fact‑sheet/network‑news/.

Potter, D., & Gantz, W. 2000. "Bringing viewers back to local TV." NewsLab. https：//newslab.org/bringing‑viewers‑back‑to‑local‑tv‑news/.

Powers, E. 2018. "Selecting metrics, reflecting norms：How journalists in local newsrooms define, measure, and discuss impact." *Digital Journalism*, 6 (4)：454‑471.

Ripley, A. 2018. "Complicating the narratives." Solutions Journalism Network, June 27. https：//thewholestory.solutionsjournalism.org/complicating‑the‑narrativesb91ea06ddf63.

Saidi, J. 2018. "How podcasts are being used by journalists and how they are changing journalism." *The Los Angeles Times*, August 2. https://www.latimes.com/entertainment/movies/la-ca-et-podcast-journalism-20180802-story.html.

Siebert, F. S., Peterson, T., & Schramm, W. 1963. *Four theories of the press*. Chicago: University of Illinois Press.

SPJ Code of Ethics. 2020. https://www.spj.org/ethicscode.asp.

Veitch, R., & Griffitt, W. 1976. "Good news-bad news: Affective and interpersonal effects." *Journal of Applied Social Psychology*, 6 (1): 69–75.

二 市民新闻：新闻创新溯源至市民新闻

杰克·罗森伯里（Jack Rosenberry）

市民新闻呼吁新闻界加强与公众的接触，促进民主。这本书中的多种报道实践，如建设性新闻和参与式新闻，都可以追溯到20世纪90年代达到鼎盛的市民新闻。有研究证明，市民新闻行之有效。记者为个人提供参与公共生活的简单方式时，公众就会参与进来。但市民新闻对不同的人来说，会有不同的理解，它缺乏统一的定义和哲学内涵，这很可能是它无法保持上升势头的原因之一。

无党派倾向的北卡罗来纳州公共政策研究中心（North Carolina Center For Public Policy Research）在《北卡罗来纳州洞察》（*North Carolina Insight*）上发表的一篇文章，对新闻业的现状提出了许多见解，特别是这一条："鉴于公众对新闻媒体准确性和真实性的怀疑与日俱增，新闻媒体一直在重新审视自身对问题的报道。他们发现了很多原因，其中包括公众对政治进程越来越失望。"（Mather，1995：71）由于种种的因素，文章认为"越来越多的记者得出结论，即他们需要更好地听取公众对新闻报道的诉求"（Mather，1995：70）。

这些担忧和反应是当代媒介环境的一部分，尤其是在涉及公共事务报道的情况下。2020年，发表这样一篇文章来阐明这些观点是及时而有意义的。但这些引语实际上最早出现在1995年的《北卡罗来纳州洞察》

（Mather，1995）上，该刊讨论了当时新兴的市民或公共新闻实践。值得注意的是，"市民新闻"和"公共新闻"这两个术语或多或少可以混用。纽约大学教授杰伊·罗森（Jay Rosen）和凯特林基金会（Kettering Foundation）似乎最先使用"公共新闻"（public journalism）这个词。凯特林基金会是一个致力于促进知识发展和探索解决人类问题的方法的非营利研究基金会，他们为这一实践的早期研究提供了支持。皮尤慈善信托基金成立皮尤市民新闻中心（Pew Center for Civic Journalism）之时，"市民新闻"（civic journalism）一词也顺势进入词典。为清晰起见，本部分将使用"市民新闻"一词，但引用的内容中会涉及"公共新闻"一词的除外。这一建立在"与公众更紧密的接触"基础之上的新新闻方法理念，激发了当代许多新闻改革的想法，例如布兰德尔（Brandel）、戈尔曼（Gorman）、古兹曼（Guzmán）、迈耶（Mayer）和斯特恩斯（Stearns）的研究（Brandel，2016；Gorman，2017；Guzmán，2016；Mayer，2017；Stearns，2015）。但是，正如1995年《北卡罗来纳州洞察》的引述所提及的，这些实验的许多核心原则都可以直接追溯到市民新闻，市民新闻被描述为"一场主要目标为加强公民对民主进程的义务感，提高公民参与度的新闻运动"（Haas，2007：57）。

连接这些要点的想法并不新颖。《得梅因纪事报》（Des Moines Register）前编辑、南加州大学安纳伯格新闻学院前院长吉内瓦·奥弗霍尔泽（Geneva Overholser）在一份报道中指出，当下的参与式新闻"与市民新闻有一些相同的DNA"（Overholser，2017：4）（详情见本书第七部分）。她进而补充道，一些在公共事务新闻领域新兴的创新方法"得益于市民新闻丰富公众生活的核心原则"（Overholser，2017：5）。皮尤市民新闻中心主任、市民新闻全盛时期的领军人物简·谢弗（Jan Schaffer）在尼曼（Nieman）新闻实验室发表的一篇文章中也提出了类似的观点，该篇文章的标题十分贴切："如果目标是受众参与，那么就应该回到市民新闻这里寻找答案。"她表示："简单地说，市民新闻起作用了，读者和观众都更加明晰了。众所周知，如果你特意以简单的方式让人们参与社区问题或选

13

举，那么许多人都会参与进来。"（Schaffer，2015）

从 20 世纪 90 年代中期到 21 世纪 00 年代中期，市民新闻的实践达到顶峰。现在，它已经不再是从属于哪种新闻领域的一部分，也不再以当时的形式出现。但这种方法并没有失败，相反，它是不断发展的。正如莎士比亚所言："一切过往，皆为序章。"因此我们有必要研究市民/公共新闻的历史、原则及其演变，以此为新兴的受众参与新闻实践提供背景。

起源和基础

在市民新闻之前，人们就渴望有一种新的新闻方式，特别是政治类新闻的创新。1988 年，乔治·布什和迈克尔·杜卡基斯之间的总统竞选，在当时被视为美国政治的最低谷，最令人难忘的是，其竞选议题都集中在肤浅、负面的主题上。其中包括一则杜卡基斯坐在坦克里看起来很傻的广告；另一则是以马萨诸塞州罪犯威利·霍顿（Willie Horton）为主角的广告，他在短暂的假释出狱期间犯下了一起残忍的谋杀罪，而这则广告则意在将杜卡基斯描述为温和对待罪犯的人。

在两年后的中期选举之前，《华盛顿邮报》的政治记者、专栏作家戴维·布罗德（David Broder）提出这样一种观点：新闻工作者应该为退化的（degraded level）竞选话语负责，因为他们没有代表公众向候选人提出更高的要求（Broder，1990）。在另一份时至今日仍能引起共鸣的陈述中，他称，媒体是一个让选民感到幻灭和无能为力的参与者。

布罗德的评论得到了新闻学者的呼应。比如，杰伊·罗森就写道："1988 年，令人沮丧的事件引发了对媒体表现的批评。它把媒体看作一个'玩家'，并使其陷入一个嘲弄政治的系统中。"（Rosen，1999：54）沃克斯（Voakes）也称赞布罗德在 1988 年总统选举后，及早呼吁进行新闻改革（Voakes，2004）。

这种专业反思和学术分析相融合的产物是市民新闻，它是在两个领域发展起来的，即新闻编辑尝试以不同的方式报道公共事务、学者关注媒体对公共话语的影响。其中值得注意的是，《威奇塔鹰报》（*Wichita Eagle*）的编辑戴维斯·伯兹·梅里特（Davis Buzz Merritt）在报道1990年堪萨斯州州长选举时采用的创新方法被视为市民新闻的一个标杆项目（Merritt, 1998）。就好像回应了布罗德的"战斗号召"一般，这个项目试图通过运用公民意见推动报道议程，以对抗政治运动信息的力量。

大约在20世纪90年代初，罗森与包括哥伦比亚大学詹姆斯·凯里（James Carey）在内的其他学者，一同研究和拓展了公民生活中的公众参与、读者参与同新闻媒体之间关系的理论。他们借鉴了德国哲学家哈贝马斯提出的公共领域话语理论，美国教育家与哲学家约翰·杜威（John Dewey）关于媒体帮助公众实现其主张的著作，以及政治学家丹尼尔·扬克洛维奇（Daniel Yankelovich）关于媒体在公众判断中作用的观点（Voakes, 2004）。此外，哈佛大学社会学家罗伯特·帕特南（Robert Putnam）关于社会资本减少的观点，以及詹姆斯·费什金（James Fishkin）和理查德·哈伍德（Richard Harwood）提出的"通过协商民主话语来改善公共生活"的观点，都是新闻与公众互动形式的新兴理论中的观点（Haas, 2007）。

这项在重新概念化新闻的工作中形成的共同线索，出现在20世纪20年代杜威和记者沃特·李普曼之间的公开讨论中。当时，二人讨论了是否有一个真正的公共领域，以及公众是否能够充分参与探讨当下的问题，并实现充分有效的自我治理等话题。

在具有里程碑意义的著作《公众舆论》（*Public Opinion*）中，李普曼对此表示怀疑。他认为，由于事件太多，难以被完全理解，而太多的事件让报纸无法完全报道（遑论被读者消化），因此不可能有一个基于知情同意的民主政府。本质上，他认为现代文明的规模、技术和复杂性使得大众民主过时了。因此，他主张建立一种由精英阶层制造舆论、之后由新闻记者报道的制度，记者会列出公众想要的结论和他们应该支持的政策（Lippmann, 1922）。

杜威反驳称，政府进程和民众参与并影响社会决策的能力是成功自治的关键一环，他认为媒体报道能有助于创造这种参与（Haas，2007）。杜威比李普曼更乐观地认为，即使这类公众往往还没有很好地形成，但如果媒体以有助于公众理解并判断的方式提供信息，就并不意味着不能形成。正如他所说，媒体的角色应该是"让公众关注公共利益"（Baran & Davis，2006：86）。也像罗森所描述的那样，杜威的方法主张"人们会通过公众谈话的参与性媒介，了解彼此的共同点，并对他们共同面临的问题负起责任"（Rosen，1999：66）。

在新闻研究领域的三个主要支持者（约翰·詹姆斯·奈特基金会、凯特林基金会和美国新闻研究所）的支持下，罗森在纽约大学内开展了公共生活与新闻出版项目（The Project on Public Life and the Press）。罗森和梅里特在纽约的一次研讨会上相遇后开始合作。1997年，凯特林基金会出版了一本著作，其中部分内容由罗森、梅里特和《威奇托鹰报》记者莉萨·奥斯汀（Lisa Austin）合著，奥斯汀后来成为公共生活项目（Project on Public Life）的研究主任。罗森在自己撰写的部分中指出，如果有人想知道公共新闻的本质，那就是在强调那些在美国新闻编辑室繁忙的环境中被遗漏、忽视或不允许闪现的东西：公民参与、协商对话、合作解决问题、对你的生活周遭负责、让民主发挥作用（Rosen et al.，1997：7）。

根据罗森的说法，记者在这方面的真正权力，是植根于新闻业，提高公众生活中某些特定元素可见度的能力。罗森称之为"公开表达的能力"，他把这个词归功于社会学家迈克尔·舒德森（Michael Schudson）。他写道，在运用这种能力进行公开采访时，"记者应该以公民的身份，努力在公共世界中赋予公民一个更高的地位"（Rosen et al.，1997：15）。

当罗森阐述建立在公民表达基础上的新兴新闻形式的依据时，全国各地的新闻编辑们也以各种方式进行了实验。这些标杆项目从选举切入，但很快就扩展到其他公众议题中。这些项目大多在堪萨斯州的威奇托、北卡罗来纳州的夏洛特、弗吉尼亚州的诺福克和俄亥俄州的阿克伦等社区的报纸上进行。其中，夏洛特和威奇托与报纸和地方电视台的合作扩大了公众参与的范围。《威奇托鹰报》在1990年和1992年开展的项目被视为从"公民中心导向"而非"竞选中心导向"的观点来处理选举报道的新理念的典范。正如梅里特在他自己的《公共新闻》一书中所描述的那样，《威奇托鹰报》对1990年竞选活动的态度"成了一种关于竞选报道的早期教科书"（Merritt，1998：86），他接着说："我们故意打破选举报道的消极导向和日益有害的惯例。实际上，我们已经离开了记者席，走上了'赛场'，但不是作为一名参赛者，而是作为一名公正的参与者，我们对这一过程的顺利展开持开放态度，并始终'兴趣盎然'。"（Merritt，1998：87）

除了选举，梅里特和《威奇托鹰报》继续尝试用各种方法，将公众的关切点放在报纸的头版上。1992年，《威奇托鹰报》与电视台、广播电台合作，通过采访近200名市民，发起了"人民计划：我们自己解决问题"项目（The People Project：Solving it Ourselves）。正如梅里特所描述的那样："我们的目标是超越对问题的表达，让人们思考参与方案的制定。"（Merritt，1998：89）他们选择的问题是犯罪、教育、政府的不作为和家庭生活。1992年底公布的一项为期两周的医疗保健项目，让5000个家庭填写了一份详细的问卷并寄回，这证明人们希望在这些问题上发表自己的意见。几年后再回顾"人民计划"，罗森将此项目描述为"不同基调的政治新闻"。他表示："其目的是将人们与公共生活及其各种公民组织联系起来……这借鉴了悠久的政治思想传统，即理想的公民通过一个丰富的志愿协会网络体系与他人交往。"（Rosen，1999：49）

与此同时，在北卡罗来纳州，另一家奈特-里德集团（Knight-Ridder）的报纸《夏洛特观察者》（*Charlotte Observer*）也进行了类似的实验。新闻编辑决定，在1992年大选前夕，努力让公众为竞选活动制定议程，而不是与之相反。该报与总部设在佛罗里达州的波因特研究所（Poynter Institute）合作，对夏洛特的1000名居民进行了调查，询问他们认为候选人最需要为人们解决的问题是什么。然后，这些结果被用来帮助记者决定应该向候选人提出哪些问题。这样做是为了淡化竞选中"赛马"（horserace）这一环节对选举的影响，让选民来确定问题，让候选人来解决选民关心的问题。正如《威奇托鹰报》所做的那样，《夏洛特观察者》在这个项目中也与当地电视台进行了合作（Mather，1995）。

上述项目的成功促使《夏洛特观察者》在 1994~1995 年进行了一个更大的项目，该项目持续 18 个月，名为"夺回我们的社区"（Taking Back Our Neighborhoods）。该项目对高犯罪率地区的居民进行了民意调查和采访，了解他们的担忧，确定项目覆盖面。随后，该报连续六周关注了 10 个社区（Charity，1996b）。该项目吸引了大量的志愿服务者来解决社区问题，并最终入围普利策奖。《夏洛特观察者》编辑里克·泰晤士（Rick Thames）在退休后发表的一篇专栏文章中回顾了他 20 年前在该项目上的工作，他指出，"在参与该项目时，'长期被忽视的居民有机会发出自己的声音，告诉《夏洛特观察者》什么地方出了问题，他们需要什么'"（Thames，2017）。

威奇托和夏洛特的报业参与早期的市民新闻工作并非巧合，因为它们都是奈特-里德集团的一部分，该集团的主席詹姆斯·班滕（James Batten）是为社区建设服务而开展新闻工作的有力倡导者。1990 年，在堪萨斯大学的一次演讲中，他说："那些扎根于社区生活中的报纸，无论大小，在未来几年都会有很好的成功前景。他们是最有可能把人们从冷漠的边缘吸引到充满活力的社区生活中心的。"（Batten，2010）但是，认识到市民新闻的价值并将其作为报道项目的基础的，不仅仅是夏洛特、威奇托和其他奈特-里德公司的下属机构。另一位新闻学者亚瑟·夏丽蒂（Arthur Charity）的一篇文章回顾了《夏洛特观察者》（Charity，1996b）"夺回我们的社区"项目和其他几个类似的先导项目。

- 弗吉尼亚州，诺福克（1994）：在编辑科尔·坎贝尔（Cole Campbel）和汤姆·沃哈弗（Tom Warhover）的指导下，弗吉尼亚州试点让报纸围绕公共生活小组重组了政府报道，并负责用公众的倾听来推动工作。
- 俄亥俄州，代顿（1994）：代顿日报社和当地电视台与凯特林基金会（总部设在代顿）合作，以凯特林基金会的国家问题论坛为框架，开展了为期一年的关于青少年暴力问题的项目，其中包括组织小组论坛、召开为期一天的会议、在报纸上刊登八天的连载报道等，并跟进了二十多个后续行动。

• 缅因州，波特兰（1994）：《波特兰新闻先驱报》（*The Portland Press Herald*）与缅因州教会委员会合作，利用凯特林基金会的国家问题论坛模式，组织了一系列关于公共教育的读者圆桌会议。

• 西弗吉尼亚州，亨廷顿市（1993～1994）：《亨廷顿先驱快报》（*The Huntington Herald-Dispatch*）组织了名为"我们的工作、我们的孩子、我们的未来"（"Our Jobs, Our Children, Our Future"）的公民经济发展特别行动小组。

这份清单有助于说明市民新闻所处理的社会问题的范畴。这些问题从选举报道开始，扩展到与社区关注有关的其他项目。威斯康星大学学者刘易斯·弗里德兰（Lewis Friedland）和桑德拉·尼科尔斯（Sandra Nichols）对市民新闻有着深入的研究（Friedland & Nichols, 2002）。其研究声称，虽然市民新闻的实践可能始于选举报道，但后来这些技巧则被用来研究复杂的社区问题，例如：种族关系。这些项目，连同罗森这样的学者的工作，让公共新闻的理念和实践在短短几年内获得了真正的吸引力。正如夏丽蒂进一步描述的那样，"公共新闻成为一场运动，而不仅仅是一种实验，因为在 1993 年前后的某个瞬间，记者和学者意识到系统地做这项工作是有可能的"（Charity, 1996a：8）。

与此同时，市民新闻的另一项发展是建立了一个赋予市民新闻最高知名度的组织，它就是皮尤市民新闻中心，由皮尤慈善信托基金资助，前网络电视新闻执行官埃德·福希（Ed Fouhy）和前记者简·谢弗领导（中心成立时，福希是执行董事，谢弗为副主任，1998 年福希离开后，谢弗成为主任）。该中心在其网站上称自己是"市民新闻实验的孵化器，使新闻机构能够创造和推出更好的新闻报道方式，让人们重新参与公共生活"（http：//civicnewalism.org/about/#whow eare）［截至 2020 年初，皮尤市民新闻中心的网站仍由 J-Lab 维护；互动新闻研究所（Institute for Interactive Journalism）作为档案馆，尽管它的许多链接已失效］。J-Lab 成立于2002年，是皮尤市民新闻中心的后续组织，在2020年初，该中心仍由谢弗领导，其使命是支持新闻创新。皮尤市民新闻中心在1992年至2003年运行，涵盖了市民新闻和公共新闻的旨趣和活动的高峰。在此期间，皮尤市民新闻中心就市民新闻的原则和做法进行了宣传和教育，保存了市民新闻报道项目的档案，并为其中120多个项目提供了财政支持。它还赞助了奈特-班滕奖（Knight-Batten），这个奖项是以前奈特-里德集团董事长命名的，以表彰他和公司在公共新闻领域的领导之能，1995年他去世，此奖项的颁发成为纪念之举。

创新要想成功，其成果就必须扩散到其核心创新者和早期采用者之外。罗森描述了这种扩散："当这个想法成为许多参与者的资产时，它的价值成倍增加……这是一个波因特研究所的议程项目，也是凯特林基金会的项目，总部位于华盛顿的皮尤市民新闻中心，在威奇托和其他地方进行实验，（参考皮尤市民新闻中心）拥有一项支持进一步实验的基金。"（Rosen，1999：78）但这种分散的状态在某些方面也导致了混乱。因此，虽然从20世纪90年代中期到21世纪初，市民新闻的深入发展十分可观，据统计，有几百个独立的项目已经完成（Friedland & Nichols，2002），但这些发展不是一蹴而就且毫无争议的。

反馈与结果

正因为市民新闻对许多人都意义非凡，故而它缺乏一个统一的，甚至是潜在的统一的定义和逻辑（Haas，2007；McMasters & Merritt，1996；Zelizer，1999）。公共新闻的支持者们在不同的时期使用不同的词汇（对其下定义），有时称之为"一系列的技巧"；在其他背景下，使用诸如"运动""哲学""辩论"等术语来描述它，即便如此也无济于事。为什么没有出现统一定义呢？一个可能的解释是，市民新闻归纳的实质（inductive，experimental nature）是对不同的想法进行总结，并且是建立在有效的实践基础之上的（Voakes，2004）。正如哈斯所言："公共新闻仍然处于不幸的境地,即更多地被定义为对传统主流新闻缺陷的挑战、自身的另类实践,而不是通过任何持续的学术努力被定义为一种新闻哲学(或理论)。"(Haas,2007:67-68)

这并不是说没有人试图定义它,学者通常试图具体说明"记者需要如何协调他们在公共生活中的角色"(Haas,2007:5)。例如,主要市民新闻学者所概述的市民新闻实践的两种分类如表2-1所示。

表2-1 市民新闻实践的两种分类

兰贝思(Lambeth)等(1998)	夏丽蒂(Charity)(1996)
系统地倾听市民的意见	以公众看待问题的方式来看待问题
研究在重要社区问题上"构建故事"的替代方法	调整新闻报道结构以适应人们的决策方式
选择能够激发市民讨论并建立公众对问题的理解的最佳框架	帮助人们深思熟虑
主动报道重大公共问题,增进公众对可能解决办法的了解	作为社区工作的"纽带"
关注报纸如何与公众沟通	建立工作关系、动力和其他形式的市民资本(civic capital)

即使精心分类,倡导者也指出,在新闻中使用这些方法,不具有特别的开创性或独特性。他们认为,其区别于以往报道的创新之处在于如何系统地将市民置于公共事务报道的中心(Charity,1996a;Mather,1995)。皮尤市民新闻中心的负责人福希和谢弗也同样把焦点放在市民新闻的系统性上,将其描述为"有意识地尝试接触市民,倾听他们,并让市民彼此倾听和对话的举措"(Fouhy & Schaffer,1995)。

尽管已经做了最大努力,但公共新闻仍然激发了一种态度,就像最高法院法官波特·斯图尔特(Potter Stewart)对淫秽一词的著名描述:"我可能无法界定它,但当我看到它时,我就知道它了"——许多记者不喜欢他们所看到的。

在很大程度上,这源于人们对"市民新闻抛弃了新闻客观性和中立性的传统价值观"看法本能的消极反应,就像梅里特所比喻的"离开了记者席,走上了赛场"一样。在由凯特林基金会出版的《宣言》中,罗森写道:"如果有一个观念是公共新闻的核心,那就是'记者是政治团体的成员,是公民本身,而不是我们公共生活的旁观者'。"(Rosen et al., 1997:3)同时,他和梅里特也指出,"如果记者仅仅把他们的工作视为提供信息,简单地以一种超然的方式报道新闻,那他们将不会对公众生活或自身职业特别有帮助"(Merritt & Rosen, 1998:44)。另外,梅里特在1998年独自撰写的著作的副标题是:为什么"告知新闻"是不够的。

市民新闻批评者认为,在报道新闻时"远离冷漠"的做法是不恰当的。"客观性不是一句无用的陈词滥调,也不会因为它是一个难以捉摸的理想而失去它的效力,"批评者写道,"我们不应该急于用别的东西来取代它"(Corrigan, 1999:17)。并且,批评不止于此。

《美国新闻评论》(American Journalism Review)编辑瑞姆·里德(Rem Rieder)在新闻教育工作者大会上发表讲话时,列举了一些对公共新闻业的常见批评,称它们"毫无新意,这是好报纸一直在做的事",并将其称为一种营销手段,"包裹在恢复公众对话和拯救民主的花哨辞藻中"(引自Rosen, 1999:189)。还有一些人质疑它的有效性,比如《波士顿环球报》的监察员马克·尤科威茨(Mark Jurkowitz),他批评了四个标杆性公共新闻项目,包括夏洛特、华盛顿州斯波坎、加利福尼亚州圣何塞和北达科他州大福克斯的项目,并得出结论称,这些项目好坏参半(Lambeth et al., 1998)。在美联社(Associated Press)总编辑大会上,《华盛顿邮报》执行编辑伦纳德·唐尼(Leonard Downie)说:"太多所谓的公共新闻似乎是我们的推广部门所做的,只是用了不同的名字和幻想的布道热情。"(Case, 1994:14)

与唐尼的反应类似,霍伊特(Hoyt)指出,许多记者担心对读者的过度关注可能会导致"新闻迎合"(Hoyt, 1995)。除了反对市民新闻所谓的价值承载方式外,科里根(Corrigan)还抨击了它的基本原则,其中包括公共生活甚至在衰退的观点,认为报纸的表现与公共生活和话语的活力完全无关（Corrigan，1999）。罗森简洁地总结了这些批评："没什么新鲜的。这是一种噱头，它把人们的注意力从员工削减中引开，因为裁员导致了报道不畅和公众不满。它是一种营销策略……呼吁新闻宣传……一场傲慢和说教的运动。"（Rosen，1999：182）

当博客和之后的超本地新闻网站（hyperlocal news websites）在 21 世纪初开始发展时，更多的困惑和争议出现了，随之兴起了市井新闻（citizen journalism）的实践。它有时被错误地与市民新闻相混淆（Haas，2007）。正如哈斯所解释的那样，造成这种混淆的原因在于，重新连接到主流精英网站的博主们，或者与他们有共同兴趣的其他博客作者，以及博主和超本地新闻的运营商都专注于纯粹的个人兴趣。正如对市井新闻和市民新闻的另一项探索所说："市井新闻并不能自动取代通过推动公共新闻运动而改善社区参与的愿望。"（Rosenberry & St. John，2010：184）

尽管市民新闻遭到业界的批评，且有定义与宗旨上的困惑，以及后来与市井新闻的混淆，但其实践仍得以传播。皮尤市民新闻中心成立几年后，在他们发起班滕奖（Batten Awards）前后，福希和谢弗指出："随着公共新闻活动的类型不断发展，行业内的理解也在不断变化。早期的批评开始转为好奇，因为编辑们要求看到更多内容，而令从业者们感到困惑的是，他们的努力怎么就被贴上诸如'鼓吹''倡导'之类的标签。"（Fouhy & Schaffer，1995）同样的，学者们指出，"公共记者们说……他们既不打算主张政策立场，也不打算抛弃客观性的理想。然而，他们提出了一个重大的改变，坚持新闻要承担更多责任，努力刺激和提高公众讨论的质量"（Lambeth et al.，1998：29）。

在一项评估市民新闻有效性的工作中，弗里德兰和尼科尔斯代表皮尤市民新闻中心分析了 650 多个独立项目。研究发现，在全美大约 1500 份日报中，超过 20% 的报纸进行了某种形式的公共新闻报道，75% 的项目是由发行量不到 25 万份的报纸发表的，而近 45% 的项目由发行量不足 10 万份的报纸登出。近 2/3 的报纸从事这些活动的时间很短，即不到两年，其余 35% 的报纸从事这些活动的时间较长。其中，约 15% 的报纸从事市民新闻工作 3~4 年，另有 20% 的报纸从事了 5 年或更长时间。大约 48% 的项目采用了市政厅会议、圆桌讨论、工作组会议、社区活动等活动形式（Friedland & Nichols，2002）。

更重要的是，这项分析发现，记者利用市民新闻形式进行报道的方式会对公众产生不同的影响。"市民新闻机构在报道公共和市民生活时，用大量篇幅转向强调解释，而不是采用冲突框架。这一点尤为重要，因为研究表明，解释性框架在动员市民方面有更大的潜力；冲突框架则具有相反效果。"（Friedland & Nichols，2002：19）虽然这些分析是基于报道本身的数据，但弗里德兰和尼科尔斯得出的结论称："市民新闻的实践提升了公众思考的能力、促进了市民问题的解决、改善了志愿服务，并改变了公共政策……市民新闻在社区中取得了成功，在这些社区中，市民新闻得到了持续不断的实践，即使是在较短的时间内也是如此。"（Friedland & Nichols，2002：20）

哈斯总结了学者对市民新闻的实证研究，指出这类"市民路径"可以提高人们对政治和市民生活知识的兴趣，增进其对他人的信任，培养其参与解决公共问题的意愿（Haas，2007）。西蒙斯（Simmons）聚焦佛罗里达州的一家报纸，对它以公共新闻的方法寻找新的公共安全建筑进行了案例研究，发现该报道引发了激烈的公众辩论，并参与了当地政府对该项目的决策，影响了次年的市议会选举（Simmons，1999）。索尔森（Thorson）、希姆（Shim）和尹（Yoon）研究了《夏洛特观察者》的"夺回我们的社区"项目，指出它对社区知识、态度和行为（如加入市民组织）产生了影响（Thorson et al.，2002）。

启 示

在 20 世纪 90 年代中期，人们普遍发现，新闻机构自称是市民新闻或公共新闻的实践者。而十年后，情况并非如此。正如弗里德兰和尼科尔斯的研究所揭示的，市民新闻主要在较小的地区性报纸进行实践，较少受到主流的全国性新闻机构关注。在从事市民新闻报道的新闻机构中，这种报道通常是零散的，而非持续性的。只有大约1/3的新闻机构致力于长期性的市民新闻实践。21世纪初，皮尤市民新闻中心从支持市民新闻，转向支持互动新闻和基层出版（如J-Lab的企业报道和新声音项目，促进了社区新闻创新），这标志着一个时代的结束。奈特－班滕奖的颁发一直持续到2011年，以表彰市民新闻的贡献。表彰旨在激发受众参与、鼓励新的信息分享、促进对社区产生影响的非传统互动，或促进开展受众和新闻提供者之间双向对话的项目（https：//www.j-lab.org/projects/knight-batten-awards-for-innovations-in-journalism/）。J-Lab在不断发展，现在自称"新闻催化剂"，专注于"激励和武装新闻企业家、传统媒体和其他参与创作和发展（新闻）的项目"（J-Lab, n. d.）。

这段演变实际上说明了市民新闻的持久价值。一些专业人士对市民新闻提出批评，比如《费城日报》（*Philadelphia Daily News*）社论版编辑理查德·阿雷古德（Richard Aregood）所说的"市民新闻是好报纸已经在做的事情"（Case, 1994）。简·谢弗在当时并不同意这一论断，直到2019年仍然如此。她说："我认为批评者断言市民新闻就是好新闻的观点是错误的，"而后又补充道，"市民新闻采用了更为深思熟虑的倾听活动，而这些倾听活动不可避免地产生了新的叙事方式来讲故事，这些故事往往显得更自下而上，对社区更有说服力"。

然而，有趣的是，这一概念可以说是绕了一圈后又回到原点：与新闻消费者群体密切联系，帮助指导和确定报道的想法，不再被视为新奇事物或（如一些人所说的）危险。相反，这种由市民新闻开创的方法在新闻工作者中变得更加常态化，并为记者所接受。它甚至启发了完全建立在社区互动基础上的新闻业的新兴方法，如赫肯（Hearken）和"通讯员"（The Correspondent）等创新者就是例证。这就是优秀的新闻机构正在做的事。谢弗说，这也是"帮助新闻业在新的价值主张中站稳脚跟"的事情，它为"社区参与解决问题、理解问题，以及探索其他地方正在采用的解决方法提供了思路"（personal communication, January 2, 2019）。

例如，梅里特指出，"人民计划项目"（The People Project）的目标是"让人们参与思考方案"（Merritt，1998：89）。另一位公共新闻先驱、《夏洛特观察家报》编辑里克·泰晤士说："'夺回我们的社区'项目的价值在于，用传统的方法报道城市的贫困地区'不能很好地为我们的读者服务'。他们厌倦了冲突的消息。他们希望看到方案。"（Fouhy & Schaffer，1995）弗里德兰和尼科尔斯也发现，他们研究的项目有79%涉及方案（Friedland & Nichols，2002：46）。

综观现在的新闻格局，方案新闻是一种越来越受欢迎的方法，因为记者和受众对使用以"问题"为导向的框架来报道社区问题颇有微词（更多关于方案新闻的信息，请参阅本书第四部分）。支持者说，其目的是将新闻的焦点转向强调"深度报道的故事，为复杂的社会问题提供潜在的解决方案"（Green-Barber，2018）。在某种程度上，类似皮尤市民新闻中心对市民新闻进行了分类，方案新闻网（Solutions Journalism Network）运营着一个面向方案的故事数据库，直至2020年初，约收录了1000家新闻机构的8000条新闻条目，而且还在源源不断地增加（https：//storytracker. solutionsonsportics. org/welcome）。

当代其他新闻的创新参与者或多或少是早期市民新闻编辑室的"直系后代"，他们明显地接受了记者和新闻消费者的关系——这些创新通常是用"联系"和"参与"的语言来描述的。"当公众对新闻编辑室做出回应时，就会产生参与，而新闻编辑室反过来也会对公众做出回应。"珍妮弗·布兰德尔（Jennifer Brandel）表示，她是一家名为"赫肯"的组织的创始人，该组织提供工具和咨询服务，并帮助新闻机构建立这样的联系。这听起来就像是20世纪90年代初的市民新闻倡导者。她说，"如果没有途径让你的受众参与到新闻编辑室正在做的内容决策中，那就不是受众参与"（Brandel，2016）（请参阅本书第七部分中关于参与式新闻的更多内容）。

布兰德尔还主张将参与式新闻作为改善新闻机构商业模式的一种工具（Brandel，2018；Hearken，2017），强调受众参与度和商业上成功的新闻业之间的联系在一些案例中有所记载。例如，非营利性女权主义新闻网站

"泼妇媒体"（Bitch Media）分析了一年内文章的收入模式，得出的结论是，通过赫肯与该网站互动的读者成为维系会员的可能性要（比普通读者）高出 2~5 倍（Lesniak，2017）。

更多的研究项目也得出"参与性新闻和收入之间确实存在联系"的结论。然而，这些研究结果往往是站不住脚的，相关元素间到目前为止还没有确定的因果关系，至少部分原因是参与指标（点击、评论、直接反馈）和不同类型的收入来源（广告、订阅、会员和捐赠）种类繁多，使得分析复杂化，难以厘清各自的影响。

尽管如此，研究人员伊丽莎白·汉森（Elizabeth Hansen）和埃米丽·戈利戈斯基（Emily Goligoski）在哥伦比亚大学数字媒体新闻科研中心（Tow Center）发表的报道中指出了一个"强有力的编辑参与策略"，即让新闻编辑室的记者将读者的意见纳入故事创作过程，"受众收入是项目成功的基础，因为它建立了将读者的问题带到组织内部更深层次的实践"（Hansen & Goligoski，2018：52）。

另一项由纽约城市大学新闻学院"新闻诚信倡议"项目赞助的研究发现，"参与式新闻在新闻机构和受众之间建立信任，促使受众愿意为新闻事业提供资金支持"（Green-Barber & McKinley，2019：5）。该研究引用了前人的成果，如泼妇媒体的成功案例研究和荷兰"通讯员"网站为其在美国实现扩张而开展的众筹活动，并得出结论："上述例子支持这样一种观点，即有意建立信任的参与可以带来收入，特别是在会员模式中。"（Green-Barber & McKinley，2019：15）此外，在报道中，作者还提到了 Pro Publica，这是一个独立的、非营利性的新闻编辑室，在为项目提供众筹资金方面取得很大成功。这可能是该联系的另一个测量指标。尽管他们提醒说，"社区参与的方式和收入之间没有明确的联系"，但是他们也得出结论，Pro Publica 不断增长的捐赠者使其"处于有利地位，可以检验社区参与本身是否能够带来收入"（Green-Barber & McKinley，2019：30）。

基金会对实验的支持，是参与式新闻的另一种财政资源。普尔（Poole）指出，基金会对实验的兴趣越来越大，比如伦费斯特研究所

（Lenfest Institute）的"社区倾听"和"参与基金"，该基金会为新闻编辑室使用赫肯和 Ground Source 等参与工具的成本提供补贴。普尔还提到了奈特基金会（Knight Foundation）等的倡议，尤其是新闻诚信倡议（News Integrity Initiative），这些倡议旨在通过有意义的对话，将社区和记者联系起来（Poole，2018）。

在 20 世纪 90 年代初，没有人比伯兹·梅里特和杰伊·罗森更密切地与市民新闻联系在一起。25 年后，罗森仍然是一名对公民空间创新研究充满热情的学者。在撰写本书时，他是一家名为"通讯员"的会员制新闻组织的顾问和赞助者，该组织最初在荷兰成立，后来在罗森的帮助下推广至美国。在报道荷兰的新闻发布情况时，罗森指出，创始人"要求他们聘请的作者将先前的受众视为一个知识社区，这些人的声音应该被倾听，因为他们知道怎样让新闻提出更好的建议"（Rosen，2018）。他说，这是他最早作为市民新闻倡导者时所推崇的原则，同时补充说"记者手里有最好的答案"（Rosen，2018）。方案新闻、参与性新闻和建立在深度受众联系基础上的会员模式……这些新闻形式很有现代感，但它们的 DNA 中蕴含了几十年前由市民新闻开创的原则。

本部分的最后一段留给简·谢弗最合适不过了。作为 J-Lab 的负责人，她始终站在新闻创新的前沿，比任何人都更有能力评论市民新闻和当前的新闻生态系统。2015 年，在尼曼实验室的一篇文章中，她写道："令人惊喜的是，我发现这些（市民新闻）努力中有很多是我们现在所说的互动和参与性新闻的先兆。"她指出了这些努力是如何建立在市民新闻倡议的基础上的，比如让读者和受众参与进来，故意将普通人定位为关键参与者，并邀请社区寻找方案（Schaffer，2015）。新闻机构可能不再自称"市民新闻"了，但按照这些标准，市民新闻在当下仍然生机勃勃，记者和公众因此也增进福祉。

感谢简·谢弗对本部分书稿的建设性意见。

参考文献

Baran, S. J., & Davis, D. K. 2006. *Mass communication theory: Foundations, ferment, and future* (4th ed.) Belmont, CA: Thompson-Wadsworth.

Batten, J. 2010. "Newspapers and communities: The vital link." In *Public Journalism 2.0: The promise and reality of a citizen-engaged press*, edited by J. Rosenberry and B. St. John, pp. 13 – 20. New York: Routledge.

Brandel, J. 2016. "What we mean when we talk about engagement." https://medium.com/we – are – hearken/what – we – mean – when – we – talk – about – engagementa4816f22902f.

Brandel, J. 2018, May 3. "Looking for evidence that audience engagement helps newsrooms? Here you go." https://medium.com/we – are – hearken/receipts1bc3d35a88bf.

Broder, D. 1990. "Five ways to put some sanity back in elections." *The Washington Post*, January 14. https://www.washingtonpost.com/archive/opinions/1990/01/14/five – ways – to – put – some – sanity – back – in – elections/c6d98e0b – 25fc – 413d – 8724 – 73e1a5f170c3/.

Case, T. 1994. "Public journalism denounced." *Editor & Publisher*, 127 (46): 14 – 15.

Charity, A. 1996a. "Public journalism for people." *National Civic Review*, 85 (1): 7 – 13.

Charity, A. 1996b. "What is public journalism? Five communities, five examples." *National Civic Review*, 85 (1): 14 – 17.

Corrigan, D. 1999. *The public journalism movement in America.* Westport, CT: Praeger Publishers.

Fouhy, E., & Schaffer, J. 1995. "Civic journalism growing and evolving." *Nieman Reports*, 49 (1): 16 – 18.

Friedland, L., & Nichols, S. 2002. *Measuring civic journalism's progress: A report across a decade of activity.* Washington, DC: The Pew Center for Civic Journalism. http://www.civicjournalism.org/wp – content/uploads/research – measuringcj.pdf.

Gorman, T. 2017. "Engaged journalism: Putting communities at the center of journalism." Democracy Fund blog, April 26. https://www.democracyfund.org/blog/entry/enaged – journalism – putting – communities – at – the – center – of – journalism.

Green-Barber, L. 2018. "What we know (and don't) about the impact of solutions journalism." https://thewholestory.solutionsjournalism.org/what – weknow – and – dont – about – the – impact – of – solutions – journalism – 61ae0c4a0890.

Green – Barber, L., & McKinley, G. E. 2019. *Engaged journalism: Practices for building trust, generating revenue, and fostering civic engagement.* https://s3 – uswest – 2. amazonaws. com/lindsaygreenbarber. com/assets/IA + Engaged + Journalism + Report + 1. 31. 19. pdf.

Guzmán, M. 2016. *The best ways to build audience and relevance by listening to and engaging your community.* Reston, VA: American Press Institute. https://www. americanpressinstitute. org/publications/reports/strategy – studies/listening – engagingcommunity/.

Haas, T. 2007. *The pursuit of public journalism.* New York: Routledge.

Hansen, E., & Goligoski, E. 2018. "Guide to audience revenue and engagement." https://academiccommons. columbia. edu/doi/10. 7916/D8BG410W.

Hearken. 2017. "Yes, engaging with your readers will help you make money. Another study proves it." https://medium. com/we – are – hearken/yes – engagingwith – your – readers – will – help – you – make – money – another – study – proves – it – c588a8e5ea04.

Hoyt, M. 1995. "Are you now or will you ever be a civic journalist?" *Columbia Journalism Review*, 34 (3): 27 – 33.

J – Lab. n. d. About. Retrieved from https://www. j – lab. org/about/.

"Knight-Batten Awards for Innovations in Journalism." (n. d.). https://www. j – lab. org/projects/knight – batten – awards – for – innovations – in – journalism/.

Lambeth, E., Meyer, P., & Thorson, E. 1998. *Assessing public journalism.* Columbia: University of Missouri Press.

Lesniak, K. 2017. "Bitch media: Turning readers into funders." https://innovation. inn. org/2017/05/16/turning – readers – into – funders/.

Lippmann, W. 1922. *Public opinion.* New York: The Free Press.

Mather, T. 1995. "Civic journalism: Strengthening the media's ties with the public." *North Carolina Insight*, 17 (2): 70 – 87. https://nccppr. org/wp – content/uploads/2017/02/In_ the_ Press_ March_ 1995. pdf.

Mayer, J. 2017. "Elevate engagement manifesto: Building connections to support engaged, community-driven journalism." https://medium. com/letsgather/elevate – engagement – manifesto – 26b3822bc6c7.

McMasters, P., & Merritt, D. 1996. "Merritt and McMasters debate public journalism." *Journal of Mass Media Ethics*, 11 (3): 173 – 183.

Merritt, D. 1998. "Public journalism and public life: Why telling the news is not enough." *Mahwah*, NJ: Lawrence Erlbaum Associates.

Merritt, D., & Rosen, J. 1998. "Imagining public journalism: An editor and scholar reflect on the birth of an idea." In *Assessing public journalism*, edited by E. Lambeth,

P. Meyer & E. Thorson, pp. 36 – 56. Columbia: University of Missouri Press.

Overholser, G. 2017. "How to best serve communities: Reflections on civic journalism." Washington, DC: The Democracy Fund. http://www.democracyfund.org/publications/how – to – best – serve – communities – reflections – on – civic – journalism.

Poole, E. 2018. "Where are the funds for engaged journalism?" https://medium.com/lets – gather/where – are – the – funds – for – engaged – journalism7d60c76aa302.

Rosen, J. 1999. *What are journalists for?* New Haven, CT: Yale University Press.

Rosen, J. 2018. "Letter to my network: Join The Correspondent." PressThink [Blog post]. http://pressthink.org/2018/11/letter – to – my – network – join – thecorrespondent/.

Rosen, J., Merritt, D., & Austin, L. 1997. "Public journalism theory and practices: Lessons from experience." Dayton, OH: Kettering Foundation. https://www.kettering.org/catalog/product/public – journalism – theory – and – practice%E2%80%94lessonsexperience.

Rosenberry, J., & St. John, B. 2010. "Conclusion: A place for the professionals." In *Public journalism 2.0: The promise and reality of a citizen engaged press*, edited by J. Rosenberry & B. St. John. New York: Routledge.

Schaffer, J. 2015. "If audience engagement is the goal, it's time to look back at the successes of civic journalism for answers." Nieman Lab blog. http://www.niemanlab.org/2015/06/if – audience – engagement – is – the – goal – its – time – to – look – back – at – thesuccesses – of – civic – journalism – for – answers/.

Simmons, H. 1999. "How public journalism set the agenda for a public safety complex." *Newspaper Research Journal*, 20 (4): 82 – 90.

Stearns, J. 2015. "Why journalism needs to build with the community, not for it." *Mediashift*, January 23. http://mediashift.org/2015/01/why – journalism – needs – tobuild – with – the – community – not – for – it/.

Thames, R. 2017. "Departing observer editor: Journalism's power is being the voice for the voiceless." *Charlotte Observer*, April 2. https://www.charlotteobserver.com/news/local/article142045009.html.

Thorson, E., Shim, J., & Yoon, D. 2002. "Crime and violence in Charlotte, NC: The impact of a civic journalism project on knowledge, mental elaboration and civic behaviors." Paper presented at the annual convention of the Association for Education in Journalism and Mass Communication, Miami Beach, Florida.

Voakes, P. 2004. "A brief history of public journalism." *National Civic Review*, 93 (3): 25 – 35.

Zelizer, B. 1999. "Making the neighborhood work." In *The idea of public journalism*, edited by T. Glasser, pp. 152 – 172. New York: Guilford.

三 建设性新闻：基于积极心理学报道新闻以准确描绘世界

彼得·布罗（Peter Bro） 凯瑟琳·吉尔登斯特德（Cathrine Gyldensted）

建设性新闻是传统新闻中消除偏见的一针解毒剂。建设性新闻是一个广义的术语，是一种对社会负责的报道方法，它既重视有关进步、成就和合作的新闻报道，也重视有关破坏、腐败和冲突的新闻报道。建设性新闻的最终目的是通过报道现实问题解决公民诉求来增进社会福祉。建设性新闻可以通过多种方式来实践，这些方式在框架和侧重点上有所不同。建设性新闻兴起于欧洲，起源于市民新闻，并借鉴如积极心理学等其他社会科学学科。

新闻工作者应努力做到"建设性"，这是一个看上去没什么新闻价值的概念。事实上，"建设性"这一概念早就在古老的新闻定义中有所体现——新闻业可以成为、应该成为什么样的新闻业。美国第一所新闻学院的创始人沃尔特·威廉姆斯（Walter Williams）在其世人皆知的《新闻工作者的信条》（Williams & Martin，1922/1911：11）中写道："我相信，最成功的新闻是……具有建设性的。"当走进位于美国华盛顿的记者俱乐部（U. S. National Press Club）的主廊时，所有访客都会看到一个牌匾，它放在最中心的位置，上面写着威廉姆斯的名言，这是在致敬威廉姆斯对美国新闻业做出的贡献。该名言已被翻译成多种语言,许多文章、书籍以及其他出版物都引用了这句名言(例如,Bro,2018)。

另一位杰出的新闻学院创始人和资助人约瑟夫·普利策,在捐赠建立另一所早期的新闻学院,即哥伦比亚大学新闻学院时,使用了如出一辙的表达。在 1911 年普利策的讣告中,写有他对作为一名记者和编辑而拥有的"建设性"意识的称赞,不仅如此,他在遗嘱中捐赠的奖项也旨在支持新闻工作者以及支持帮助社会进步和增进公共福利的新闻工作。20 世纪和 21 世纪以来颁发的许多奖项都是以其明确提及的"建设性"方法为动机的,这一点人们在浏览普利策奖网站①时可以看得出来。随着时间的推移,关于新闻如何具有"建设性"的不同观念已经显露,诸如行为新闻和市民新闻等运动也已经发展起来了。

但在 21 世纪的头十年里,"建设性"一词再次被提及,在过去的几年中,建设性新闻已经发展成一些研究人员所形容的一场运动(例如,Bro,2019)并在全世界传播开来。这场运动推动了新闻编辑室中数百个案例的产生,推动了协会、网络和新闻组织的成立,促进了与该方法相关的新闻研究的发展,同时激发了人们及相关机构对建设性新闻的资助。尽管建设性新闻运动最初是由新闻从业者推动的,但也成功引起研究人员和教师的兴趣。建设性新闻已经成为学术会议上小组讨论的主题,越来越多的出版物和期刊的特刊也专门致力于建设性新闻研究(例如,Ahva & Hautakangas,2018;Mast et al.,2018)。

新闻学院注意到建设性新闻运动的扩张,并且建设性新闻已在越来越多的新闻院校中成为课程的一部分,甚至本身已经被纳入特定课程和项目中,例如荷兰的温德斯海姆应用科学大学就是如此。本部分介绍了这一传播甚广的运动的起源,建设性新闻与其他新闻类型的异同以及影响,并在最后讨论了这种特殊类型的新闻的未来潜力和面临的挑战。

---

① 普利策奖官网,https://www.pulitzer.org/。——译者注

建设性新闻的出现

建设性新闻成为现代新闻运动的具体时间很难精确认定。2008年,时任丹麦广播公司新闻部门负责人的乌尔里克·哈格鲁普(Ulrik Haagerup)在丹麦主要报纸《政治报》(*Politiken*)上发表了一篇题为《建设性新闻》的专栏文章。这篇专栏文章的部分灵感来自当时新任命的丹麦广播公司董事长,他宣称他对广播的愿景是"用光明驱散黑暗"。这篇文章认为,传统的新闻报道很难准确地描述世界,因为当代的传统新闻报道过度关注冲突和负面事件。哈格鲁普指出,有必要"补充正常的新闻标准"(Haagerup, 2008)。这一宣言在新闻界内外和其他组织(如全国记者联盟、新闻院校和其他媒体公司)都引发了讨论和批评。

2011年,时任记者同时也是本部分合著者的凯瑟琳·吉尔登斯特德(Cathrine Gyldensted)提出了通过积极心理学革新新闻业的想法,这一框架和方法是受到宾夕法尼亚大学研究的启发而想到的,它们在后来发展为建设性新闻的方法(Gyldensted, 2011)。

2012年,丹麦文集《建设性新闻故事》出版(Haagerup, 2012a)。该书探讨了现有的可以称之为建设性新闻方法的不同案例和应用。此前,还有一本丹麦文集,呼吁建立一种更基于方案的新闻(Haslebo & Haslebo, 2010)。在接下来的几年里,各种书籍也以多种语言出版:丹麦的教科书《建设性新闻手册》(Gyldensted & Bjerre, 2014);挪威的《建设性新闻:批评与方案》(Holmaas, 2019);德国的《停止"世界末日式"的报道》(Urner, 2019);以及英文的《从镜子到推动者》(Gyldensted, 2015)和《建设性新闻》(Haagerup, 2014)(由2012年丹麦文集翻译而来,稍有修改)。

在这些书中,作者们关注的是更具建设性的新闻模式与更传统的新闻模式之间的差异,以及新闻业应在多大程度上关注其对社会产生的影响和作用。一些作者认为,建设性新闻报道本质上是"用双眼看世界的好报道"（Haagerup，2014：4）；另一些作者认为，它应该担当解决社会问题的促进者角色（Lytken，2014）；但还有一些作者认为，建设性的新闻工作应该从积极心理学的研究中汲取营养，从报道"存在弊病的世界扩展到报道功能健全的世界"（Gyldensted，2012：7）。所有这些人都有一个共同的价值观，那就是更准确地描绘世界。

在早期的支持者中，没有人认为更具建设性的新闻模式应该取代更传统的、以问题为导向的新闻类型，但现在他们认为，是时候补充传统的新闻模式并消除其固有的消极偏见了。在一般情况下，这种对存在于人性中的，特别是存在于新闻业中的消极性的批评以前也有，尤其是在新闻业以外，但也有来自内部的批评声音。詹姆斯·法洛斯（James Fallows）在其广受赞誉的著作《分解新闻》（*Breaking the News*）一书中哀叹新闻媒体的消极做法（Fallows，1997）。20世纪90年代初期，其他一些人，例如BBC新闻节目主持人马丁·刘易斯（Martyn Lewis）（本书前言的作者），认为新闻价值应更加多样化，包括"好消息"的分发空间要有一席之地（Lewis，1993）。在这些出版物和关于一种更具建设性的新闻模式的公开辩论之后，丹麦和其他国家开始进行实验。

建设性新闻的兴起与普及

建设性新闻运动发源于丹麦，其新闻形式的第一个和最重要的发展是在丹麦广播公司的地区广播电台取得的。诺德影视公司（Nordisk Film and TV）于1996年和1997年制作了《任务》（*Missionen*）。这是一种新颖的电视新闻形式——邀请观众就被报道的问题采取行动。其中一个系列节目揭露了日德兰半岛一个特定地区的地下水污染问题。污染物来自农业耕作，节目鼓励观众参与公共投资，去租赁受影响流域周围的土地。这个《任务》是成功的，因为有许多观众选择了采取行动并投入资金。很快，其他几个丹麦新闻机构，如《政治报》、Jysk Fynske媒体集团（Jysk Fynske Medier）、《信息日报》（*Information*）、丹麦广播菲英岛电

35

台（DR Fyn）、丹麦菲英电视二台（TV2 Fyn）、《博恩霍尔斯之报》（*Bornholms Tidende*）和 Zetland 媒体，开始在新闻报道中使用建设性新闻的方法。对其中的大多数机构来说，采用建设性新闻报道是一个个案性质的决定，但在其他丹麦新闻机构中，编辑和记者开始把建设性作为一个常规特征来使用。丹麦电视二台（TV2）就是一个很好的例子，其制作人很早就决定在夜间新闻报道中采用一种具有建设性的形式。这个栏目名为《19 灵感》（*19 Inspiration*）："19" 代表栏目播出的时间（晚上 7 点），而"灵感"则表明该栏目试图成为一个（解决问题的）灵感，并在叙述的核心部分提供解决方案。例如，"在没有额外资金的情况下，一家医院如何优化癌症治疗方案，让患者受益"就是这个栏目报道的一个故事。另一个报道调查了农村地区的工商业是如何积极向寻求工作机会的难民施以援手的。因此，寻求解决难民自身"缺乏熟练劳动能力"问题的方案，同时又主动去探索如何帮助难民成功融入社会，以上努力让这个报道成为以解决问题为导向的报道的典范。

在世界其他地方，记者们试图将他们的报道扩展到今天可能被称为建设性新闻的领域，但这一标签在早期并没有被广泛使用。荷兰进行了一个创新实验。罗布·维恩伯格（Rob Wijnberg）是在线媒体网站"通讯员"（De Correspondent）的联合创始人兼主编，他思考其于 2015 年成立的新闻机构的道德价值观已有一段时间了。他的灵感来自很多方面，但在读了《卫报》（Dobelli，2013）的一篇论证新闻的消极倾向报道是如何使人们脱离社会、只让他们知道世界如何不正常运作的专栏文章后，维恩伯格想创建一个与之相反的新闻机构：报道世界是如何运作的，提供概述和细致的（新闻）背景，并且允许记者公开表达自己的观点，用他们自己的话挑战新闻业的"无源之见"（view from nowhere）——所有方法都属于建设性新闻的框架（De Correspondent，n. d.）。

2009 年，瑞典电视台（SVT）外国新闻负责人英格丽德·桑奎斯特（Ingrid Thornqvist）邀请瑞典统计学家汉斯·罗斯林（Hans Rosling）在她的新闻工作室为其记者和新闻编辑团队做演讲。斯德哥尔摩卡罗林斯卡研究所（Karolinska Institute）国际卫生学教授罗斯林，长期以来一直对新闻媒体持以尖锐的批评。罗斯林经常说："如果你想了解世界是如何运作的以及国际事务的真实状况，你就不能使用新闻媒体。"他进一步解释道："新闻工作者对负面事件片面关注，却对进步的地方视而不见，这就造就了偏颇失准的新闻报道。"（Rosling，2015：n. p.）罗斯林把提高我们对世界真实状况的集体认知作为自己的毕生使命。他连续不断地在世界各地巡回演讲，在会议、TED 演讲和 BBC 上发表了一个又一个的主题演讲。他的演讲也让英格丽德·桑奎斯特记忆深刻，桑奎斯特曾说："如果我们让公众对国际事务有偏差和错误的理解，那么我们可以也应该进行改进。"（Thornqvist，引自 Gyldensted，2015：109）。与此同时，瑞典的一项全国性调查显示，瑞典公众对非洲的看法和认知已经过时了 30~40 年。桑奎斯特思考，这是否是新闻媒体长期专注于对非洲做负面、冲突导向报道的结果？这些认识促使瑞典电视台（Sweden's Television）实施了一项重点工作，即在新闻报道中增加了建设性的内容但并未标明。报道涵盖了非洲的发展进步、富有成效的合作和政府良好的治理，不管这些进展是何时实现的。最相关的是，瑞典电视台的新闻部门增加了建设性新闻这一组织层（layer）（Sveriges Radio，n. d.）。

BBC、《经济学人》、《积极新闻》和《卫报》都是英国媒体，其于 2015 年、2016 年前后开始了各具特色的建设性新闻设计。具体而言，卫报传媒集团（Guardian Media Group）就应该如何报道气候变化提出了新的编辑方式。时任卫报传媒集团董事长的艾伦·拉斯布里杰（Alan Rusbridger）表示，新闻业过多地从后视镜中审视世界，新闻业需要对我们如何解决"我们这个时代最重要的故事"进行更具未来导向的研究（Rusbridger，2015）。在德国，《明镜周刊》（*Der Spiegel*）和《时代周报》（*Die Zeit*）尝试在它们的报道中加入建设性的层次（layers）。《时代周报》开发了一个所谓的"政治火种"（Political Tinder）软件，目的是让对立的选民在面对面的会议中讨论不同的政治观点。想进行此类报道的媒体组织可以公开使用这种去极化的形式和"我的国家会谈"（My Country Talks）软件。

网络媒体《每日透视》（Perspective Daily）展示了全部的建设性新闻。在德国，国家公共服务广播公司在为儿童制作新闻时采用建设性新闻方法。在美国，《赫芬顿邮报》推出了"好消息"（Good News）、"影响"（Impact）和"行之有效"（What's Working）等特别栏目。随后，《华盛顿邮报》在 2014 年推出了一个名为"乐观主义者"（The Optimist）的在线栏目。《纽约时报》每周都有一个名为"解决"（Fixes）的栏目，探讨重大社会问题的解决方案。时代传媒集团（Times Media Group，TMG）是南非最大的媒体公司之一。2015 年，时代传媒集团启动了针对其新闻编辑室内部选定的新闻编辑和记者的建设性新闻工作培训计划。培训的目的是让 TMG 的记者和新闻编辑承担起责任，关注促进新闻报道建设性的辩论，以及报道关于南非年轻的民主制度所面临问题的可能解决方案。在德国，调查性新闻编辑室 Correctiv 负责重要的调查性报道，如"Cum-Ex[①]文件"（Cum-Ex-Files）、"欧洲大盗窃案"（Grand Theft Europe）、"足球兴奋剂"（Football Doping）等，而主要在报道气候变化时使用建设性的新闻方法。Correctiv 团队写道，他们认为在调查性报道中增加希望、实现解决方案，并推动公众参与其调查性报道至关重要。"新闻业必须具有建设性，我们支持这一点。"Correctiv 团队这样写道（Schlange，2019）。

简而言之，标榜为建设性新闻的新闻实验或以该运动的原则和实践为基础的实验迅速在世界各地传播开来，而这种流行并没有被忽视。越来越多的新闻工作者和新闻研究者试图记录下建设性新闻的效果。这些研究者中最出名的是凯伦·麦金泰尔，她是本书的合作主编，也是第一篇关于建设性新闻的博士论文的作者。麦金泰尔的研究还包括她自己以及与其他人合作进行的几项媒体效果研究，试图确定人们对建设性新闻实践和原则的反应。

[①] 译者注："Cum-Ex"作为一种股票交易策略，是指股票分发红利的当天，同时进行出售和再次收购行为。由于交易时间很短，税务机构无法确定股票产权一方到底是谁，由此，买卖双方都可以拿到资本利得税的退税。来源：https://baijiahao.baidu.com/s?id=1645499928916353390&wfr=spider&for=pc。

在其中一项研究中，她通过实验测验了在新闻报道中加入解决方案信息对读者的感受、态度和行为的影响（McIntyre，2019），聚焦让调查对象对新闻报道产生好感的可能性方案。在建设性新闻领域做效果研究的并不只有麦金泰尔一个人。在建设性新闻普及后的几年中，研究人员在不同情境下对许多受访者进行效果研究，包括不同国家和不同年龄段的人（例如，Hermans & Gyldensted，2019；Kleemans et al.，2019；McIntyre & Sobel，2017；Meier，2018）。

这一系列的研究不仅关注新闻的消费者，新闻的生产者，也就是记者本身，也被视作此类研究的要素（例如，McIntyre et al. 2018；McIntyre & Sobel，2018；Rotmeijer，2019；Wagemans et al.，2019）。其中有几项研究提到了在商业报纸、会议和其他讨论建设性新闻的场合中人们对建设性新闻的反应，也就是说这场运动并没有受到所有记者、新闻编辑和新闻机构所有者的热烈欢迎。

建设性新闻的先例及受到的批评

正如人们对一个行业所期待的那样（以批判性审视为荣），建设性新闻经历了来自该领域的抵制和消极反应。最初，最主要的批评来自同行，他们认为建设性的角度，像是以解决方案为导向的框架、以进步为导向的故事，或"杀死受害者的叙事"，就像一篇不重要的文章一样无足轻重。批评者倾向于认为，如果有建设性的元素，就不可能做出一篇具有批评性的新闻报道（Rotmeijer，2019）。然而争论的另一方，建设性新闻记者认为，如果新闻业将建设性新闻的方法作为报道现实或社会的一个稳定组成部分，那么新闻业就有机会变得更加准确，而且，他们指出了一些出色的建设性新闻报道的具体例子，例如《经济学人》经常做的那些报道。《欧洲如何在不分裂的情况下解决难民危机》是该杂志制作的众多建设性主题的报道之一（The Economist，2016）。当然也有一些不那么好的建设性新闻项目案例。

有一个案例是《赫芬顿邮报》推出的特别栏目。《赫芬顿邮报》新闻编辑室的记者们担心有些报道是有计划的公关行为，而不是真实的新闻报道（Cohan，2016）。之后，这些栏目经历了一次编辑上的改革并重新启动，力求提供关于进步、解决方案和巨大影响的高质量报道。从本质上讲，这些内容从积极新闻领域（定义是：没有社会意义并且不符合新闻业的核心职能）转为建设性新闻领域（定义是：具有高度的社会意义并且符合新闻业的核心职能），在学术研究中这两者的区别可以鉴别（McIntyre，2015；McIntyre & Gyldensted，2017）。

尽管受到了批评，但建设性新闻的理念还是流行了起来，其中的一个原因是记者的建设性新闻价值有限。在第一本关于该主题的丹麦文集（Haagerup，2012a）中，几位作者就指出，建设性新闻与新闻史上众所周知的规范有相似之处。这些规范包括 20 世纪初蓬勃发展的行为新闻运动和 21 世纪初的公共新闻运动（例如，Bro，2018）。约瑟夫·普利策和威廉·兰道夫·赫斯特也许是"行动的新闻"（journalism of action）、"有行动的新闻"（journalism that acts）或仅简称"行动新闻"（action-journalism）的最著名的支持者（例如，Campbell，2001，2006）。这一新闻类型，是记者、新闻编辑和报社所有者都在试图推动人们，包括普通人和更权威的决策者（如政治家、警察局局长等）帮助解决社会中一些紧迫的问题的新闻类型。有时，这些报道会采取更加耸人听闻的形式，就像约瑟夫·普利策为了给自由女神像的基座筹款而寻求读者帮助那样。但在 20 世纪初，报纸也采用了行动新闻的方式来帮助解决犯罪、疾病和饥饿等问题；这种新闻类型也传播到了大西洋彼岸。顺便提一下，在哈格鲁普发表专栏文章的一百年前，同一家报纸《政治报》在 1909 年创刊 25 周年的那天宣布，该报纸的未来将取决于行为新闻（Cavling，1909）。但事实并非如此。其他类型的新闻最终变得更受欢迎，一些记者和新闻编辑认为新闻报道很难同时具有客观性和建设性（Bro，2019）。

随着时间的推移，行为新闻被其他类型的新闻所取代，大西洋两岸均是如此，但正如研究者后来所表明的那样，21 世纪的建设性新闻也类似于另一个著名的运动——公共新闻运动，受到了全世界新闻工作者的瞩目。公共新闻（public journalism），亦叫作市民新闻（civic journalism）（见第二部分）。公共新闻运动被称为美国新闻界中组织得最好的社会运动（Schudson，1999：111），它在20世纪90年代发展起来并引起了人们的关注。正如建设性新闻一样，这场运动的发起是基于对传统新闻形式的不满，特别是对政治新闻的不满，用批评者的话说，政治新闻已经向政治体系靠拢而离公众越来越远（Broder，1990）。这促使从业人员和研究人员一起尝试新的准则和实践，去制作更有趣、更吸引人的新闻形式。这一运动最初是在美国发展的，和行为新闻的情况一样，它很快被其他国家的媒体代表和学者采纳，他们试图使"人们成为公民、公共事务的潜在参与者，而不是受害者或旁观者"，并相信新闻工作者也应该帮助社会"对其问题采取行动，而不仅仅是了解"，就像创始人所说的那样（Rosen，1999：22）。

建设性新闻学的早期倡导者中，没有一个人去贬低之前那些运动的重要性。相反，他们公开认可以前的新闻运动所依据的一些原则。

建设性新闻的内在焦点和框架

建设性新闻的倡导者利用与新闻史上其他运动的历史联系为这场新运动奠定了规范基础。他们厘清了运动的形成期、人物和新闻实践（例如，Gyldensted，2015；Haagerup，2014），认为过去的新闻运动有助于当下实践的合法化。这些相似之处也提醒我们，虽然新闻形式在历史进程中不断发展，但新闻业的规范却遵循着不同的模式。当传统新闻规范的问题引起了记者、新闻编辑和新闻机构所有者的注意时，它们似乎会时不时地出现。随后，人们开始探索新的新闻规范和形式。建设性新闻领域的倡导者和支持者已经成功地突出强调传统新闻的问题。在许多国家、新闻机构以及与新闻有关的专业人员之中，他们所倡导的新闻准则已经有了乐于接受的受众（Constructive Journalism Network，n.d.）。但正如批评者所指出的那样，建设性新闻可以并且应该持有的开放性取向，致使对其的解释也是开放的，因而从长远来看，这一点可能会对这一运动构成挑战（Bro，2019）。在致力于确定和应用建设性新闻方法的同时，吉尔登斯特德和麦金泰尔在后来的工作中提出了一个框架，包括六条途径：（1）聚焦解决方案；（2）现在要做什么（促进未来导向）；（3）建设性采访；（4）事实性（我们看到的是进步还是倒退？）；（5）去极化的辩论形式；（6）与公众共同创作。这个框架鼓励业界将建设性新闻视为涵盖这些实践的统称（McIntyre & Gyldensted，2018）。而哈格鲁普则更关注其他三个途径：故事角度、方法和新闻工作者的角色（Constructive Institute，n. d.）。

关于这种开放的方法可能产生怎样的结果，过去有大量的先例，甚至在建设性新闻与之共享规范基础的过去的新闻运动中也有。公共新闻就是这样一个例子。公共新闻运动发展的速度可与建设性新闻运动相提并论，公共新闻运动在世界各地的许多新闻编辑室中找到了乐于接受的受众，但由于倡导者不愿意对其下一个更精确的定义，因此，什么是公共新闻而什么不是很快变得难以确定。其中一位倡导者认为，"编纂一套公共新闻的规则"是一种傲慢的做法（Merritt，1995：124），而另一位则指出，"关于公共新闻，是任何人都可以说的最重要的事情，我现在就可以说：我们仍然在创造它。并且正因为我们正在创造它，所以我们并不真正知道什么是'它'"（Rosen，1994：388）。这种定义上的模糊性导致一些人放弃了这个概念本身，另一些人则开始使用其他名称，而批评者可以将许多不同的规范和新闻形式与该运动联系起来（Glasser，1999）。结果，公共新闻运动失去了它最初对众多记者和新闻编辑的吸引力。其他运动也存在同样的问题，例如行为新闻，因为缺乏及时准确的定义，就与备受批评的黄色新闻联系在了一起，而煽情主义是许多黄色新闻生产的主要推动力（Campbell，2001）。

有了早期倡导者对建设性新闻采取的开放态度，如果我们不从过去的经验中吸取教训，这个21世纪的第一场重大新闻运动很可能面临同样的命运。我们急需的是更清晰的分界线，不仅要明确什么是以及什么不是建设性新闻，还要明确已经形成的不同建设性新闻规范之间的异同。然而，在研究媒体机构应用建设性新闻所遵循的单个价值体系时，我们可以找到产生差异的原因。像 BBC、瑞典电视台和丹麦广播公司（Danish Broadcasting Corporation）这类的公共服务广播公司，都是建立在不偏不倚、非政治性、客观报道的严格原则之上的。因此，他们对建设性的新闻方法的实践会倾向于传统或打安全牌。而《卫报》或荷兰新生的创新型媒体"通讯员"则是建立在行为新闻的原则之上的。建设性新闻是它们关于如何报道世界的工具箱的一部分——并非每次都是如此，而是有时是。它们属于应用建设性新闻的连续体中更先进和实验性的一方。但这些媒体机构都有一个共同的野心，就是希望能更准确、更细致地报道世界。

牢记这一点再去审视建设性新闻运动，我们发现，记者实践社会责任的四种典型方式变得显而易见（见图 3-1）。这四种类型在本语境中被描述为各自的框架和焦点有所不同。在这里，重点是指记者相对于出版时间所处的方向：之前或之后。在过去，"新闻"通常是"旧闻"，在发刊前已经过了几天、几周、几个月甚至几年，因为此类新闻通常与发刊之前就已发生的事情有关。但随着新技术（电报、电话、卫星、互联网和其他传输技术）和新闻技术的逐步发展，新闻工作的重点越来越接近发刊时间，而且随着广播、电视和数字媒体的发展，新闻报道现在可以在新闻发生时就即时播出。

```
                    可能性
                      │
            类型1    │    类型2
                      │
 之前 ─────────────┼───────────── 之后
                      │
            类型3    │    类型4
                      │
                    问题
```

图 3-1　记者实践社会责任的四种典型方式

资料来源：Peter Bro and Cathrine Gyldensted。

在这种情况下，关注"之前"的记者关注其报道发表之前的事情，而关注"之后"的记者则关注其新闻报道的成功之处。这种基本的二分法（在"之前"和"之后"之间，或者说关注新闻的发布和新闻的结果之间），是当人们想要区分不同的建设性新闻规范和形式时的第一条重要的分界线。另一个重要的区别与新闻报道的框架有关。在新闻学研究中，框架在许多方面得到了运用，例如各种通用框架［如事件焦点和游戏焦点（issue-focus and game-focus）］和特定事件框架（如政治、文化、经济等）；但在这一语境下，框架是指记者关注的是问题（problems）还是可能性（potentials）。当将其与新闻的关注点结合在一起看时，会出现一个矩阵，其中包含记者行使职责的四种不同方式（见类型1、类型2、类型3和类型4）。这四种记者实践社会责任的方式，使我们更清楚地了解到建设性新闻与其他类型新闻的区别，以及近年发展起来的不同类型的建设性新闻的特点。

建设性新闻的倡导者、支持者和实践者的共同点似乎是对"新闻应完全专注于问题和冲突"这一观念的反叛。"广泛的、更全面的新闻报道能给新闻业和社会带来什么"这一问题最清晰的看法，也许来自心理学教授兼宾夕法尼亚大学积极心理学中心主任马丁·塞利格曼（Martin Seligman）与美国广播记者比尔·莫耶斯（Bill Moyers）的交流。"'想象一下，莫耶斯先生，你对新闻业的期望完全实现了，新闻业完全成功了，它揭露了一切隐藏的秘密和错误的事。甚至可以想象一下，新闻业纠正了所有的错误'，我说道。'你要去向哪里呢？'……如果没有一个关于什么是正确的、什么是高尚的、什么是对人类未来有益的新闻业，我们所能做的最好的事情就只是实现空想。"（Seligman，2019：489）

聚焦问题与聚焦可能性这一新闻类型的基本分界线，是建设性新闻与其倡导者和支持者认为的其他更传统的新闻类型之间的重要区别。但正如一些研究者所指出的，建设性新闻的倡导者、支持者和后来自称的实践者之间也存在分歧。这些分歧在涉及对建设性新闻的关注时就会出现，而且几乎在建设性新闻诞生之初就是可察觉的。这是一种在公共新闻运动中也众所周知的差异，一些支持者认为新闻工作者应该通过促使人们采取行动，甚至自己采取行动，来努力使世界向好；而另一些人则认为只需提供可能性的新闻报道就足够了，免得对随后发生的事情产生任何兴趣或承担责任。这就是其他研究人员所描述的过程和结果之间的差异（Haas，2009）。

建设性新闻的未来

对于什么是"具有建设性"，并不存在一个统一的说法。"新闻工作者可以而且应该努力具有建设性"这一概念，与其职业本身一样古老，而且几乎与新闻工作者的职业教育历史一样古老，大多数人认为记者职业教育始于1908年沃尔特·威廉姆斯在密苏里大学建立新闻学院（Farrar，1998）。从那以后，"新闻工作者有责任成为社会中的一支建设性力量"的观念就一直在信条、教规和其他类型的道德宣言中延续。然而，多年来，"具有建设性"的具体内涵一直很模糊。建设性运动对此起到了帮助作用。首先，该运动在实践者和研究者之间引发了一场人们迫切需要的辩论：讨论新闻业的正确角色。这场辩论在书籍、论文、会议、新闻编辑室和课堂上开展。在一些国家，这场辩论甚至已经蔓延到新闻业和学术领域之外，成为一个公共问题，政治家和公民个人都参与其中（Bro，2019）。

这些辩论也使人们更加关注这样一个事实：新闻业和新闻工作者并不是一回事，而且在社会责任的含义方面有不同的价值体系在起作用。我们不仅有必要区分更传统的新闻类型和建设性新闻，而且有必要明确各分支之间的分界线。因此，本部分试图概述不同类型新闻之间的一些主要异同，但正如建设性新闻的倡导者所表明的那样，他们清楚地意识到，关注社会弊病并不一定意味着减少新闻工作者对改善社会的责任感。当涉及他们新闻报道的重点和框架时，他们只是用另一种方式来处理和承担这种责任。这些方法在本部分中已经通过记者承担社会责任的四种典型方式加以说明。因此，对建设性新闻的讨论也有助于澄清这四种典型的新闻规范之间的差异。

总而言之，这场运动使人们产生了一种亟须确定"建设性"内涵的历史观点。"具有建设性"是一个已经伴随新闻业几十年甚至几个世纪的概念和方法，历史研究不仅仅使人们更清楚地认识到当代问题与之前的、其他的历史阶段的关联。鉴于此，"建设性新闻"这一新闻史上最新的运动也更清楚地表明，尽管各种新闻运动来了又去，但其规范基础总会再次出现并且持续存在。新闻规范和形式之间有一个重要的区别：后者持续前行，而前者往往周期性地出现。从历史上看，也曾有过像建设性新闻运动那样规范方法部分重叠的其他运动，但这些运动最终都失去了对新闻工作者的约束。历史已经表明，这些运动终止的原因之一，正是它们当初发展壮大的原因，即对传统新闻规范的有理有据的批判，然而，这些批判并没有为其找到同样强有力的替代物。

新新闻运动的倡导者和支持者希望保持开放的心态是可以理解的。这就是 20 世纪初从事行为新闻工作的记者和新闻编辑的特点。这也是对 20 世纪末促使和推动公共新闻运动的新闻工作者和研究者来说很重要的一点，他们渴望不去"编纂一套公共新闻规则"（Merritt，1995：124），因为他们正在"创造它"的过程中（Rosen，1994）。而这似乎也是建设性新闻的倡导者们所选择的方法。然而，作为新闻工作者和研究者，我们是否应该从历史中吸取教训而不是让历史重演？我们有必要在规范和形式之间找到一条道路。一方面，我们需要对建设性新闻的规范有更清晰的认识，另一方面，也要为新的新闻形式的不断实验留出空间。我们将两者区分开来，使其在规范方面有坚实的基础，并在新闻形式方面有更开放的方法。这种方式可能会使这个新运动更能抵御重蹈覆辙的危险，它最终可能不仅有利于新闻业的持续发展，也有利于整个社会。

参考文献

Ahva, L. , & Hautakangas, M. 2018. "Why do we suddenly talk so much about constructiveness?" *Journalism Practice*, 12 (6): 657 – 661.

Bro, P. 2004. *Aktionsjournalistik（Action journalism）*. Odense: Syddansk Universitetsforlag.

Bro, P. 2018. *Models of journalism: The function and influencing factors of journalism*. London: Routledge.

Bro, P. 2019. "Constructive journalism: Proponents, precedents and principles." *Journalism*, 20 (4): 504 – 519.

Broder, D. 1990. "Democracy and the press." *Washington Post*, January 3.

Campbell, J. W. 2001. *Yellow journalism*. London: Praeger.

Campbell, J. W. 2006. *The year that defined American journalism: 1897 and the clash of paradigms*. New York: Routledge.

Cavling, H. 1909. "Bladet. (The Paper)" *Politiken*, October 1.

Charity, A. 1995. *Doing public journalism*. New York: Guildford Press.

Cohan, W. T. 2016. "How Arianna Huffington lost her newsroom." *Vanity Fair*, September 7. https://www.vanityfair.com/news/2016/09/how-arianna-huffingtonlost-her-newsroom.

Constructive Institute. n. d. . "What Is Constructive Journalism?" https://constructiveinstitute.org/what/the-three-pillars/Constructive Journalism Network. n. d. . "Get yourself on the map." http://constructivejournalism.network/get-yourself-onthe-map.

Constructive Journalism Network. n. d. "Get yourself on the map." Constructive Journalism Network. http://constructivejournalism.network/get-yourself-onthe-map.

De Correspondent. n. d. . "Our 10 founding principles." https://thecorrespondent.com/principles.

Dobelli, R. 2013. "News is bad for you? And giving up reading it will make you happier." *The Guardian*, April 12. https://www.theguardian.com/media/2013/apr/12/news-is-bad-rolf-dobelli.

Fallows, J. 1997. *Breaking the news*. New York: Vintage Books.

Farrar, R. T. 1998. *A creed for my profession: Walter Williams, journalist to the world*. Columbia: University of Missouri Press.

Glasser, T. L. 1999. *The idea of public journalism*. New York: Guildford.

Gyldensted, C. 2011. "Innovating news journalism through positive psychology." Master's thesis, University of Pennsylvania. http://repository.upenn.edu/mapp_capstoneabstracts/33/.

Gyldensted, C. 2012. "Spøgelset fra Watergate—Nixon ud af nyhederne (The ghost from Watergate—Nixon out of the news)." In *En konstruktiv nyhed (A Constructive News Story)*, edited by U. Haagerup, pp. 185 – 198. Århus: Ajour.

Gyldensted, C. 2015. *From mirrors to movers: Five elements of positive psychology in constructive journalism*. Charleston, SC: GGroup Publishing.

Gyldensted, C., & Bjerre, M. 2014. *Håndbog i konstruktiv journalistik (Handbook in constructive journalism)*. Aarhus. Ajour.

Haagerup, U. 2008. "Konstruktive nyheder (Constructive news)." *Politiken*, December 6.

Haagerup, U. 2012a. *En konstruktiv nyhed (A constructive news story)*. Århus: Ajour.

Haagerup, U. 2012b. "Et opgør med nyhedsvanen (A showdown with the news habit)."

In*En konstruktiv nyhed (A constructive news story)*, edited by U. Haagerup, pp. 21 – 46. Århus: Ajour.

Haagerup, U. 2014. *Constructive news*. New York: InnoVatio Publishing AG.

Haas, T. 2007. *The pursuit of public journalism: Theory, practice, and criticism*. New York: Routledge.

Harcup, T., & O'Neill, D. 2001. "What is news? Galtung and Ruge revisited." *Journalism Studies*, 2 (2): 261 – 280.

Haslebo, G., & Haslebo, M. 2010. *Nye veje for journalistikken (New roads for journalism)*. København: Dansk Psykologisk Forlag.

Hautakangas, M., & Ahva, L. 2018. "Introducing a new form of socially responsible journalism: Experiences from the Conciliatory Journalism Project." *Journalism Practice*, 12 (6): 730 – 746.

Hermans, L., & Drok, N. 2018. "Placing constructive journalism in context." *Journalism Practice*, 12 (6): 679 – 694.

Hermans, L., & Gyldensted, C. 2019. "Elements of constructive journalism: Characteristics, practical application and audience valuation." *Journalism*, 20 (4): 535 – 551.

Holmaas, V. 2019. *Konstruktiv Journalistikk, Kritisk og løysingsorientert*. Bergen: Fagbokforlaget.

Kleemans, M., Dohmen, R., Schlindwein, L. F., & Buijzen, M. 2019. "Children's cognitive responses to constructive television news." *Journalism*, 20 (4): 568 – 582.

Lewis, M. 1993. "Not my idea of good news." *The Independent*, April 25.

Lytken, L. H. 2014. *Vi skal især på DR være varsomme med at lave alt for mange af denne slags satsninger*. Roskilde: RUC Thesis.

Mast, J., Coesemans, R., & Temmerman, M. 2018. "Constructive journalism: Concepts, practices, and discourses." *Journalism*, 20 (4): 492 – 503.

McIntyre, K. 2015. "Constructive Journalism: The effects of positive emotions and solution information in news stories." Ph. D diss, University of North Carolina.

McIntyre, K. 2019. "Solutions Journalism: The effects of including solution information in news stories about social problems." *Journalism Practice*, 13（1）: 16 - 34.

McIntyre, K., Dahmen, N. S., & Abdenour, J. 2018. "The contextualist function: US newspaper journalists value social responsibility." *Journalism*, 19（12）: 1657 - 1675.

McIntyre, K., & Gyldensted, C. 2017. "Constructive journalism: Applying positive psychology techniques to news production." *The Journal of Media Innovation*, 4（2）: 20 - 34.

McIntyre, K., & Gyldensted, C. 2018. "Positive psychology as a theoretical foundation for constructive journalism." *Journalism Practice*, 12（6）: 662 - 678.

McIntyre, K., & Sobel, M. 2017. "Motivating news audiences: Shock them or provide them with solutions?." *Communication & Society*, 30（1）: 39 - 56.

McIntyre, K., & Sobel, M. 2018. "Reconstructing Rwanda: How Rwandan reporters use constructive journalism to promote peace." *Journalism Studies*, 19（14）: 2126 - 2147.

Meier, K. 2018. "How does the audience respond to constructive journalism." *Journalism Practice*, 12（6）: 764 - 780.

Merritt, D. 1995. *Public journalism and public life*. Mahwah, NJ: Lawrence Erlbaum Associates.

Patterson, T. E., & Donsbach, W. 1996. "News decisions: Journalists as partisan actors." *Political Communication*, 13（4）: 455 - 468.

Pulitzer, J. 1904. *The school of journalism at Columbia University*. New York: Columbia University Press.

Riis, J. A. 1901. *The making of an American*. New York: The Macmillan.

Rosen, J. 1994. "Making things more public: On the political responsibility of the media intellectual." *Critical Studies in Mass Communication*, 11（4）: 363 - 388.

Rosen, J. 1999. *What are journalists for?*. New Haven, CT: Yale University Press.

Rosling, H. 2015. "Don't use news media to understand the world." Danish Broadcasting Corporation, September 12. https://www.youtube.com/watch?v = 9aMkx_ nogcQ&t = 419s.

Rotmeijer, S. 2019. "Words that work?." *Journalism*, 20（4）: 600 - 616.

Rusbridger, A. 2015. "Climate change: Why the Guardian is putting threat to Earth front and centre." *The Guardian*, March 6. https://www.theguardian.com/environment/2015/mar/06/climate - change - guardian - threat - to - earth - alan - rusbridger.

Seligman, M. 2019. "Constructive journalism and Moyers' dictum." *Journalism*, 20（4）: 489 - 491.

Schlange, B. 2019. "Klimaredaktion." Correctiv. https://correctiv.org/correctiv - klima/.

Schudson, M. 1978. *Discovering the news*. New York: Basic Books.

Schudson, M. 1999. "What public journalism knows about journalism but doesn't know about 'public'." In *The idea of Public Journalism*, edited by T. L. Glasser, pp. 118 – 133. New York: Guilford Press.

Sveriges Radio. n. d.. https://sverigesradio.se.

The Economist. 2016. "Europe's migrant crisis. Forming an orderly queue." *The Economist*, February 6. https://www.economist.com/briefing/2016/02/06/formingan-orderly-queue.

Urner, M. 2019. *Schluss mit dem täglichen Weltuntergang*. Munich: Droemer Knaur.

Wagemans, A., Witschge, T., & Harbers, F. 2019. "Impact as driving force of journalistic and social change." *Journalism*, 20 (4): 552 – 567.

Wegner, J. 2019. "What happened when we paired up thousands of strangers to talk politics." TED Summit 2019, July 19. https://www.ted.com/talks/jochen_wegner_what_happened_when_we_paired_up_thousands_of_strangers_to_talk_politics.

Williams, W., & Martin, F. L. 1922/1911. *The practice of journalism*. Missouri: Missouri Book Company.

四 方案新闻：报道对策与报道问题皆具新闻价值

凯瑟琳·蒂尔（Kathryn Thier）

方案新闻认为，对社会问题进行基于证据的报道与报道问题本身一样具有新闻价值。事实上，新闻业有责任给受众呈现完整的报道（包括报道人们如何努力解决问题）以促进民主的运作。方案新闻是一种严谨的报道，它重视证据、洞察力和问题对策的局限性。这种（新闻）实践不包括假设性的问题对策或聚焦报道好人好事；相反，它报道的是基于证据的成功对策。

2016年，"里奇兰来源"（Richland Source）的记者布里塔妮·肖克（Brittany Schock）了解到，她所报道的俄亥俄州的里奇兰县是全州婴儿死亡率最高的县。因此她自问：为什么在里奇兰县有这么多婴儿死亡？

在由此产生的系列报道《治愈的希望》（Healing Hope）中，肖克不仅描述了产生问题的原因，还介绍了社区的对策以及宾夕法尼亚州一家医院采用的可能方案：向父母分发婴儿大小的硬纸箱，帮助婴儿安稳睡眠。让婴儿仰卧在婴儿箱中可以减少不安稳的睡眠，这种不安稳的睡眠是婴儿猝死综合征（Sudden Infant Death Syndrome）的三个主要原因之一。在她的系列报道刊发的六个月后，加利福尼亚婴儿箱公司在俄亥俄州范围内启动了一项活动：所有怀孕的母亲，无论其社会经济地位如何，该公司都为其提供该产品。由于肖克的系列报道，该公司在里奇兰县还发射了一颗卫星。

"我绝没有料想到这些的发生，"肖克说，她称从报道被印发出来到人们采取行动"快得离谱"（Richland Source，2017）。

肖克的经历似乎支持了方案新闻倡导者的论点，这是一种新兴的新闻实践，即将突发事件与有效的对策结合起来报道，以增强社会解决问题的能力。

像肖克这样将方案纳入新闻的做法并不新鲜。新闻的社会责任理论，即媒体在道德上有义务考虑其决策是否会带来社会效益，最早是在1947年提出的（Siebert et al.，1963）。但近几十年来，媒体评论家再次强调方案的新闻价值以及记者有将其纳入报道的责任（Gans，2010；Kovach & Rosenstiel，2014；Schudson，2011），越来越多的记者和新闻机构正在这样做。

本部分追溯了方案新闻的兴起。方案新闻的理论由从其他改革运动中产生到被编纂和普及，在一定程度上是由一个专门的非营利性组织推动的，在美国的新闻编辑室中尤其如此。本部分还提及该实践与建设性新闻的联系和混淆之处，另外，新出现（但有限）的证据表明，方案新闻对受众和社会的影响与传统的、以问题为导向的新闻不同。

定义和历史

"方案新闻"的兴起，是建立在早期为重构以冲突为主导的新闻叙事方式所做的努力之上的。随着20世纪70年代和平新闻的概念化，约翰·加尔通（Johan Galtung）建议记者在报道战争和暴力冲突时寻求和平的可能性（Galtung & Fischer，2013）（更多关于和平新闻的内容见本书第八部分）。在20世纪80年代末和90年代初，公共新闻或市民新闻的倡导者在报道社会问题时明确提出了寻求方案的任务和摒弃聚焦负面的新闻规范（产生于20世纪初的新闻专业主义）（Friedland，2003；Rosen，1996）（更多关于市民新闻的内容见本书第二部分）。到20世纪90年代末，贝尼施（Benesch）记录了美国大量的新闻机构对方案新闻热情日益高涨的情景，尽管她注意到许多记者仍然对其新闻严谨性持怀疑态度（Benesch，1998）。

然而，直到2013年"方案新闻网"（Solutions Journalism Network，SJN）成立，方案新闻的一般性定义及其作为一种独特报道实践的身份才得以实现。该网站是一个独立的非营利性组织，致力于推广这一实践（McIntyre，2015；Thier，2016；Wenzel et al.，2016）。SJN将方案新闻定义为"对社会问题严谨的、可信的报道"（SJN，2019），它具有四个基本特征：对策及其运作和开展、有效证据、可能广泛适用于类似情况的洞见、方案的局限性（SJN，2019；Thier，2016）。令人有点困惑的是，该网站还列出了方案新闻的许多项特征，这些特征除了以上四种，同时还包括：产生问题的原因、作为叙事中心的问题解决方案、具有实地经验的消息来源、避免公共式的语言，以及关注对策而非个人（SJN，2018）。

传统的新闻报道依赖于五个W（谁who、什么what、何处where、何时when和为何why），而H（如何how）往往是事后的想法；方案新闻则深入研究当下对策是如何运作的以及为什么（Thier，2016）。"感觉良好"的专题报道可能放弃对主题的批判性见解而聚焦于个别人物或事件，与其相比，方案新闻保留客观性这一传统新闻价值，并采用主题性而非情节性框架。尽管方案报道可能唤起积极正面的情绪，但方案报道不是正面新闻，也不是旨在提振观众的新闻。

一些批评者认为，方案新闻是宣传性的或缺乏批判性的软新闻（Benesch，1998），例如"CNN英雄人物"（CNN Heroes），一个（CNN的）常设专题节目，对个人进行表彰而非探索对社会问题的结构性回应。SJN反驳说，方案新闻采用与传统新闻报道相同的客观性标准，并指出记者不应推动或提出解决方案，而只应像报道其他主题一样对其进行批判报道。方案新闻记者表示，在将报道框架从问题转移到方案时，记者不会费力去做宣传，他们只选择报道主题或采访信源，而非其他。事实上，根据SJN 的说法，记者如果不同时报道问题及其解决方案，就是失职。

> 旧思维是：我们可能会因为报道方案新闻而违背专业性。而新思维是：不报道方案新闻就会违背我们的专业性。作为记者，我们的工作是给社会提供镜子般准确的写照。如果我们不能报道人们和机构试图解决问题的多种方式——无论成功与否——我们的工作就是失败的。（SJN，2019）

方案新闻的支持者认为，这些报道为公民提供了作为民主行动者做决定所需的信息。虽然新的研究显示，方案新闻可能有助于抵消受众对新闻负面偏向的不满，但目前还不清楚方案新闻是否会促使个人的公民行动增加。同时，学者和从业者对方案新闻是否有别于另一种新兴的新闻实践——建设性新闻（更多关于建设性新闻的内容见本书第三部分），以及它是否代表着新闻实践的转向或延续尚存在分歧。

理论基础

在21世纪10年代中期，学术界开始将方案新闻作为一种独特的现象进行研究，主要关注其效果。在这时，研究人员基本上还没有提出解释这一（新闻）实践是如何运作的理论机制。然而，他们已经探讨了方案新闻如何以及是否符合现有的新闻业模式。

恩特曼（Entman）在他的框架概论中提出了四种主要的框架，即"定义问题……诊断原因……道德判断……和补救建议"（Entman，1993：52）。就方案报道的本质而言，它将对问题的补救建议作为首要框架，也会对问题下定义，并在（报道的）最深层对产生问题的原因进行诊断。洛（Lough）和麦金泰尔（McIntyre）引用了恩特曼的著作作为方案新闻的理论基础（Lough & McIntyre，2018）。

最近的学术研究认为方案新闻的理论是新闻情境主义（contextualist）功能的组成部分（见Lough & McIntyre, 2018; McIntyre et al., 2016）。情境（contextual）新闻提供新闻的来龙去脉，通常是解释性的（新闻背景）。20世纪60年代中期，记者重新定义了他们与政治家的关系，从而使其变得更具对抗性，因此在20世纪50年代和21世纪00年代之间情境新闻（的出现）频率增加（Fink & Schudson, 2014）。麦金泰尔、达蒙（Dahmen）和阿布德诺（Abdenour）将情境新闻定义为"超越新闻的即时性并有助于增进社会福祉的报道"（McIntyre et al., 2016: 1567）。这与SJN对方案新闻的描述相吻合，即通过向受众展现"改变是可能的"，从而"深入（报道）"并推动积极的社会变革（SJN, 2019）。

毫无疑问，方案新闻在报道突发事件的解决方案上是不可行的，它必须至少具有一定的解释性质。方案新闻是建设性新闻的组成部分，还是一种独立的（新闻）领域，目前尚不明确。从业者对建设性新闻有不同的理解，但麦金泰尔和吉尔登斯特德（Gyldensted）首次在学术期刊上将其定义为"一种新兴的新闻形式，在坚守新闻的核心功能的同时将积极心理学技巧应用于新闻流程和生产，以努力创造富有成效和吸引力的报道"（McIntyre & Gyldensted, 2017: 23）。根据麦金泰尔和吉尔登斯特德的说法，方案新闻利用积极心理学的技巧，旨在改善公共讨论并且遵循新闻业的传统功能，因此方案新闻是建设性新闻的一个"分支"（McIntyre & Gyldensted, 2017）。然而，虽然方案报道本质上是建设性的，但建设性新闻不一定包含解决方案（McIntyre, 2015）。

这些争论部分源自美国的方案新闻网和欧洲的几个团体，如建设性研究所（the Constructive Institute）和建设性新闻项目（the Constructive Journalism Project）大约在21世纪10年代初的同一时期出现，旨在解决一些记者认为的新闻议程不平衡问题，即负面偏向和冲突报道，以及由此对公民生活产生的影响。两个阵营都支持新闻业纳入并增加方案报道，但这一想法是建设性新闻的六要素之一。根据SJN的联合创始人蒂娜·罗森伯格（Tina Rosenberg）的说法，建设性新闻的范围更广，因为记者可能不仅报道解决方案，而且"在解决社会问题中扮演共同创造者的角色。在美国记者如何看待自己的角色的意义上，方案新闻的范围则要窄得多，也更传统"（BBC World Service，2016）。也许美国和欧洲新闻业的历史差异能够解释这两种方法的重叠和分歧之处。

学术而专业的理解

自 2013 年以来，方案新闻网通过新闻编辑室培训和提供在线资源、对专业项目和大学新闻学院教学提供财政支持、邀请记者和学者参加会议这些方式促进了方案新闻的传播。据其官网数据，截至 2020 年 2 月，无论线下还是线上形式，SJN 已经培训了超过 15000 名记者，并与 200 多个新闻机构合作开展新闻项目。SJN 支持了 9 个当地的记者社区（6 个在美国，坎帕拉、马尼拉和巴黎各 1 个），并于在线新闻追踪器（online StoryTracker）上收集了来自 169 个国家的近 8300 个已发布的方案报道案例。

在各种体量的媒体报道中，方案报道正在变得越来越常见和引人注目。SJN 的两位联合创始人戴维·伯恩斯坦（David Bornstein）和蒂娜·罗森伯格负责撰写和编辑《纽约时报》"Opinionator"部分的每周专栏"Fixes"。SJN 与新闻编辑室的合作促成了《西雅图时报》教育实验室（The Seattle Times Education Lab）这样的伙伴关系（https：//www.seattletimes. com/education－lab－about/），自 2013 年以来，该实验室报道和分析了关于华盛顿州公共教育问题的有前景的对策，同时也致力于推动读者的线上和现场参与。SJN 与田纳西州的《查塔努加自由时报》（The Chattanooga Times Free Press）合作的一个项目《贫困之谜》（The Poverty Puzzle）（https：//projects. timesfreepress. com/2016/03/povertypuzzle/index. html）入围了 2017 年普利策解释性报道奖（更多关于解释性新闻的内容见本书第五部分）。2018 年 3 月，隶属于《今日美国网》（The USA Today Network）的亚拉巴马州蒙哥马利的《蒙哥马利广告报》（The Montgomery

Advertiser），其（总）编辑参与了得克萨斯州另一家报纸的 SJN 项目，目的是更好地整合方案新闻并重组他们的新闻编辑室。肖克写下系列报道《治愈的希望》，而大约三年前，"里奇兰来源"推出了免费、营利性的本地在线新闻，更全面地报道其社区，其核心价值之一是"寻找方案"（look for solutions）。由于只关注负面信息，新闻机构影响了俄亥俄州中北部的经济和"自我价值"，因此，"里奇兰来源"的创始人在参与 SJN 之前就着手纠正这一问题了（Richland Source，2017）。

在英国，从 21 世纪 10 年代末开始，BBC 全球服务频道（BBC World Service）和《卫报》首次推出了以解决方案为重点的新垂直栏目，这样做一部分是为了吸引年轻受众，因为 BBC 的市场调查显示有 64% 的 35 岁以下观众希望获得有关解决方案的新闻（BBC World Service，2015）。BBC 全球服务频道播客节目《指南针》（The Compass）的迷你剧——《我的完美国家》（My Perfect Country）在 2016 年播出了第一集。该剧的每一集都会探讨世界各地似乎可行的政策——这些政策往往是由听众提出的，其构想是将这些想法整合起来创造一个"完美"的国家。还有 BBC 全球服务频道的《世界黑客》节目（World Hacks），其口号是"解决世界问题的绝佳方案。我们会与那些有想法让世界变得更好的人见面并调查他们的方案是否可行"。2018 年 2 月，《卫报》推出了一个为期 6 个月的独立编辑系列——"正面"（the Upside），"寻找有望解决世界上一些最棘手问题的人物、创新和运动"（The Guardian，2018）。

尽管方案新闻在业界的地位越来越突出，许多记者仍然没有听说过方案新闻，也不认为它是一种新的或独特的现象。在 2016 年，美国文字报纸和在线报纸的记者及新闻编辑对方案新闻相当陌生，尽管他们明显对这个术语比建设性新闻或恢复性叙事（一种情境主义形式，专注于社区发生悲剧之后的恢复和复原报道）更熟悉（McIntyre et al.，2018）。这些美国报社记者表示，即使是无意的，相比建设性新闻，他们在报道中会更多地使用恢复性叙事和方案新闻（McIntyre et al.，2016）。

57

美国报社记者表示他们最看重的是新闻的情境主义功能，包括五种角色："承担社会责任、提醒公众注意威胁、提醒公众把握机遇、对社会福祉有所贡献、准确描述世界。"（McIntyre et al.，2016：1667）除了"提醒公众注意威胁"之外，所有这些角色都与方案新闻网所描述的方案新闻一致。被调查者中，年轻的记者更倾向于（使用）方案新闻（McIntyre et al.，2016），这与前面提到的关于年轻受众偏好有方案的新闻的市场调查相吻合。

对于熟悉方案新闻的记者来说，这种实践在深度上被视作与调查性报道类似，但其包括额外的报道，有别于宣传并且需要与传统报道不同的构思，具体而言，更加关注"如何"的问题（Lough & McIntyre，2018）。有趣的是，瓦尔什（Walth）、达蒙和蒂尔发现，虽然调查性新闻和方案新闻都是发现社会问题并探求其原因，但记者在如何报道和写作这些（新闻）实践方面几乎没有重合之处（Walth et al.，2019）。

麦金泰尔和洛发现，熟悉方案新闻的记者在很大程度上把SJN所阐述的实践定义具体化了（Lough & McIntyre，2019）。受访者表示，方案新闻平衡了新闻的组合，更多地关注解决方案而不是冲突或问题本身，利用证据严谨地探寻对策并为受众提供可以用来做出改变的信息。然而，一些记者与SJN不同，他们认为方案新闻的目的是创造具体的社会变化，而有关解决方案的动员信息应包含在报道中（McIntyre & Lough，2019）。在SJN的文献资料中，SJN告诫记者，不要要求读者向所介绍的事业捐款以避免宣传（的嫌疑）。在第一份关于方案新闻的学术操作指南中，麦金泰尔和洛建议记者将更广泛的动员信息作为帮助受众为解决方案或社会变革做出贡献（不一定是金钱）的信息（Lough & McIntyre，2019）。

正如记者和学者仍在摸索方案新闻的定义以及其与已有的新闻形式的关系一样，倡导者对方案新闻是一种实践还是一种运动尚存在分歧。在早期的新闻培训课程中，SJN明确表示方案新闻是一种实践而不是一种运动。然而，美国高等院校方案新闻的早期讲师却将其描述为一种运动（Thier，2016）。在SJN的网站和培训材料中，方案新闻被比作"记者口袋里未被充分使用的工具",而这并不适合所有新闻报道的情况。在这一概念中,方案新闻似乎完全可以作为情境新闻的一个子集,其中包括"解释性报道、深度报道、长篇报道、阐释性报道和分析性报道"(Fink & Schudson, 2014: 5, 引用自 Forde, 2007)。然而,2018 年,在该非营利组织(指 SJN)举办的记者和教育工作者的"峰会"上,SJN 负责业务变革的副总裁萨曼莎·麦卡恩(Samantha McCann)感谢与会者加入"这场运动"。2018 年春,SJN 联合创始人戴维·伯恩斯坦在俄勒冈大学发表演讲时,似乎暗示这既是一种实践也是一种运动,当时他预测美国一半的新闻机构将在三年内采用方案报道。他说,方案新闻(必须一直努力)"直到被纳入新闻业的日常业务,不然只是一个理念的临时占位符"(University of Oregon School of Journalism and Communication, 2018)。

方案新闻是一种类似于数据新闻和解释性新闻的实践,还是一场旨在改革新闻事业自身结构的运动?随着方案新闻使用范围的扩大以及学者们对其传播审查的加强,这是一个有待在未来几年回答的问题。

方案新闻报道效果

一些公众或市民新闻的记者因关注民主与媒体之间的关系而寻求新闻实践的变革(Nichols, 2003),与他们一样,现在是建立新报道模式的时候了,方案新闻网的创始人如是说。

包括新闻媒体在内,机构的公众信任度在下降,这一现实要求我们重新评估新闻业的变革理论(Bornstein & Rosenberg, 2016)。在当今世界,仅仅指出问题和分享信息是不够的,因为公民生活的模式已经改变(Zuckerman, 2013)。SJN 的创始人表示,对社会问题的持续关注会产生一个负面反馈循环,使纠正性社会行动陷入瘫痪(Bornstein & Rosenberg, 2016)。相比之下,他们断言,方案新闻提供了进步的例子,提高了人们(因而包括社会)解决社会问题的能力。这样一来,方案新闻就能支持公民权利,强化问责制(调查性和监督性报道的目的),提高读者信任度并吸引新的受众（SJN，2016，2019）。

对新闻负面性越来越失望的受众可能会接受方案新闻，这似乎是合乎逻辑的，但支持 SJN 关于社会转型的亲社会主张的研究，特别是同行评议的研究却很少。一篇描述方案的报道比以问题为导向的报道更能激发读者兴趣，并会（对读者）产生鼓舞感（Curry & Hammonds，2014；Curry et al.，2016）。与那些在阅读新闻报道时经历负面情绪的读者相比，有积极情绪体验的读者对报道更感兴趣，并表示更有可能做出亲社会行为（McIntyre，2015）。然而，尽管阅读一篇以方案为导向的报道会引导人们对问题的解决方案产生更多的好感，但它对读者的行为意图或行动并不造成影响（McIntyre，2019）。在洛杉矶中南部，一些居民因传统媒体对其社区的报道而感到被边缘化，他们表示，方案报道激励他们考虑采取公民行动（Wenzel et al.，2016）。在底特律，认为解决方案有效的读者表示，他们感到更有活力，焦虑感变少，与社区联系更加紧密，更确信情况会得到改善并且确信他们自己也可以为解决方案贡献一份力量（Gielan et al.，2017）。但以方案为导向的新闻报道是否真的会改变公民行为，我们尚未知晓。

我们还需继续思考方案报道是否能提高读者的信任度。在被问及对媒体的信任度时，美国人表示他们希望新闻报道有更多的解决方案（Heyamoto & Milbourn，2018）。在一个实验中，阅读了方案报道并更多地参与到叙事中的参与者更有可能认为这些报道是公平和真实的（Thier et al.，2019）。《西雅图时报》以方案为重点的"教育实验室"系列（前文有提及）的读者说，他们对该报的信任度高于（报业的）整体读者（Green-Barber，2016）。

记者们表示，方案报道的影响（包括被强化的问责制）对他们很重要，但缺乏一个影响的标准定义（Powers & Curry，2018）。华盛顿州的立法者相信是《西雅图时报》教育实验室为学校纪律改革法案赢得了公众支持和政治意愿，才使这些法案得以通过（Green-Barber，2016）。在《查塔努加自由时报》（*the Chattanooga Times Free Press*）关注贫困问题的系列方案报道发表后，公民们在推特上发布了更多关于贫困的推文，市议会会议上提到的贫困问题也有所增加（McGregor & Stroud，2016）。

一些证据表明，以方案为导向的照片对受众的影响也是不同的（例如，为了呈现气候变化的一种解决方案，记者可能会选择一张风力涡轮机的照片而不是森林火灾的照片）。在一个实验中，看方案主题照片的人比看问题主题照片的人更有叙事能力，尽管这取决于报道的主题——结果好坏参半（Dahmen et al.，2019）。同样，对于一个报道主题，观众说他们更有可能看更多关于这个议题的方案报道，在交谈中或在社交媒体上分享这一报道，或向报道中的事业捐款。由于观众的行为意图在不同的报道主题中并不一致，所以应该谨慎解读这些结果。但总体而言，达蒙、蒂尔和瓦尔什发现，可视化方案报道比以问题为导向的可视化报道更有吸引力，他们发现被方案照片吸引的读者更有可能对此感到有兴趣，进而感到自我效能并表达积极的行为意图（Dahmen et al.，2019）。另一个研究则测试当配图与报道框架匹配或不匹配时，方案报道和问题导向报道的效果，结果显示，阅读的方案报道与解决方案图片匹配的参与者情感最积极（McIntyre et al.，2018）。但无论报道框架如何，中性图片都比上述两种更能引起读者对报道的兴趣（McIntyre et al.，2018）。

尽管初步研究表明方案新闻对受众的影响有差异，但数据有限。在对方案新闻如何影响受众、它是否创造了持久的社会变革达成共识之前，我们需要对结果进行重复（检验）、打磨定义，并且对每个结果变量进行更精确的测试。

未来的方向

鉴于21世纪10年代末人们对方案新闻的兴趣日益浓厚，无论作为一种新闻工作还是作为一种研究课题，这一（新闻）实践可能会继续普及。我们还不了解方案新闻如何产生上一节中详细介绍过的效果，也不知道这些类型的报道是否会导致公民行为和行动的改变而不仅仅是意图的改变。

方案新闻报道能否实现其对支持者的承诺并帮助社会恢复民主？新闻业的变革理论是否足够成熟以适应一个支离破碎的数字环境？不发展理论的话，我们便无法去解释方案新闻的机制，并对其进行实证和严格的测试。

我们同样缺乏的，还有对方案新闻在财务方面影响的研究。一些证据表明方案新闻可以为新闻机构增加收入。例如，亚拉巴马州的一家报纸在开始发布以方案为重点的新闻报道后，网站分析显示，与其传统报道相比，该类报道的页面浏览量增加，（受众）参与时间延长（Lough & McIntyre, 2019）。尽管如此，其对新闻机构收入的直接影响仍有待实证检验。但在 2020 年初，SJN 启动了一个为期一年的项目，它将与美国各地的 12 个新闻编辑室合作从方案报道中创收（Saelens, 2020）。学术界也已经在对此进行分析。

随着这种（新闻）实践在美国和欧洲走向成熟，研究人员应继续详细划分方案新闻的范围，特别是它是区别于建设性新闻，还是只是后者的分支。随着越来越多的新闻机构尝试使用方案新闻，我们需要对参与度的测量标准进行更多的长期研究，如页面停留时间和社交分享情况。此外，这些指标在人口统计学上有什么不同？如果方案新闻成为常规报道的一部分，记者们对此会有何感受？早期在大学阶段教授方案新闻的人是否会看到他们的校友成为行业领袖？会不会有更多的新闻学院调整课程，将方案新闻纳入其中？如何重建受众对媒体的信任是一个复杂的问题，而方案新闻在这个过程中的作用仍不明确。这些问题以及其他许多问题的答案都值得在未来几年内进行探索，尤其是在新闻受众正吵嚷着要求变革的情况下。

参考文献

BBC World Service. 2015. "5 key research findings about young online audiences from BBC World Service." https：//www.journalism.co.uk/news/five－key－research－findings－

about – young – online – audiences – from – bbc – world – service/s2/a588021/.

BBC World Service（Producer）. 2016. "Time for 'constructive journalism'?" Newsday [Audio program]. https：//www. bbc. co. uk/sounds/play/p03sg0zp.

Benesch, S. 1998. "The rise of solutions journalism." *Columbia Journalism Review*, 36 (6)：36 – 39.

Bornstein, D., & Rosenberg, T. 2016. "When reportage turns to cynicism." *The New York Times*, November 14. https：//www. nytimes. com/2016/11/15/opinion/whenreportage – turns – to – cynicism. html.

Curry, A. L., & Hammonds, K. H. 2014. "The power of solutions journalism." Engaging News Project. https：//engagingnewsproject. org/wp – content/uploads/2014/06/ENP_ SJN – report. pdf.

Curry, A., Stroud, N. J., & McGregor, S. 2016. "Solutions journalism and news engagement." Engaging News Project. https：//engagingnewsproject. org/wp – content/ uploads/2016/03/ENP – Solutions – Journalism – News – Engagement. pdf.

Dahmen, N. S., Thier, K., & Walth, B. 2019. "Creating engagement with solutions visuals：Testing the effects of problem-oriented versus solution-oriented photojournalism." *Visual Communication*. https：//doi. org/10. 1177/1470357219838601.

Entman, R. M. 1993. "Framing：Toward clarification of a fractured paradigm." *Journal of Communication*, 43（4）：51 – 58. https：//doi. org/10. 1111/j. 1460 – 2466. 1993. tb01304. x.

Fink, K., & Schudson, M. 2014. "The rise of contextual journalism, 1950s – 2000s." *Journalism*, 15（1）：3 – 20.

Forde, K. R. 2007. "Discovering the explanatory report in American newspapers." *Journalism Practice*, 1（2）：227 – 244.

Friedland, L. A. 2003. *Public journalism：Past and future.* Dayton, OH：Kettering Foundation Press.

Galtung, J., & Fischer, D. 2013. "High road, low road：Charting the course for peace journalism." In *SpringerBriefs on Pioneers in Science and Practice*, Vol. 5, by Johan Galtung. Berlin, Heidelberg：Springer.

Gans, H. J. 2010. "News & the news media in the digital age：Implications for democracy." *Daedalus*, 139（2）：8 – 17.

Gielan, M., Furl, B., & Jackson, J. 2017. "Solution-focused news increases optimism, empowerment and connectedness to community." Institute for Applied Positive Research. http：//michellegielan. com/wp – content/uploads/2017/03/Solution – focused – News. pdf.

Green-Barber, L. 2016. "The Seattle Times Education Lab：How coverage of school discipline shifted public discourse." The Solutions Journalism Network and The Center for Investigative Reporting. https：//www. dropbox. com/s/8i2q778yzfy1m1z/edlab – analysis – LGB – 2. pdf. pdf？ dl = 0.

Heyamoto, L., & Milbourn, T. 2018. "The 32 Percent Project：How citizens define trust and how journalists can earn it." Agora Journalism Center. https：//cpb – us – e1. wpmucdn. com/blogs. uoregon. edu/dist/2/9795/files/2018/10/2018 – 32 – Percent – AgoraReport – wd1bwq. pdf.

Kovach, B., & Rosenstiel, T. 2014. *The elements of journalism：What newspeople should know and the public should expect*. New York：Three Rivers Press.

Lough, K., & McIntyre, K. 2018. "Journalists' perceptions of solutions journalism and its place in the field." *#ISOJ Journal*, 8 (1)：33 – 52.

Lough, K., & McIntyre, K. 2019. "Transitioning to solutions journalism：One newsroom's shift to solutions-focused reporting." Paper presented at the Future of Journalism conference, Cardiff, Wales, September.

McGregor, S., & Stroud, N. J. 2016. "How one community responded to solutions journalism." Center for Media Engagement. https：//mediaengagement. org/research/how – one – community – responded – to – solutions – journalism/.

McIntyre, K. 2015. "Constructive journalism：The effects of positive emotions and solution information in news stories." Ph. D diss., University of North Carolina at Chapel Hill.

McIntyre, K. 2019. "Solutions journalism：The effects of including solution information in news stories about social problems." *Journalism Practice*, 13 (1)：16 – 34. doi：10. 1080/17512786. 2017. 1409647.

McIntyre, K., Dahmen, N. S., & Abdenour, J. 2016. "The contextualist function：U. S. newspaper journalists value social responsibility." *Journalism：Theory, Practice and Criticism*, 19 (12)：1657 – 1675. doi：10. 1177/1464884916683553.

McIntyre, K., & Gyldensted, C. 2017. "Constructive journalism：An introduction and practical guide for applying positive psychology techniques to news production." *The Journal of Media Innovations*, 4 (2)：20 – 34.

McIntyre, K., & Lough, K. 2019. "Toward a clearer conceptualization and operationalization of solutions journalism." *Journalism.* doi：10. 1177/1464884918820756.

McIntyre, K, Lough, K., & Manzanares, K. 2018. "Solutions in the shadows：The effects of photo and text congruency in solutions journalism news stories." *Journalism & Mass Communication Quarterly*, 94 (4)：971 – 989. doi：10. 1177/1077699018767643.

Nichols, S. L. 2003. "Public journalism：Evaluating the movement's trajectory through institutional stages of development in the journalistic field." Ph. D diss., University of Wisconsin-Madison, Madison, WI.

Powers, E., & Curry, A. 2018. "No quick fix: How journalists assess the impact and define the boundaries of solutions journalism." Paper presented to the Association for Education in Journalism and Mass Communication annual conference, Washington, DC.

Richland Source. n. d. *Richland source: Our history* [Video]. https://www.richlandsource.com/our_story/.

Richland Source. 2017. *Schock presents Healing Hope series at Solutions Journalism conference in NYC* [Video]. https://www.richlandsource.com/news/schock-presentshealing-hope-series-at-solutions-journalism-conference-in/youtube_0316607e-35b7-11e7-9fe3-d3e851bc52e5.html.

Rosen, J. 1996. "Public journalism is a challenge to you (yes, you)." *National Civic Review*, 85 (1): 3-6.

Saelens, A. 2020. "Twelve newsrooms join the Solutions Journalism Revenue Project. Can doing solutions journalism lead to new revenue? These newsrooms from around the U.S. will find out." The Whole Story, January 28. https://thewholestory.solutionsjournalism.org/south-dakota-news-watch-flint-beat-malheur-enterprise-and9-other-newsrooms-join-the-solutions-d0a69dfb3e2a.

Schudson, M. 2011. *The sociology of news* (2nd ed.). New York: W. W. Norton.

Siebert, F. S., Peterson, T., & Schramm, W. 1963. *Four theories of the press*. Chicago: University of Illinois Press.

Solutions Journalism Network. 2016. "Ten reasons why we need solutions journalism." Medium, November 10. https://thewholestory.solutionsjournalism.org/tenreasons-why-we-need-solutions-journalism-a4b29c663086.

Solutions Journalism Network. 2018. "Basic toolkit." https://learninglab.solutionsjournalism.org/en/courses/basic-toolkit.

Solutions Journalism Network. 2019. https://learninglab.solutionsjournalism.org/en/courses/basic-toolkit/introduction/welcome.

The Guardian. 2018. "About the upside." *The Guardian*, February 12. https://www.theguardian.com/info/2018/feb/12/about-the-upside-a-guardian-series.

Thier, K. 2016. "Opportunities and challenges for initial implementation of solutions journalism coursework." *Journalism & Mass Communication Educator*, 71 (3): 329-343. doi: 10.1177/1077695816666078.

Thier, K., Abdenour, J., Dahmen, N. S., & Walth, B. 2019. "A narrative solution: The relationship between solutions journalism, narrative transportation, and news trust." *Journalism: Theory, Practice and Criticism*. https://doi.org/10.1177/1464884919876369.

University of Oregon School of Journalism and Communication (Producer). 2018. *Demystifying why 'solutions journalism' matters with David Bornstein* [Video], August

15. https：//www.youtube.com/watch? v = gpUeLqZCsnk&t = 0s&list = PLoqXTlv_f5zEJifP55GP1ghtQjY3tzoI0&index = 2.

Walth, B., Dahmen, N. S., & Thier, K. 2019. "A new reporting approach for journalistic impact: Bringing together investigative reporting and solutions journalism." *Newspaper Research Journal*, 40 (2): 177 – 189. https：//doi.org/10.1177/0739532919834989.

Wenzel, A., Gerson, D., & Moreno, E. 2016. *Engaging communities through solutions journalism*, pp. 1 – 27. New York: Tow Center for Digital Journalism.

Zuckerman, E. 2013. "A new civic model. Policy Options." http：//policyoptions.irpp.org/wp – content/uploads/sites/2/assets/po/vive – montreal – libre/zuckerman.pdf.

五 | 解释性新闻：为复杂的问题提供解释和深度

约翰·维贝（John Wihbey）

解释性新闻正在为各类复杂议题提供更优质、更深度的解读。这种报道方式在力图解释议题的过程中，将例如叙述、时事、当前趋势等元素嵌入围绕既定议题的系统性故事讲述中。与本书所涵盖的所有方法一样，解释性新闻为报道增加了深度，其目的是提供背景而不是社论。随着沃克斯（Vox）和"538网站"（Five Thirty Eight）等新闻机构的成功，数字新闻的演进和新闻机构的扩展使得越来越多的报道采用这种方式。

在网络时代，人们对致力于解释、说明复杂问题的新闻形式感到非常兴奋，这主要体现在沃克斯、"538网站"、《纽约时报》的"结论"（The Upshot）报道，以及其他众多新闻机构为新闻提供深度和背景的努力上。

解释性新闻建立在更早的诠释性新闻传统的基础上，旨在通过将事件、趋势和逸闻趣事嵌入系统的信息和知识中，更好地为受众服务。英美地区的各种当代新闻机构都是解释性新闻传统的代表——从《经济学人》《大西洋月刊》等杂志，到《科学星期五》（Science Friday）、《金钱星球》（Planet Money）、"修正主义者的历史"（Revisionist History）、"克莱因秀"

(The Ezra Klein Show）等广播节目和播客。在欧洲的出版物中也可以看到这种解释性模式，其通常具有独特的国家和地区差异，例如德国的《时代周报》（Die Zeit）和《南德意志报》（Süddeutsche Zeitung）、奥地利的《传单报》（Der Falter）、意大利的《共和国报》（La Repubblica）和《晚邮报》（Corriere della Sera），以及更多针对特定领域的杂志，例如重点关注德国社会经济问题的《第一品牌》（Brand Eins）。

沿袭这一传统，有些新闻形式更倾向于有观点的新闻报道，而另一些则坚持一种更为冷静的表述风格，在对当前事件的讨论中加入相关背景和更深入的知识。解释性修辞正越来越民主化。综观整个新闻媒体领域，人们发现解释性新闻的特征体现在无数媒体的各种流行形式上，例如背景资料和附随的目录（如《关于叙利亚你应该知道的七件事》），这些既针对精英也面向大众。

就像20世纪六七十年代的新新闻通过借鉴文学和写作技巧的模式来获得其创新力量一样（Weingarten，2006），解释性新闻运动的新兴浪潮以其数字化的原生形式出现，这些浪潮似乎往往从科学、社会科学和数据科学的模式中汲取灵感和主旨。尽管有批评者，但解释性新闻仍希望为无数社会弊病提供一剂解毒剂，这些弊病部分归因于传统新闻媒体实践的不足，包括未能在政治议题上引导公民、煽动政治极化的倾向等（Hudak，2016；Mann，2016）。

最新一代努力的前景取决于与媒体形式和内容有关的创新。许多媒体工作者正在利用数字媒体的可供性［超链接、数据可视化、社交媒体参与、可播放音视频的多媒体滚轮（scrolls）、最先进的播客制作形式等］为传统的新闻报道添加更丰富的素材。人们对解释性新闻的最高期望是利用数据进行原创工作的能力，以及在计算机辅助报道和数据新闻几十年的创新基础上估算社会科学实践的能力（Doig，2008；McGregor，2013；Meyer，2002）。

此外，数字空间中知识的民主化使深度报道在功能上更容易实现，在规定期限前发稿也更加可行。谷歌学术等搜索引擎、美国国立医学图书馆资源（PubMed）等开放科学数据库、数以百万计的开放数据集以及新的免费数据分析和可视化工具，都促成了一种以新的可能性和热情为特征的氛围（Wihbey，2016）。解释性新闻的实践者明确表示，为了以有效的方式进行实践，实践者们需要深入了解选题的专业知识并持续不断地学习（Roberts，2018）。

媒体创新的第三个方面（与媒体经济学相关联）也为解释性新闻提供了新的空间，这一点无可争辩：由于苹果、脸书、推特、红迪网（Reddit）、亚马逊等大型网络平台及其相关的利基社区、定位算法和推荐引擎的存在，大量依靠技术材料制作而成的深度长篇内容可以找到忠实的窄播受众群。在过去的媒体时代，小众垂直领域的内容几乎没有机会接触到可能对这些内容感兴趣的大量潜在受众，而社交网络时代为新闻深度和所谓的"长尾"产品的货币化创造了新的经济范式和可能性。

最后一点，解释性新闻的兴起也根植于日益"拥挤"的网络媒体内容世界中的市场差异化需求。皮卡德（Picard）指出，互联网越来越多地剥夺了记者在获取信息、人物和事件方面的相对优势，而这些信息、人物和事件过去是普通大众无法获取的（Picard，2014：5）。对于记者而言，进一步提升信息的价值链并超越（简单的）收集事实可能是至关重要的。扎卡里（Zachary）指出，在"不怎么需要人手就能即时发布新闻的泛数字网络时代，成功的新闻工作者首先将是一个知识生产者"（Zachary，2014）。在未来的几十年里，能够创造出有别于机器学习算法所能提供产品的增值新闻产品将越来越重要，自动化的新闻形式削减了工作岗位导致媒体工作者的劳动力替代问题。由于上述这些以及其他更多的事实，学者们一直在呼吁新闻业要把自己越来越多地看作一种以知识为基础的职业，甚至一种追求在其最高水平上为公众生产智慧的工艺（Donsbach，2013；Stephens，2014）。

解释性新闻的成果中隐含着对现有媒体模式的两种批评形式，这些批评在不同的层面起作用。其中一种内在的批评是针对新闻规范和特点的，这长期以来与广播和小报相关——快速、短小、精简，以及随之而来的新闻事件的肤浅性和不稳定性。另一种批评是与传统的、备受争议的新闻客观性原则有关的。正如我们将讨论的那样，新闻客观性原则受到了来自学界和业界的多角度的攻击，而当代解释性新闻在这些争论的框架中也感觉有些"坐立不安"。

本部分将探讨解释性新闻的前景，揭示其内在的关键，并将有关解释性新闻的争论置于媒体历史的语境下。本部分还将分析一些案例研究，突出强调来自两个方面的挑战，包括在通常接受解释性处理的主题范围方面的挑战，以及在解决提供详细的背景和社论之间微妙的界限——一个"附加了价值"（value-added）的新闻产品和一个积极地"附加价值"（values-added）的新闻产品之间矛盾的挑战。

值得注意的是，解释性新闻模式在与技术的结合中不断演变和发展，原创性的图表和交互式图形越来越多地出现在解释性新闻报道中。有时，这种趋势会导致数据新闻和解释性新闻之间的界限模糊不清——前者的典型特征是密集的数据收集，通常具有调查的倾向并侧重于提供新颖的经验性洞见；后者通常利用现有的数据集，如民意调查数据或行政管理数据，并侧重于对已知主题的背景解释。此外，作为（新闻报道的）传统，分析性（analytical）新闻和诠释性（interpretive）新闻都与解释性新闻交织在一起，在历史上和功能上都是如此，下文将对此进行解释。

本部分的重点主要是分析美国的新闻媒体生态系统，尽管如前所述，诠释性新闻、分析性新闻和解释性新闻的发展趋势在世界其他地区也有记载，例如欧洲（Brüggermann & Engesser，2017；Soontjens，2018）。国家的媒体文化会影响到解释性新闻模式的规范以及整体风格，有些国家的媒体文化强调更加细致的背景报道，有些则利用解释性新闻来对抗强大的机构（Henkel et al.，2019）。人们发现，美国和法国的媒体从业者，在报道政治问题时会更频繁地使用解释性模式（Salgado et al.，2017）。

重要的是，几乎所有当代新闻业的创新方法——无论是方案（新闻）还是倡导（advocacy）（新闻），或者任何强调社会责任的理论——都可能在某种程度上源于近一个世纪以来新闻实践中的解释性、分析性转向，其最直接的沿袭者是解释性新闻。如果这一点是正确的，那么找到解释性新闻的根源和路径，将有助于概念化和锚定当前许多创新媒体理论和实践的现状。

逐步发展的历史

如前所述，解释性新闻表面上的新气象带来了一种兴奋激动的氛围，人们为从民主的角度更有效地进行新闻报道的新可能性而兴奋（McDermott，2014；Mann，2016）。然而，综观过去一个世纪以来新闻业的种种变化，你会听到新闻史上各种运动和改革努力的回声。一张思想系谱揭示了几个不同分支的结合，以及其随着时间推移的共同演进。

美国宪法第一修正案中所载的关于"出版界"这一独特机构的最初想法，并没有抓住今天我们所认为的新闻业的核心：对公平报道和公正性的渴望，例如体现在《当代职业记者协会道德准则》（2014）中的那样。在美国建国之初，所有的报纸都是以党派和政党为导向的（Schudson，2003），这是一个同样早于被现在社会认为理所当然的许多新闻惯例和特征的时代——从记者只是做信息收集的概念，转向对人们采访并引用在报道中的设想。

当然，在 18 世纪和 19 世纪也有例外。有这样一种方式，例如在报纸上发表的《联邦党人文集》（*the Federalist Papers*），即将政策辩论和正在发生的新闻置于深刻的历史和知识背景中的原始传统，尽管这一传统充斥着宣传的气息。美国早期政治创始人詹姆斯·麦迪逊（James Madison）、亚历山大·汉密尔顿（Alexander Hamilton）和约翰·杰伊（John Jay）确立了有关美国宪法批准的辩论框架，他们撰写的《联邦党人文集》确实被描述为一种"新闻"行为（Schudson，1997）。在欧洲，早期繁荣的、见证了新闻传统的报纸最终被兴起的"期刊"所补充替代，特别是在 16 世纪时，这是启蒙运动时期出版业的一个鲜明特征。正如历史学家安德鲁·佩提格里（Andrew Pettegree）所指出的，"与报纸相反，这些出版物将利用传统的权威来源、专家作家和话语分析";此外,期刊上的长篇文章"鼓励了新闻传统的发展",而在报纸上,作者需要"花时间解释和展开论证"(Pettegree,2014:269-270)。

20世纪早期进步时代的"扒粪者"——林肯·斯蒂芬斯(Lincoln Steffens)和艾达·塔贝尔(Ida Tarbell)等发起揭丑运动的记者——也可以说是早期解释性传统的一部分,因为他们明确地放弃了新闻的客观性,深度沉浸其中,以此为更高的公民使命服务。在从南北战争到"一战"结束的半个世纪里,新闻机构明确的党派性质开始发生变化。声称独立的政治报纸的比例从1870年的11%上升到1920年的62%(Gentzkow et al.,2006)。在20世纪10~20年代,客观性运动在报道实践中的兴起与新闻业的职业化进程同步,最终,客观性成为新闻业的一个核心准则(Mindich,2000)。这种专业化和重视客观性的趋势会伴随着新闻编辑身份和所有权取向走向独立而变化。不过,在客观性运动中,只有社论和专栏作家评论可能被允许对新闻事件的事实进行解释并超越基本原则。

新闻业开始出现更多的解释性取向始于第一次世界大战之后,当时的国际事件让公众和记者都感到惊讶,这让人们意识到新闻事件需要更多的背景来承载(Weaver & McCombs,1980;Stoker,2018)。沃尔特·李普曼(Walter Lippmann)在其里程碑著作《自由与新闻》(*Liberty and the News*)(1920)和《民意》(*Public Opinion*)(1922)中,呼吁在新闻报道中采用更多的社会科学方法以对抗政治宣传、应对日益复杂的世界,尽管李普曼怀疑新闻业是否有能力独自实现这些目标。1948年,《纽约时报》的詹姆斯·斯科蒂·雷斯顿(James Scotty Reston)对美联社的主编表示:"解释性写作是我们可以擅长的领域。你不能仅仅报道字面上的真相。你必须去解释它。"(Pressman,2018:25)

然而,直到20世纪50年代,《纽约时报》才首次将某些专题报道贴上"新闻分析"(News Analysis)的标签,这一惯例在此后的几年里很少使用,也从未出现在头版上(Pressman,2018)。在20世纪50年代的麦卡锡听证会（The McCarthy hearings）上，一位著名的美国参议员发表了关于共产党渗透政府的毫无根据的指控，而记者们则尽职尽责地对其进行报道，这让爱德华·R. 默罗（Edward R. Murrow）等记者相信，新闻必须超越单纯的速记。此外，电视新闻的主导地位及其快速播报新闻的能力迫使报纸开始思考创造一种不同的产品，与直接、有时效性的广播节目相区别。

针对解释性新闻的需求，更广泛的新闻业讨论开始于20世纪50年代末，但在经历了20世纪六七十年代的社会和文化动荡后，各新闻编辑室才有了更广泛的意识，大幅加快了对事件和事实模式加以更明确的诠释或解释的实践。政治生活中的戏剧性破碎，尤其是20世纪60年代的民权运动和越南战争，刺激了美国各新闻编辑室的记者和新闻编辑，特别是其中的年轻一代，他们总结出把客观性作为一种新闻模式将有利于社会现状并且解释必须取代单纯的传播思想的观点（Pressman，2018）。然而，不仅仅是那些同情政治左派的人倡导解释，保守派的时事评论员，还有各种不同意识形态领域的新闻工作者也如此主张（Pressman，2018）。《时代》《新闻周刊》等对时事进行综合报道的周刊的兴起，也促使《纽约时报》和《洛杉矶时报》等报纸朝此方向推进。

尽管有了解释性、诠释性转向（interpretive turn），但在21世纪，一场关于如何"超越"客观性这一准则和标准的激烈辩论仍在继续。迈耶（Meyer）指出，新闻业需要摆脱旧标准转而采用一种新的"客观性"，即利用数据和社会科学技术，以方法而非结果为基础（Meyer，2014）。

加速发展的解释性新闻

在这一时期，作为规范的客观性实践和更加自信的解释性实践之间的竞争仍然远远没有得到解决，也没有让媒体评论家完全满意（Patterson，1997）。目前还不清楚这一领域的研究是否已经对其确定了一致的定义，或者是否能够以一种允许逐渐累积研究的方式将解释性新闻的概念付诸实施（Salgado & Strömbäck，2012）。

然而，经验证据表明，在随后的几十年里，人们越来越承认在报道中进行大量分析工作的必要性。巴恩赫斯特（Barnhurst）追踪了新闻业半个世纪以来影响广泛的一个趋势，即从以事件为中心或"现实主义"的新闻向"以意义为中心的新闻"和"意义构建"发展（Barnhurst，2014）。巴恩赫斯特和穆茨（Mutz）断言，以意义为中心的新闻趋势可以部分地解释为伴随而来的重塑新闻实践的技术和社会学趋势：定量数据收集增加、计算能力提高、新闻工作者吸收社会科学方法、新闻工作者教育水平提高、新闻工作者专业化程度提高（Barnhurst & Mutz，1997）。无独有偶，芬克（Fink）和舒德森（Schudson）指出了一种面向"背景性"或分析性（或解释性）新闻的"巨大"（enormous）行业转向，他们称这种模式是"20世纪50年代至21世纪初报纸新闻业在数量上最重要的变化"（Fink & Schudson，2014：4）。

新闻作品中的这些范式转变反映在新闻工作者自身的态度和自我认知上。威尔纳特（Willnat）和韦弗（Weaver）在对新闻工作者的持续的、纵向的调查工作中发现，69%的受访者表示"分析社会中的复杂问题"是"极其重要的"，这是自1971年首次进行调查以来选择该倾向的历史最高比例（Willnat & Weaver，2014）。自2002年以来，新闻工作者对分析的重要性这一问题回答的比例增加"惊人的"18个百分点；现在，新闻工作者认为分析复杂问题和调查政府主张是其最重要的两项职能。

当然，能够正确履行这些职能只是一种愿望——新闻工作者在实际中如何做好这些工作的问题是可以讨论的，而且有观察人士注意到，新闻工作者仍然缺乏使专业人员更系统地准备好进行这种分析报道的知识，这一点在新闻教育和新闻实践上有所体现（Patterson，2013；Wihbey，2019）。

哈佛大学肖伦斯坦媒体、政治和公共政策中心（Harvard's Shorenstein Center on Media, Politics and Public Policy）在2015年对大部分美国记者（N=875）进行的一项调查显示，记者对知识相关技能重要性的看法与其自身能力存在差异。接受调查的记者中，只有1/10的人表示，他们"非常具备"进行统计分析的能力，46%的人表示他们"在某种程度上"具备这项技能。然而，近40%的人承认，记者能够进行统计分析是"非常"重要的。此外，只有1/4的记者表示，他们极有能力解释其他来源产生的统计数据，58%的记者表示他们有一定的能力。在自我评估的解读研究成果能力方面，大约1/3的人表示他们高度评价自己的能力。然而，有近80%的记者承认能够解读各种来源的统计数据和解读研究报告都极为重要，这再次表明，实际技能水平和记者对这些能力重要性的看法之间存在巨大差距（Wihbey，2019）。

无论如何，新闻业越来越趋向于背景化和以意义为中心的实践这一广泛趋势已经重塑了新闻工作者的角色，传统上新闻工作者有各种各样的角色，如监督者、验证者、意义建构者和见证人等。网络时代带来的新可能性也为他们拓展其他的新闻职能提供了可能性：策展者或智能聚合者、论坛领袖、赋权者、榜样，以及社区建设者（Kovach & Rosenstiel，2011，2014）。在这一解释性传统中，新闻工作者的角色可以根据记者工作的主要素材或需要解决的重要问题有效地组织起来，无论这些问题是复杂的立法问题、科学研究，还是诸如对经济危机、国际冲突等事件原因和正确解读的政治争论。考虑到这一点，尼斯比特（Nisbet）和费伊（Fahy）为对复杂领域做解释性报道的记者划定了几个关键角色："知识掮客"、"对话掮客"和"政策掮客"（Nisbet & Fahy，2015：223）。

解释性新闻的主题分布

解释性新闻在发展历史上的标志性事件可能是它被正式列为年度普利策奖（Pulitzer Prizes）的一个独立类别，至少在美国是如此。1985年，普利策委员会开始颁发解释性新闻奖；1998年，其正式类别改名为"解释性报道"（Explanatory Reporting）。1985年，传奇特稿作家乔恩·富兰克林（Jon Franklin）凭借关于分子精神病学的七部曲第一个获得该奖项。在随后的三十年中，入围者和获奖者交替出现，有完成令人惊叹的原创作品的单个记者（或两人）；也有越来越多的大型记者团队，其报道的特点是全景式采访和数据收集与分析。这些报道中有许多采用了创造性的讲故事技巧，目的是使所报道的复杂题材易于理解（Forde，2007）。

笔者进行的一项初步分析表明，过去 33 年间（1985～2018 年）的 106 篇解释性报道新闻奖获奖和入围作品都非常重视医学、保健和环境等科学类话题（见图 5-1）。由于金融类报道和外交事务主题晦涩难懂，对大众受众来说都是理解困难的类别，普利策委员会也对该类别表示关注。

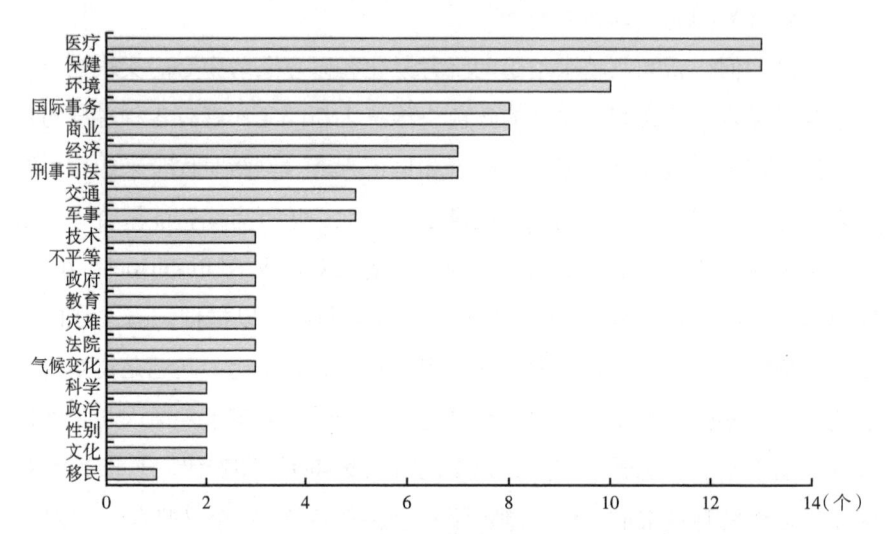

图 5-1　1985～2018 年按主题划分的普利策解释性报道/新闻奖获奖和入围作品个数

资料来源：作者根据普利策奖的文章数据编码得出，https://www.pulitzer.org/prize-winners-by-category/207　N=106。

如前所述，沃克斯已成为解释性新闻的领先者，自 2011 年由曾在《华盛顿邮报》开创类似垂直报道的埃兹拉·克莱因（Ezra Klein）等人创立以来，沃克斯报道复杂主题的各种方法已受到媒体行业的广泛关注。沃克斯制作的报道横跨许多领域和主题，但总体而言，其报道非常强调政治和选举。一项对沃克斯在 2018 年 1 月 2 日至 12 月 31 日发表的 1861 篇文章的分析（由笔者完成）发现，其相关指标均指向政治议题。图 5-2 和图 5-3 的数据是从媒体云（Media Cloud）（哈佛大学和麻省理工学院学者的一个合作数据库项目）下载而来。该媒体云允许从 50000 个媒体来源中搜索过去几十年来的 2.5 亿个报道，能够促进与媒体趋势有关的各种研究（Roberts et al.，2017）。文章被标记为"政治与政府""妇女""医药与健康"等主题，这些主题由媒体云使用一系列训练有素的模型生成，包括谷歌新闻 word2vec 和《纽约时报》的标注语料库。之后，最受欢迎的主题被精简压缩至 11 个"主题"，从最频繁出现的主题到出现最少的主题分别是：政治、其他、选举、女性、健康、经济、媒体、教育、劳工、移民和法律（"其他"类别尽管数量较多，但主要是由在其他定义的类别中具有强综合性主题的报道组成，因此很难明确分类）。

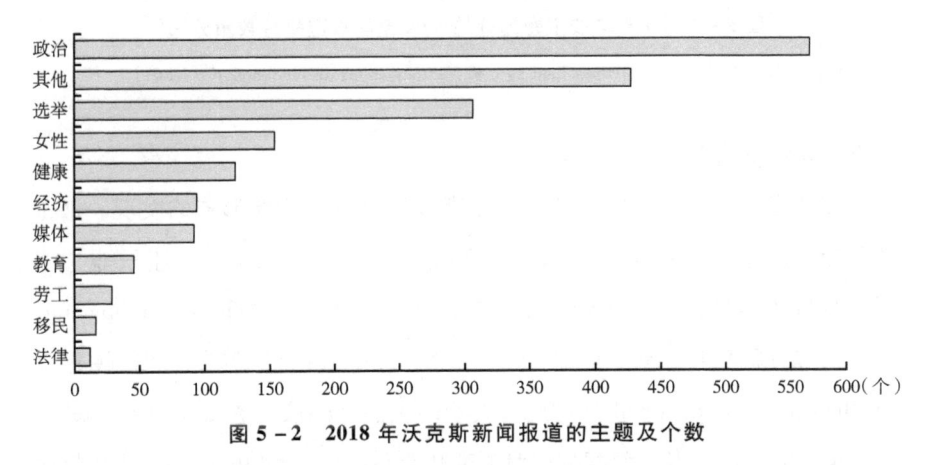

图 5-2 2018 年沃克斯新闻报道的主题及个数

资料来源：作者使用的 Media Cloud 的分析，https://mediacloud.org/N=1,861。

当然，2018 年是美国的中期选举年，因此沃克斯对政治的重视可能是意料之中的。不过，对沃克斯每年的话题报道流进行分析后发现，沃克斯一贯重视这类主题，对劳工、移民和教育等问题的报道相对较少。

沃克斯当然不是唯一一个高度关注以华盛顿特区为中心（美国政府）和选举相关主题的解释性新闻机构。由纳特·西尔弗（Nate Silver）创立的领先数据新闻机构"538 网站"也重视选举和民调相关主题。《纽约时报》的"结论"报道了各种各样的主题，但也极为关注政治竞选。综合来看，这些模式表明，更新形式的解释性新闻可以实现报道主题多样化以履行更广泛的公民使命，尤其是它们可以有效地帮助公众了解政治竞选和

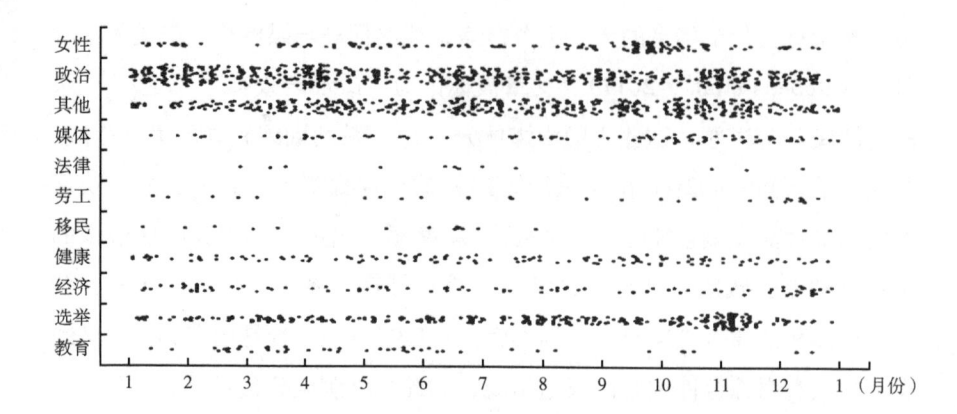

图 5-3 2018 年按主题划分的 Vox 新闻报道每月数量分布

资料来源：作者使用的 Media Cloud 的分析，https://mediacloud.org/ N = 1 861。

选举的背景信息及具体方式。

在这方面，随着解释性新闻的不断发展演变和创新形式的发现，谨记李普曼在媒体批评领域首次阐述的怀疑论传统，即新闻业往往只能"表明"事件和问题，向公众提供信息是一项艰巨的任务（Lippmann，1922），对解释性新闻从业者会有帮助。因持有这种怀疑论调，帕特森（Patterson）和塞布（Seib）对此有长期的关注，即最终首要关注新闻的议程设置功能，这一点比深度和质量的变化更重要："我们应该……少担忧媒体提供事实信息的能力和公众吸收信息的能力，多考虑媒体将什么推入公众视野，以及这些是否会引发与公共事务相关的思考和讨论。"（Patterson & Seib，2005）人们仍然担心，某些解释性机构可能在多大程度上以更具有政治参与性的精英为目标受众，而不是努力为普罗大众提供信息。

解释性新闻的实践案例

解释性新闻的实践范围很广，特定的媒体形式或结构并不能定义这种方法。解释性新闻实践可能存在于深度播客、记者在推特上对某话题的推文、多媒体长篇网络报道或纪录片中。一些地方新闻的制作人发现解释性新闻会是测量社区参与结果的有效方式（Delgado，2017）。这种新闻模式具有家庭相似性或共享的知识空间，简单来说，就是超越基本的谁、什么、何时、何地，更多地去调查为什么和如何做。

然而，对因果关系做出断言，主观地选择更广泛的趋势使事实和事件成为背景信息，对人和他们的动机做出定性判断，这些都进入了棘手的领域，消费新闻的公众可能不能完全理解这些领域中分析和观点之间的区别。这在很大程度上取决于其使用的语气和语言。

以《纽约时报》2019 年 1 月的一篇"新闻分析"报道为例，其标题为《特朗普的墙、停摆及一面之词》（Trump's Wall, Trump's Shutdown and Trump's Side of the Story）（Baker & Haberman，2019）。这篇报道由两名广受尊重的政治记者彼得·贝克（Peter Baker）和玛吉·哈伯曼（Maggie Haberman）撰写，揭示了唐纳德·特朗普总统的政治策略。他试图向国会民主党人施压，要求他们在政府停摆的情况下为美国南部边境墙提供资金。

该报道在开头有这样一句话："与其说是谈判的失败，不如说是对政治活力的考验，他坚称自己得到了不太可能获得的秘密支持。""活力"（virility）这个词的使用（虽然可以说是恰当的）充满了与总统的心理和性格有关的意味。这是一种与社会科学相距甚远的用语，即使它能帮助读者了解报道所涉及的策略。此外，这篇新闻分析报道还指出："对特朗普先生来说，细节并不如主导辩论那么重要。"同样的，记者们再次用"细节对特朗普不重要"等语言夸大或戏剧化了这一点。在某种意义上这可能是真的，但它不是实证性的猜测；它是一种风格化的概括，甚至一些特朗普的批评者也会承认特朗普在某些情况下确实关心细节。换句话说，这里的解释性新闻使用了一些读者可能会在评论版上看到的笼统的——且通常非常引人入胜的——修辞手法。它能在多大程度上为读者服务还不清楚，而且这种服务程度可能在很大程度上取决于读者既有的观点。

当然，这篇"新闻分析"是一篇渐进式的政治策略报道，是在紧迫的截稿期限中写出的；但它体现了（解释性新闻）实践中的一个共同现象以及其中的难题。相比之下，在许多包括沃克斯的"解释者"（Explainers）类型在内的报道中，可以看到新闻工作者们对政治主题的解释性工作采取了一种略微技术化的分析方法，例如《伯尼·桑德斯 2020 年的民主党提名之路》（Bernie Sanders's Path to the 2020 Democratic Nomination, Explained）（Nilsen, 2020）。这篇文章是一篇长篇的、以过程为导向的分析，解读了无数不确定情形并提供了几十个超链接，读者可以使用这些超链接查看原始文件，挖掘更多信息。

另一个反例是 2016 年的报道《洪水暴发》（Hell and High Water），这是一个关于得克萨斯州休斯敦市及其难以招架的飓风和风暴潮的联合报道项目（Satija et al., 2016）。由《得州论坛报》（The Texas Tribune）、非营利性新闻机构"为了人民"（ProPublica）、新闻编辑室"揭秘"（Reveal）、得克萨斯大学奥斯汀分校、莱斯大学、美国得州农工大学加尔维斯顿分校和杰克逊州立大学合作，制作了一个惊人的、有预见性的互动性报道，讲述一场大型飓风可能直接袭击这座城市的情景。

《得州论坛报》和新闻编辑室"揭秘"的记者尼娜·萨提亚（Neena Satija）、《得州论坛报》记者基亚·科利尔（Kiah Collier）以及新闻机构"为了人民"的记者阿尔·肖（Al Shaw）和杰夫·拉森（Jeff Larson）将休斯敦称为"坐以待毙之城"（sitting duck）——他们的报道显示，市民和决策者没有为可能降临该城市并且最终确实到来了的那种风暴做好充分的准备。记者们在学术研究同伴的精密建模基础上，利用易懂的可视化技术向休斯敦市发出了引人注目的警告。学者们花了很多时间帮助记者们汇集数据文件并准确呈现出来（Shaw & Larson, 2016）。在随后的一年里，解释性多媒体报道刺激了政策制定者加快建设海岸屏障和防洪闸门以保护该市相关地区。这个报道说明了解释性新闻如何能够促进积极的社会变革。

然而不幸的是，该报道推动建设的保护性基础设施项目并未来得及完善。报道发表的第二年即 2017 年 8 月，飓风哈维（Hurricane Harvey）袭击了休斯敦，造成了洪水和混乱。许多人失去了生命，损失财产超过

1000亿美元,许多基础设施被破坏。尽管如此,这篇报道仍是一个重要的案例,它说明了新闻业如何与研究机构通力合作以做出强有力的、起到重要解释作用的公益报道。

借用尼斯贝特和费伊在这一领域的定义,我们可以看到这些记者既是"知识掮客"又是"政策掮客",他们向公众传达重要的技术信息(Nisbet & Fahy,2015)。政策报道和复杂的数据可视化任务创造了一个全新的知识体系,一个普通人可以获得的知识体系。这一报道持续推动了休斯敦市关于沿海开发、分区、规划和气候适应的公共对话。在这个风险和适应力正成为我们词汇的一部分的世纪——从全球气候到金融市场到网络技术,危险似乎没有什么界限——这种基于情景预测的解释性报道很可能会变得至关重要,它将有助于让公众做好准备,做出更明智的适应性选择,从而提高适应力(Wihbey,2019)。

总　结

当代解释性新闻的兴起,既源于试图将新闻从党派和私人利益中解脱出来(以及随之而来的将客观性作为一种准则的理论核心)的自由主义历史传统,也源于从20世纪40年代哈钦斯委员会对新闻自由的调查开始的社会责任传统和强调为公众服务的传统(Peterson,1956;Ward,2008)。正如沃德(Ward)所指出的,行动式或倡导式新闻的传统和解释性新闻实践是交织在一起的,就这二者均希望超越事实、创造更高层次意义的一点来说(Ward,2008)。无论何时,当新闻工作者试图提供更多信息而不仅仅是当速记员时,他们就会加入一场长期的、关于如何利用他们的解释力来最好地服务公众的讨论之中。

当然,客观性规范一直受到社会科学学者的批评,他们早就注意到,所有的报道都具有某种程度的框架特征;无论记者如何声称要呈现一个冷静客观的事实,主观选择都是所有新闻行为所固有的(Gans,1992)。在某种程度上,这是正确的,纯粹意义上的客观性一直是不稳定的前提和愿望，而更明确的解释性报道和诠释性报道可能至少在理智层面上更诚实。这样一来，解释性新闻可能是一场世纪之争的逻辑性结论——关于记者在新闻收集和故事讲述方面的正确立场的争论（当然，尽管方法上更加透明，主观性是所有形式的分析所固有的问题，这种关于客观性的争论将继续下去）。

不过，如果要在一个政治极化的时代避免党派陷阱，解释性新闻就必须能够在最后证明其前提和实践是正确的。在这方面，传统的新闻客观性理念并不能起到什么帮助作用。相反，解释性新闻学科可以依靠如实用主义新闻客观性的理念（Ward，1999），其标准是根据其经验事实的程度、连贯性和对理性辩论的开放性来确定的。在一个许多人对新闻媒体极度怀疑且简单化的媒体表述必然会远离受众群体（Ripley，2018）的两极分化的时代，拥抱复杂性可能是一种关键的新闻策略。在一个充斥着谣言、假新闻和政治博弈的时代，完全放弃任何形式的客观性都会招致重大风险。正如沃德所指出的，"贬低客观性就是让公共领域比今天更容易被操纵。在一个对客观性缺乏信心的文化中，蛊惑人心的人就会大行其道，公共辩论的质量则会受到损害"（Ward，1999：9）。

归根结底，解释性新闻允许以一种形式或模式重塑公正或客观和社会责任的古老传统，它足够强大和灵活，能满足 21 世纪公民的需求，而这些公民的媒体生活是由混合性的媒体接入和消费模式决定的。无论如何，这个令人眼花缭乱的复杂世界需要为不知所措的公民提供更好的导向图景。然而，当解释性新闻试图为媒体从业者和公众带来新的规范和期望时，很多事情都悬而未决，因为新闻总是伴随着更深刻、更有意义的观点。

参考文献

Baker, P., & Haberman, M. 2019. "Trump's wall, Trump's shutdown and Trump's side of the story." *New York Times*, January 4. https：//www.nytimes.com/2019/01/04/us/

politics/trump‒wall‒shutdown. html.
Barnhurst, K. G. 2014. "The problem of realist events in American journalism." *Media and Communication*, 2（2）：84‒95. http：//dx. doi. org/10. 17645/mac. v2i2. 159.
Barnhurst, K. G. , & Mutz, D. 1997. "American journalism and the decline in event-centered reporting." *Journal of Communication*, 47（4）：27‒53.
Brüggermann, M. , & Engesser, S. 2017. "Beyond false balance：How interpretive journalism shapes media coverage of climate change." *Global Environmental Change*, 42：58‒67. https：//doi. org/10. 1016/j. gloenvcha. 2016. 11. 004.
Delgado, A. 2017. "Assessing the impact of explanatory journalism." Mediashift, December 5. http：//mediashift. org/2017/12/assessing‒impact‒explanatory‒journalism/.
Doig, S. K. 2008. "Reporting with the tools of social science." *Nieman Reports*, March 15. https：//niemanreports. org/articles/reporting‒with‒the‒tools‒of‒social‒science/.
Donsbach, W. 2013. "Journalism as the new knowledge profession and consequences for journalism education." *Journalism*, 15（6）：661‒677. https：//doi. org/：10. 1177/1464884913491347.
Fink, K. , & Schudson, M. 2014. "The rise of contextual journalism, 1950s‒2000s." *Journalism*, 15（1）：3‒20. https：//doi. org/10. 1177/1464884913479015.
Forde, K. R. 2007. "Discovering the explanatory report in American newspapers." *Journalism Practice*, 1（2）：227‒244. https：//doi. org/10. 1080/17512780701275531.
Gans, H. J. 1992. "Multiperspectival news." In *Philosophical Issues in Journalism*, edited by E. D. Cohen, p. 190. New York：Oxford University Press.
Gentzkow, M. , Glaeser, E. L. , & Goldin, C. 2006. "The rise of the Fourth Estate：How newspapers became informative and why it mattered." In *Corruption and reform：Lessons from America's economic history*, edited by E. L. Glaser & C. Goldin, pp. 187‒230. Chicago：University of Chicago Press. http：//www. nber. org/chapters/c9984. pdf.
Henkel, I. , Thurman, N. , & Deffner, V. 2019. "Comparing journalism cultures in Britain and Germany：Confrontation, contextualization, conformity." *Journalism Studies*. https：//doi. org/10. 1080/1461670X. 2018. 1551067.
Hudak, J. 2016. "Shining light on explanatory journalism's impact on media, democracy, and society." The Brookings Institution, February 24. https：//www. brookings. edu/blog/fixgov/2016/02/24/shining‒light‒on‒explanatory‒journalisms‒impact‒onmedia‒democracy‒and‒society/
Johnson, D. V. 2016. "Explanation for what? Vox. com's capture of the know-it-all demographic." *The Baffler*, 33. https：//thebaffler. com/salvos/explanation‒forwhat‒johnson.

Kovach, B., & Rosenstiel, T. 2014. *The elements of journalism: What newspeople should know and the public should expect.* New York: Three Rivers Press.

Kovach, B., & Rosenstiel, T. 2011. *Blur: How to know what's true in the age of information overload.* New York: Bloomberg.

Lippmann, W. 1920. *Liberty and the news.* New York: Harcourt, Brace and Howe.

Lippmann, W. 1922/1997. *Public opinion.* New York: Free Press Paperbacks.

Mann, T. E. 2016. "Explanatory journalism: A tool in the war against polarization and dysfunction." The Brookings Institution, February 29. https://www.brookings.edu/blog/fixgov/2016/02/29/explanatory-journalism-a-tool-in-the-war-against-polarizationand-dysfunction/.

McDermott, J. 2014. "Explaining what's behind the sudden allure of explanatory journalism." Digiday, March 17. https://digiday.com/media/explainer-riseexplanatory-journalism/.

McGregor, S. E. 2013. "A brief history of computer assisted reporting." Tow Center for Digital Journalism, March 18. https://towcenter.org/a-brief-history-of-computerassisted-reporting/.

Meyer, P. 2002. *Precision journalism: A reporter's guide to social science methods* (4th ed.). Lanham, MD: Rowan & Littlefield.

Meyer, P. 2014. *The next journalism's objective reporting.* Nieman Reports, December 14. https://niemanreports.org/articles/the-next-journalisms-objectivereporting/.

Mindich, D. T. Z. 2000. *Just the facts: How objectivity came to define American journalism.* New York: New York University Press.

Nilsen, E. 2020. "Bernie Sanders's path to the 2020 Democratic nomination, explained." Vox, January 25. https://www.vox.com/policy-and-politics/2020/1/23/21054937/bernie-sanders-path-2020-democratic-nomination-explained.

Nisbet, M., & Fahy, D. 2015. "The need for knowledge-based journalism in politicized science debates." *Annals of the American Academy of Political and Social Science*, 658 (1): 223–234. https://doi.org/10.1177/0002716214559887.

Patterson, T. E. 1997. "The news media: An effective political actor?." *Political Communication*, 14 (4): 445–455. https://doi.org/10.1080/105846097199245.

Patterson, T. E. 2013. *Informing the news: The need for knowledge-based journalism.* New York: Vintage Books.

Patterson, T. E., & Seib, P. 2005. "Informing the public." In *The press*, edited by G. Overholser & K. H. Jamieson, pp. 189–202. Oxford: Oxford University Press.

Peterson, T. 1956. "The social responsibility theory of the press." In *Four theories of the press*, edited by F. Siebert, T. Peterson, & W. Schramm, pp. 73–103. Urbana: University of Illinois Press.

Pettegree, A. 2014. *The invention of news: How the world came to know about itself*. New Haven, CT: Yale University Press.

Picard, R. G. 2014. "Deficient tutelage: Challenges of contemporary journalism education." Presented at Toward 2020: New Directions in Journalism Education, Toronto, Canada, 2014, May 31. Toronto: Ryerson Journalism Research Centre. http://ryersonjournalism.ca/2014/03/17/toward-2020-new-directions-in-journalism-education/.

Pressman, M. 2018. *On press: The liberal values that shaped the news*. Cambridge, MA: Harvard University Press.

Ripley, A. 2018. "Complicating the narrative." Medium, June 27. https://thewholestory.solutionsjournalism.org/complicating-the-narratives-b91ea06ddf63.

Roberts, D. 2018. "My advice for aspiring explainer journalists: What I've learned from 15 years of explaining." Vox, December 26. https://www.vox.com/platform/amp/science-and-health/2018/12/7/18117404/advice-for-journalists-news-media.

Roberts, H., Seymour, B., Fish II, S. A., Robinson, E., & Zuckerman, E. 2017. "Digital health communication and global public influence: A study of the Ebola epidemic." *Journal of Health Communication*, 22 (1): 51-58. https://doi.org/10.1080/10810730.2016.1209598.

Salgado, S., & Strömbäck, J. 2012. "Interpretive journalism: A review of concepts, operationalizations and key findings." *Journalism*, 13 (2): 144-161. https://doi.org/10.1177/1464884911427797.

Salgado, S., Strömbäck, J., Aalberg, T., & Esser, F. 2017. "Interpretive journalism." In *Comparing political journalism*, edited by C. D. Vreese, F. Esser, & D. N. Hopmann, pp. 50-70. London & New York: Routledge.

Satija, N., Collier, K., Shaw, A., & Larson, J. 2016. "Hell and high water." ProPublica, March 3. https://www.propublica.org/article/hell-and-high-water-text.

Schudson, M. 1978. *Discovering the News: A social history of American newspapers*. New York: Basic Books.

Schudson, M. 1997. "Toward a troubleshooting manual for journalism history." *Journalism & Mass Communication Quarterly*, 74 (3): 463-476.

Schudson, M. 2003. *The sociology of news*. New York: W. W. Norton.

Shaw, A., & Larson, J. 2016. "How we made Hell and High Water." ProPublica, March 3. https://www.propublica.org/nerds/how-we-made-hell-and-high-water.

Society of Professional Journalists. 2014. "SPJ Code of Ethics." https://www.spj.org/

ethicscode. asp.

Soontjens, K. 2018. "The rise of interpretive journalism: Belgian newspaper coverage, 1985 – 2014." *Journalism Studies*. https://doi.org/10.1080/1461670X.2018.1467783.

Stephens, M. 2014. *Beyond news: The future of journalism*. New York: Columbia University Press.

Stoker, K. 2018. "Journalism with the voice of authority: The rise of interpretive journalism at The New York Times, 1919 – 1931." Presented at Association of Educators in Journalism and Mass Communications (AEJMC) History Division Conference, 2018, August. Washington: AEJMC.

Ward, S. 1999. *Pragmatic news objectivity: Objectivity with a human face*, Discussion Paper D – 37, Harvard University. http://dev.shorensteincenter.org/wp-content/uploads/2012/03/d37_ward.pdf.

Ward, S. J. A. 2008. "Journalism ethics." In *The Handbook of journalism studies*, edited by K. Wahl-Jorgensen & T. Hanitzch, pp. 298 – 300. New York: Routledge.

Weaver, D. H., & McCombs, M. E. 1980. "Journalism and social science: A new relationship?." *Public Opinion Quarterly*, 44 (4): 477 – 494.

Weingarten, M. 2006. *The gang that wouldn't write straight: Wolfe, Thompson, Didion and the New Journalism Revolution*. New York: Crown Publishers.

Wihbey, J. 2016. "Journalists' use of knowledge in an online world." *Journalism Practice*, 11 (10): 1267 – 1282.

Wihbey, J. 2019. *The social fact: News and knowledge in a networked world*. Cambridge, MA: MIT Press.

Willnat, L., & Weaver, D. H. 2014. "The American journalist in the digital age: Key findings." *School of Journalism*, Indiana University. http://archive.news.indiana.edu/releases/iu/2014/05/2013-american-journalist-key-findings.pdf.

Zachary, G. P. 2014. "To prepare 21st-century journalists, help students become experts." *The Chronicle of Higher Education*, December 1. http://www.chronicle.com/article/To-Prepare-21st-Century/150267/.

六 | 协作式新闻：关注光明面又不忽视黑暗面

马克·波普塞尔（Mark Poepsel）

合作是协作式新闻（participatory journalism）的基础。在这种实践中，专业的新闻工作者与公众合作，共同收集、分析信息并赋予其意义，其目的是对与公众利益相关的事件进行报道。尽管协作式新闻为组织共享信息的社区提供了希望，但同时它也给黑暗协作（dark participation）的形式带来了可能。这一新闻报道方式会让错误信息与虚假信息毒害我们的信源，除此之外，这一形式参与挑战了职业的边界，使得记者们在尝试与公民们友好并有利可图地合作时犹豫不决。不过如果协作式新闻做得好且合乎道德，它的这一过程也可以为受众增加报道的价值并加固社区间的关系。

当财经新闻和观点网站 24/7 Wall St. 在 2005 年发布了一份包括伊利诺伊州皮奥里亚（Peoria, Illinois）在内的"最不适合美国黑人的城市"（The Worst Cities for Black Americans）榜单时，《皮奥里亚星报》（*Peoria Journal Star*）的记者知道该怎么做。他们在皮奥里亚南区居民的每月例会上听取了这份报告并证实了这一说法（Bruni, 2019）。从那时起，记者们在一个商业博客上建立了协作式新闻这个栏目，并把它变成了一份为期一年的关于皮奥里亚种族差异的分析报告，皮奥里亚经常被用来代表典型的美国中型城市（Kravetz & Kaergard, 2016）。记者们通过社交媒体宣传和社区会议相结合的方式来寻找新闻创意与来源，2016 年，12 名记者经常使用调查性新闻技巧寻找系列新闻。当新闻记者和社区成员合作设置新闻议程并放大那些在其他情况下被系统忽视的人的关切时，协作式新闻就会发光。

《皮奥里亚星报》开始组织定期的社区会议，努力关注公民的积极新闻（Bruni, 2019）。在发现乐观的故事和呼吁人民关注社区中的巨大差距这两种情况下，协作式新闻可以是一股积极的力量；然而，正如最近的研究所说的那样，公民与记者间的合作可能被劫持，也就是说，在这个过程中他们可能会传播错误信息和虚假信息。因此，本部分主要关注"光明式协作"和"黑暗式协作"以及协作式新闻主要学术研究的其他核心理论。

定义协作式新闻

在讨论光明面与黑暗面之前，我们需要定义协作式新闻这一实践。协作式新闻通常在专业记者和大众合作为媒体受众生产新闻和评论时出现，在现实中也往往存在不同层次的合作（Nip, 2009）。在基本层面上，记者通常会让读者通过手机或邮件提供新闻线索。除此之外，新闻网站上的公共评论部分虽然不像以前那样受欢迎，但也是一种表层的新闻参与形式。在更深层次的合作上，记者和公民可能会合作数月去获取、分析、传播信息。无论这种合作有多深，协作式新闻的显著之处在于专业记者会在群体中开展有创造意义的实践，与他们分享如何定义新闻以及如何讲述新闻的权威，这意味着由谁来设置公共舆论议程的观念发生了转变。随着世界各地的记者对他们的工作方式变得更了解并且开始用新的方式和公民合作，他们分享权威的程度也开始有了很大的不同（Karlsson, 2011; Lewis, 2012）。哪里有合作哪里就有权力谈判。协作式新闻的学者致力于研究专业记者和新闻组织如何与公民分享（或拒绝分享）权力，他们也研究协作式实践的起源与含义。

尽管在网上搜索"协作式新闻"时，人们往往会将其与市井新闻（citizen journalism）混为一谈，但学者对这些术语进行了区分。他们将市井新闻定义为不涉及专业记者的新闻生产（Nip，2006；Thurman & Hermida，2010）。市井新闻的记者生产的博客、社交媒体订阅、杂志、报纸和其他出版物可以帮助人们了解信息，但是他们不像专业记者一样为内容的真实性做担保。为什么专业记者详述某些信息的真实性和准确性如此重要？那是因为专业人士花了数十年甚至几个世纪来发展实践的标准。专业人士应该表现出他们的道德修养并在他们所有的工作中运用检验技术，他们发表的每一篇新闻报道都是在拿自己的声誉和部分新闻威信之后的发展冒险。显然，专业记者有时候也会失误，但对专业精神的期望会影响新闻的报道、核实和接受。对专业新闻真实性和全面性的期望可以为新闻消费者增加分量和价值（Carlson & Lewis，2015；Lewis et al.，2009；Wahl-Jorgensen，2014）。理解协作式新闻的机遇和挑战的关键是认识到记者在与公民合作时应采用专业标准，而与此同时记者必须放下他们的身段。

新闻机构对协作式新闻有着不同程度的控制。以下是学者霍尔顿（Holton）、科丁顿（Coddington）、吉尔德朱尼加（Gil de Zúñiga）对它的定义："协作式新闻中，用户与媒体机构合作或在这些机构提供的框架内生产、传播和讨论新闻。"（Nip，2006；Paulussen et al.，2007）（Holton et al. 2013：721 - 722）仅仅为业余撰稿人建立一个框架可能听起来不太具有合作性，但是即使在这些情况下，专业记者也会承担放大某些声音的责任。

拉拢市井新闻

有时候专业的新闻记者会使用市井新闻的记者发布的内容或者以此为基础开展工作。这可以简单到在地方新闻中使用之前发布在社交媒体

89

上的天气照片，也可以涉及是否使用现场拍摄的病毒视频。任何人都可以成为市井新闻的记者，只要他们发布的信息可以让观众感兴趣。因为专业人士可能会在放大内容之前对内容进行核实，所以专业人士会获取并发布之前在其他地方发布的有新闻价值的信息，比如他们选择了之前出现在社交媒体上的内容，这通常也被认为是协作式新闻。使用"可能"意味着记者在使用专业标准时偶尔会有失误，这也有助于解释为什么"黑暗式协作"有可能发生。这一部分稍后将进一步定义"黑暗式协作"，但是现在首先需要讨论一些世界各地的协作式新闻，其中包括一个例子是关于市井新闻内容的选择方式有时候会带来富有内涵甚至是具有历史意义的重要新闻。

一个经典的例子就是安迪·卡文（Andy Carvin）在2011年为美国国家公共广播电台（NPR）所做的关于"阿拉伯之春"（The Arab Spring）的新闻报道。"阿拉伯之春"指的是北非和中东地区以信仰伊斯兰教为主的国家发生的一系列抗议活动，这些发生在突尼斯（Tunisia）、埃及（Egypt）、叙利亚（Syria）和其他国家的抗议都是由使用社交媒体的参与者推动的。市井新闻的记者（其中一些人本身就是活动参与者）在现场实时报道事件的速度往往超过专业记者，卡文私下认识一些市井新闻的记者并且相信他们提供的信息（Hermida et al.，2014）。在报道录像、照片、目击者引述和其他来自多种国际前线的信息时卡文都会努力对其加以核实，他的广播和在线报道为所谓的西方媒体提供了许多信息（Hermida et al.，2014）。也许最重要的是，卡文的报道中不仅包括极具权威的官方信源，还有来自普通市民的新闻线索（Hermida et al.，2014）。在这种情况下，协作式新闻既包括职业记者安迪·卡文和报道新闻的市民之间的直接合作，也包括卡文在现场直播时选择市井新闻的记者的报道内容来解说这一全球性的新闻事件的间接合作。卡文用来报道"阿拉伯之春"的苹果手机成为史密森尼美国国家历史博物馆（the Smithsonian American History Museum）的展览物，这是全球新闻业的一个分水岭（Gan，2013）。无论直接合作还是吸收市井新闻的记者报道的内容这样的间接合作，协作式新闻的特点都是业余记者和专业记者共享什么是新闻的决定权并由此共享塑造和影响公众舆论的权力。

积极的协作式新闻

关于协作式新闻的例子还有很多。有些是十分寻常的例子，带有些肤浅的做法，但其他的一些例子在新闻方面则是有深度的，甚至像创业一样极富革命性。以下是一些流行的协作技巧和如何执行协作式新闻的一些简单故事。

• 众包新闻（Growdsourced Journalism）是指记者邀请用户帮助他们建立或分解大量新闻线索（Aitamurto，2015）。一个关于众包新闻的极好例子就是美国综合新闻网沃克斯在 2018 年揭露的急诊室收费黑幕（Vongkiatkajorn，2018）。沃克斯记者萨拉·克利夫（Sarah Kliff）分析了由沃克斯用户通过内部设计的一个安全网络表单提供的近 1200 份急诊室账单（Kliff，2018；Vongkiatkajorn，2018），她发现这些账单上的费用有着很大的差异——每次就诊的费用从 533 美元到 3000 美元不等，而具体费用取决于医院（Kliff，2018）。这一新闻的参与者在提供他们的医院账单方面表现出了显著的信任水平。这个新闻报道的结果就是一些用户的账单费用得到削减，以及一些美国参议员提出了旨在阻止意外急诊指控的立案（Kliff，2018）。可以说在这种情况下，政策改变的驱动因素是沃克斯从普通人那里收集来的大量数据，这些数据也恰恰表明惊人账单的例子是多么普遍，多么令人难过。与此同时，沃克斯也展示了协作式新闻与科技以及调查式新闻（Investigative journalism）相结合所释放的力量。

• 社交媒体合作（Social Media Collaborations）在记者和合作者使用社交网站及应用程序的力量进行联系时出现（Lasorsa et al.，2012）。记者利用一个十分热门的社交网站和公民合作者取得联系的一个很好的例子发生在 2016 年的加拿大（Kosa，2018）。话语媒体记者（Discourse Media Reporter）特雷弗·江（Trevor Jang）走访了不列颠哥伦比亚（British Columbia）北部，向受到有争议的液化天然气（LNG）管道开发影响的民众寻求新闻线索和评论。"他通过一个脸书群组和面对面的会议促进了在线讨论，并试图促进对话以及更好地理解复杂议题。"（Kosa，2018）江在不到三周的时间里写了六篇新闻报道，部分原因是他使用了用户已经习惯的社交媒体平台。

• 在新闻机构中，定期的、持续的合作可以采取多种形式。古老的合作方式是给新闻编辑写信，采用这一方式的合作使得新闻报道在出版前会由记者进行筛选和审查。这一类别还包括在新闻出版物中设立一个或多个业余报道栏目，它也可能是指像这一部分开头的例子所说的那种职业记者与市民定期地举行会面。这一类别的杰出代表就是 2012 年在芝加哥国家公共电台（Chicago NPR）作为一个项目成立的赫肯（Hearken）新闻参与公司，像本书其他部分所述，赫肯为了管理用户协作而开发了一个基于网络的平台。赫肯的举措在不同的城市比如旧金山的 Bay Curious、圣路易斯的 Curious Louis、奥斯汀的 TEXplainer 等好像以不同的名字出现在用户面前，它还邀请听众成为新闻的活跃用户并提供新闻创意。记者往往会从中挑选他们认为观众可能最感兴趣的创意，然后让观众在网上进行投票。通常，谁提交的新闻线索被采用，谁就会被邀请去观看新闻是如何制作的并接受采访，这样产生的新闻往往是最受欢迎，能够深深地吸引观众的新闻，并且使观众能从一些负面甚至沮丧的新闻中得到一些情绪的缓解。无论是旧的还是新的，关于记者与用户之间常规合作的例子还有很多，并且随着技术的发展，合作也在不断发展。

• 在线评论（Online Comment）的好处在于它可能是征求新闻线索的沃土（Bruni，2018）。不过在线评论很难管理，尽管在新闻机构工作的过程中，评论部分可以成为专业人士见解的来源，但许多新闻机构因为不愿被反对者打扰，都在取消他们的评论栏目。例如，美国全国广播公司（NBC）《左场》（*Left Field*）纪录短片的电视制作人在社交媒体平台和油管（YouTube）的风险评论区与用户进行联系，以此来寻找故事主题。通过这种方式，他们很快就收到了 150 多个想法，并且在油管发布一些他们制作的纪录短片后，他们发现这些视频的评论都是相对温和的（Bruni，

2018）。制片者还发现他们可以使用油管评论区将故事中的人物和想要提供故事思路的观众联系起来：圣路易斯（St. Louis）一家为无家可归者服务的"食品厨房"就是这样的例子（Bruni，2018）。和评论者协作可能极具挑战性，但也有潜在的回报。

协作式新闻最积极的一面在于和合作者分享新闻机构的权威，以此来推动社会变革，并敦促商界和政府领导人承担社会责任（Singer et al.，2011），它同样可以连接那些想要互相帮助的人。

协作式新闻不仅创造和传播内容，还与推动群体联系有关。积极的协作式新闻可以帮助发展新闻用户的参与网络，这些用户同时也是新闻贡献者，吉尔默（Gillmor）将这些人称为"前受众"（former audience）（Gillmor，2004）。历史上，报纸在大大小小的城市中占据着主导位置，它们几乎独自为公众舆论设置议程并成为热门议题的主要论坛。社交媒体平台取代了社区论坛的角色，但许多新闻从业者或机构正在为重新获得影响力和控制权而努力（Gather）。协作式新闻是记者和新闻机构可以用来重申其作为集体意识守护者地位的几种工具之一。

黑暗协作

协作式新闻中日益受到关注的一个点被学者称为"黑暗协作"（dark participatory）（Quandt，2018）。德国学者索斯滕·匡特（Thorsten Quandt）将黑暗协作定义为"公民参与（citizen engagement）的不利面"，并将这一概念框定为"对早期幼稚观点的解构"（Quandt，2018：36）。黑暗协作是指国家行为者和具有组织性的反对者使用社交媒体和其他数字传播平台传播错误信息，即对事实进行错误解读和使用虚假信息，也可以说是利用错误的信息来操纵舆论。学者西恩凯维奇（Sienkiewicz）描述了记者吸收市井新闻内容的方式，这有助于解释"黑暗协作"是如何运作的。他提出了一个三级系统：公民发布信息、口译人员普及和解读、记者负责处理信息（Sienkiewicz，2014）。这可以使记者更好地理解复杂的全球性冲突以至于能够更好地与主流受众分享新闻（García de Torres & Hermida，2017），但如果口译人员在撒谎或歪曲他们的身份，这一系统也可能成为利用虚假信息污染主流新闻媒体的模型。尤其令人担忧的是，推动新闻价值判断的是机器程序（Interpreters）的数量，比如是红迪网脸书、推特上"赞"的数量，而不是评论（Interpretation）的质量，这是因为这些数字很容易被操纵（Bessi & Ferrara，2016）。当职业记者对市井新闻的内容进行选择时，他们必须清楚地了解"黑暗协作"是如何运作的，也必须不断地提醒自己有一些具有组织性的力量试图影响他们（Lukito et al.，2019）。

恶意的出版商往往在国家的支持下利用社交媒体和其他新闻分享平台传播错误信息和虚假信息（Subramanian，2017）。由威斯康星大学（the University of Wisconsin）的约瑟芬·卢基托（Josephine Lukito）领导的一个研究小组发现，为了在美国政治体系中制造混乱，美国媒体选择了持异见的宣传人员生产的推文（Lukito et al.，2019）。他们让记者与公民合作的社交网络也试图联合否认气候变化者、反疫苗者、地下纳粹分子和持异见者，从而将病态的社会和宣传带出阴影并进入可以影响公众舆论的空间。除此之外，为了维持群体对话的有效空间，记者和学者应该扩大积极性的参与式实践，保有紧迫感，努力不被滥用社交网络的人所引诱。

协作式新闻的潜力依然巨大（Wall，2015），但这并不意味着倾向于传播全球民主的数字集体意识乌托邦式觉醒。数字通信革命的前几十年更像是开辟了一个战场。在公民出版的早期，当波曼和威廉看到广泛而相关的信息传播时，他们有理由抱有希望（Bowman & Willis，2003：9），但公民和协作式新闻也助推了错误信息和虚假信息在许多之前列举的积极参与例子中的相同平台上传播（Quandt，2018）。尽管我们可以利用这些能力使协作式新闻产生积极的社会影响，但这可能需要一场斗争。

关于另外一种黑暗协作也存在问题。因为这种黑暗协作涉及专业新闻内容在发布后究竟发生了什么，所以将其称为协作式新闻可能不够准确，但重要的是要注意专业生产的新闻故事本身经常被选择、拼接以及在在线论坛上被曲解。为了对抗这些做法，记者最好的情况可能是充当新闻评论者的"勉强盟友"（Wolfgang，2018：13）。一些新闻编辑室鼓励记者参与在线评论部分，以努力保持创作的准确性和文明性，但是这项工作的资源往往受限（Wolfgang，2018）。再次强调，所有的希望都没有落空，但学者们不应该在讨论协作式新闻时不考虑不同类型黑暗协作的流行、黑暗协作存在的可能性以及组织和打击黑暗协作的必要性。对于这种黑暗新闻，我们可以通过彻底理解协作式新闻和做好协作式新闻来与其斗争。

协作式新闻的学术研究

协作式新闻的学术研究可以帮助读者更深入地了解其潜质，以及记者有时在采用协作式做法时犹豫不决的原因。本节重点介绍了阐释社区协作式新闻实践价值的学术研究，并参考了在实践中所遇到的挑战的现实研究成果。记者在社交媒体上面临的威胁也得到了解决，因此我们便可以了解他们在参与打击反对者和其他黑暗势力时应该采取什么预防措施。本节界定和讨论的基本理论概念包括互惠、边界研究和范式反思。这些都映射出新闻实践的价值、记者的反应以及新闻业的前景。关于研究的这一节以一个未回答的大问题结尾，即这种类型的社区协作是否可以扩展至大量用户，或者是否应该扩展至大量用户。首先，简要回顾一下协作式新闻研究的历史。

协作式新闻研究是新闻研究领域中一个较新的领域。大多数在线协作式新闻的研究都聚焦于受众如何讨论新闻，如何在社交媒体上分享新闻以提高新闻覆盖面，或者如何以各种方式参与报道过程（Engelke，2019）。该研究主要集中在精英新闻机构以及美国和西欧，为未来的学者留下巨大空白（Engelke，2019：37）。未来还可以做更多的研究来关注协作式新闻的受众方面，因为绝大多数研究关注的是记者，是记者对协作式新闻实践的看法以及协作式新闻的内容。

在早期的网络新闻时代，报纸通常在内部管理他们的网站，并拥有高度控制权（Singer et al.，2011）。在早期的研究中，关注精英报纸、报纸经营者、网页设计师、记者以及他们如何参与新闻生产是有意义的，因为他们是决策者。公民参与在线新闻经常作为建立更大的在线受众群和获得免费内容的方式被内部推广，这两种方式都可能有助于改善财务状况（Nelson，2019）。协作式新闻报道被认为对民主有好处，但经常只因其可能有利于赢利而受追捧。当大量观众无法涌向合作项目时，许多新闻机构失去了兴趣（Rosenberry & St. John，2009）。然而，近来焦点开始从试图建立尽可能多的观众转向试图与愿意付费支持新闻的忠实观众建立深厚的关系（Posetti et al.，2019）。

韦斯特隆德（Westlund）和埃克斯托姆（Ekström）如是说道："对于新闻媒体机构来说，读者收入正变得比广告收入更重要，而成功地实现这种受众参与比覆盖范围更重要。"（Westlund & Ekström，2018：1）这对研究来说意味着财务激励和参与激励可能是一致的，毕竟我们需要更好地理解协作式新闻的受众方式和受众效果。

互惠（Reciprocity）。学者们运用通常于社会学和经济学研究中使用的"互惠"这一概念，来解释普通公民从参与新闻和新闻评论中可能获得什么。"互惠"是一个学术术语，指的是在群体中分享，即所谓的合作。当学者们更多地考虑光明协作和黑暗协作的斗争博弈，而忘记了"数字乌托邦"思想时，"互惠"的理论框架有助于回答这个问题："如果参与本身不是好的，那么它有什么好处？"许多学者研究了参与者从与记者和新闻机构建立的关系中获得了什么（Borger et al.，2014；Holton et al.，2016；Lewis et al.，2013）。这些研究讨论了直接和间接、短期和持续的互惠形式（Lewis et al.，2013）。

直接互惠（Direct reciprocity）是双向的。例如，个人可能向新闻网站贡献内容，并立即获得公众认可或付款。间接互惠（Indirect reciprocity）则更有趣。它表明了人们参与各种社会团体的原因。一个人可能会向群体中的另一个成员提供精神支持、劳动、专业知识、少量的经济帮助等，然后看到这个贡献从群体中的另一个成员那里以完全不同的方式返回（Harte et al.，2017；Lewis et al.，2013）。互惠在许多家庭中很常见。人们此时并不期望给予帮助能得到即刻回报，但在某种情况下，家庭的其他成员会在那支持着你。

在协作式新闻平台中，间接互惠通过分享有用的、有新闻价值的信息发挥作用。它可以帮助形成可持续的具有本质上共同兴趣话题的社区，包括共享的话题标签："推特话题标签在几大维度上发挥作用，帕拉帕莱特（Pelaprat）和布朗（Brown）认为成功（间接）交互的必要条件是一个公开的邀请，一个简单的公开回应，以及对他人的认可。"（Lewis et al, 2013：8）换言之，社交媒体平台是为了间接合作而建立的，协作式新闻网站也可以以同样的方式发挥作用（Poepsel, 2018）。社会影响可以是积极的、广泛的和可持续的，而其中，可持续性是关键（Lewis et al., 2013）。互惠具有构建社区的力量。新闻机构和记者可以促进有益于增加网络价值的交流。换句话说，在现实世界或网络上的小社区中，协作式新闻可以促进人们合作。这可以让用户有理由参与在线新闻机构的工作。创建一个可持续的社会团体可以鼓励人们成为那些可能对媒体公司提供的其他产品或服务感兴趣的成员，这就是所谓的交叉补贴支持（cross-subsidy support）（Peters & Witschge, 2014）。在基于"互惠"的亲密网络社区的助推下，新闻业的交叉补贴支持仍有增长空间（Barland, 2013）。

互惠的社会理论为我们提供了一种语言，告诉我们从参与中可以期待什么。它为我们如何测量协作式新闻的影响，包括对公众舆论的影响，提供了一个框架，但也可能被用来测量许多其他结果。在我们回到想象中的"数字乌托邦"之路前，我们必须叩问，在专有新闻（proprietary news）相对有利的条件下，互惠互利的效果如何（Anderson & Revers, 2018; Turner, 2010）。大多数记者仍然喜欢或觉得有义务将他们的报道职责置于参与或参与任务之前（也许是出于显而易见的原因）（Robinson, 2011）。问题不在于记者领导的网络社区能否实现互惠，而在于是否有足够的资源和意愿来实现互惠。

构建支持互惠的系统是困难的。博格（Borger）、范·霍夫（Van Hoof）和桑德斯（Sanders）描述了协作式新闻对于参与者来说是什么样的，他们的案例研究揭示了培养良好的社区互惠的一些困难。他们研究了由一家本地性网站和一家大型广播新闻机构管理的协作式项目。在这两种情况下，他们发现用户的期望与他们作为参与者的体验不匹配。用户希望大型新闻机构的记者更容易接近，一旦记者获得了需要的信息，他们不会与用户切断联系。参与本地性项目的用户建议该组织限制其他用户的提交，以提高质量。换言之，与大型新闻机构合作的参与者希望从记者那里得到更多的参与，而与小型新闻机构合作的参与者希望从他们的邻居那里听到较少的消息（Borger et al.，2014）。这就是互惠主义的挑战。如果广告是唯一或主要的收入来源，协作式新闻网站将难以维持。最适合人际交流和信息共享的小型社区规模与维持广告收入所需的受众规模之间存在不适配之处（Posetti et al.，2019）。这就是为什么研究人员和新闻商业领袖强调新商业模式的发展，并努力与关心支持新闻的人建立更深层次的关系（Batsell，2015；Posetti et al.，2019）。

如果新闻机构重组为一个功能更近乎社会媒体平台的组织，但更关注社会互惠，更关心流经他们渠道的信息的质量，或许他们将同时兼顾经济竞争和参与对抗黑暗。假如建立了正确的系统，假如它们得到了良好的推广，我们希望用户能够看到社区的价值以及新闻机构所能扮演的角色。但这并不是大型媒体公司所寻求的大规模解决方案。社区可能必须自己为协作式新闻建设空间。截至目前，对于更大规模的解决方案，研究和实验产生的更多是模糊的机遇，而不是具体的商业模式（Wahl-Jorgensen et al.，2016）。

边界的研究（Boundary studies）。即使社区为记者和公民合作建立了有利可图的功能空间，许多记者仍然会犹豫不决。关于专业新闻的界限，学者们告诉我们的是：如果记者是遵循道德准则和职业问责标准、制造和传播新闻的人，那么谁是记者以及什么被认为是专业新闻就很重要（Singer，2015）。如果协作式新闻实践可能会进一步侵蚀记者这个受到围攻的职业，记者可能会犹豫是否要合作。当记者们犹豫是否要投身于协作式新闻时，他们对新闻行业在其边界上受到破坏的担忧是合理的。然而，随着本节的继续，我们可能发现记者别无选择。

卡尔森（Carlson）和刘易斯（Lewis）发表了数十篇关于世界各地新闻业性质变化的学术文章。他们编辑的《新闻边界》（*Boundaries of Journalism*）（Carlson & Lewis，2015）特别深入地挖掘了新闻业在如何管理外部边界方面的内在冲突。他们的书建立在社会学"边界维持理论"（boundary maintenance theory）的基础上，也就是说，如果你看到一个文化的概念边界，你就能更好地理解它。这是人们定义"他们的"（their）文化与"其他的"（other）文化之处。我们定义来自其他文化背景的人的方法之一就是区分"我们"（we）和"他们"（they）所做的事情。专业文化这样做是为了将自己与业余爱好者和黑客区分开来（Abbott，1988）。在将专业新闻作为一种文化方面，学者们已经研究了很久（Kaniss，1991；Tuchman，1973；Usher，2014），你可以看到记者有一些例行公事和惯例，旨在让观众相信他们在遵循道德准则和讲真相。于记者而言，既要维护和证明自己遵循职业道德，同时又要有与公民合作者协商权力和控制权，是一项繁重的任务。

十多位学者为卡尔森和刘易斯的书贡献了章节，内容涉及记者如何与撰稿人合作，记者如何管理在线评论，记者如何在自己的组织中处理与广告销售人员的关系，以及如何管理业务方面的运营（Carlson & Lewis，2015）。在所有这些情况下，记者都希望获得自由，并认识到他们对他们的观众负有责任。在新闻业中，"自由主义"（freedom）与"社会责任"（social responsibility）之间的斗争由来已久。"社会责任"是20世纪中期以来被引用数千次的新闻界四大基本理论之一。但是"社会责任理论"（social responsibility theory）在"新闻自由论"（libertarian theory of the press）中有一个对应的理论，也由西伯特（Siebert）等人详细阐述，强调新闻自由的重要性。记者希望能够自由地说出真相，他们希望为社区服务。协作式新闻的特点在于，它迫使记者几乎持续不断地在公众的视野中处理这一冲突。记者们正试图弄清楚如何与一些公众成员合作，而又不让人觉得己方在为他们辩护，因为这可能会与其他公民或团体产生冲突。记者也在努力保护他们对任何人说任何事的自由，一旦他们认同一个社区或社区中的团体，这可能会变得很困难。鉴于新闻自由对记者的重要性，记者希望在作为专业人士的己方和作为业余人的贡献者之间保持界限是有道理的。

另外，协作式新闻学者通常站在社会责任一边。他们告诉记者，他们必须认识到自己是社区的一部分，不管他们是否对此感到满意。虽然与公民合作具有挑战性，但必须弄清楚，因为数字通信技术把业余爱好者和专业人士混合在一起，让公民有能力接触到大众受众。这种技术背景意味着作为把关人的记者对于大众看到什么和不看到什么的控制权力正在被削弱。意味着无论记者喜欢与否，对公众舆论的议程设置权力都将被共享，因为业余爱好者可以使用社会媒体平台参与其中。这些情况迫使记者重新思考他们的界限，以及他们执行这些界限的严格程度。当然，这事不容易。

几十年来，除了在线协作式新闻之外，在其他语境下的新闻界限也一直存在争议。卫斯波得（Waisbord）指出，市民新闻未能站稳立场，部分原因是职业上对"倡导式新闻"（advocacy journalism）的敌意（Waisbord，2009：373）。市民新闻运动的失败发生在以福克斯新闻（Fox News）的形式伪装成的倡导式新闻正在奠定基础的时候（Waisbord，2009）（关于市民新闻的更多内容，见本书第二部分）。"具有右翼倾向，而不是像贾诺威茨（Janowitz）和其他新闻学者在20世纪70年代所担心的进步记者那样的记者和新闻机构，已经将倡导式新闻悄悄带入了企业媒体。"（Waisbord，2009：373）所有这些都表明，即使在数字通信技术全球普及之前，边界保护也不是特别坚实。

记者们坚守职业界限还有另外一个原因。新闻领域也可能因利润利益而受到侵蚀（Hellmueller & Li，2015）。当新闻机构决定解雇专业人士，用伪装成新闻内容的本地广告代替他们的工作成果时，记者不得不担心他们的生计和职业。尊重专业新闻的责任，至少与职业记者和学者的责任一样，也在于雇佣专业记者的人（Moore & Hatcher，2018；Singer

& Ashman，2009）。

记者们可能不愿交出影响公众舆论的权力的另一个原因与新闻业的理想没有什么关系。但值得一提的是，职业记者在寻求接触当权者以及获得资本和法律权力时享有特权（Carlson，2015），他们小心翼翼地维护自己的地位和与掌权者的接触。在这样一个信息生态系统中，政客和其他新闻人物可以在社交媒体平台上直接对大众观众讲话，因此记者卑躬屈膝的动机非常强烈（Jackson & Moloney，2016）。这是新闻领域的界限日益模糊的另一个方面。对政治掮客而言，接触观众可能不如让人们相信他们说的是真话重要。记者可以被操纵，给可疑的政治声明披上真相的外衣，甚至是简单地重复谎言。这是新闻记者必须更加谨慎地守护的领域边界的一个方面。

边界研究还研究了记者如何管理技术活动（机器人和算法）的影响（Lewis & Westlund，2015）。此处的问题是，搜索引擎通过优先考虑某些新闻话题或故事来推动公众舆论的力量，以及内部受众指标，这也推动了新闻决策。记者担心对技术失去控制，但困扰专业人士的不仅仅是控制权的丧失。这些技术有可能被那些有政治动机、商业动机或破坏性动机的人窃取或"玩弄"。这里建议的协作式新闻是解决这些问题的一种可能的方法，因为在小型的协作社区中，人们可能会注意到某些话题或观点的人为炒作。从中可以得到的信息是，记者的权力和控制力正受到来自各方的攻击，尽管他们在分享自己的影响力方面犹豫不决，这是可以理解的，但他们可能别无选择。

边界问题具有广泛的社会影响。当新闻业的边界薄弱时，新闻内容可能会受到直接的政治干预（Waisbord & Amado，2015），进一步的企业侵蚀（Coddington，2015），并出现将自身掩盖为新闻的不符合核实、新闻独立或责任的专业规范的信息（Singer，2015）。这令人联想到在2016年美国总统大选期间，一个马其顿"工厂"炮制假新闻并在脸书和推特上传播（Subramanian，2017），正如卢基托（Lukito）团队在工作中发现的错误信息一样（2020）。

我们继续冒着"协作式伦理"（Lewis，2012）成为职业标准的风险，因为所有错误的原因，即新闻机构利用协作式实践开发廉价内容，并解雇记者（Hellmueller & Li，2015）。随着协作式实践继续成为规范，即使专业记者和学者就协作式新闻如何发挥最佳效用而达成共识，该行业仍将面临结构性财务挑战。学者和新闻工作者应该向新闻业之外的"权力领域"（即企业资本主义）发起反击（Benson，1998），赋予董事会的界限某种意义，甚至将其作为我们继续争取合理的界限，同时也弄清楚如何在真实的社区中与真实的人分享权力（Suran & Kilgo，2017）。

范例和参与。一些学者认为，我们正在目睹超越了文化边界的维持，并构成了"一种新的范式行动：反思"（reconsideration）（Carlson，2012；Vos & Moore，2018：14）。这又有什么区别呢？

新闻正在经历一场领域的完全"反思"，从而在建立新的可能以后构造新的"船只"（重新思考文明之间的区别），而非仅为获得持续而修补"航船"（边界维护）中的边界压力，或跳进救生艇寻找新的海岸。

沃斯（Vos）和穆尔（Moore）认为范式修复通常发生在范式被良好建立的时候。一个范例仅仅意味着一个大群体的方向——在这个例子中，就是整个新闻领域以及它的所有工作者和影响力。新闻领域可能正在发生变化，而由于本书中讨论的所有主要技术和金融变化的存在，目前的范式还没有被很好地定义。在边界维护方面，人们，或是在我们的例子中，属于当今文化的新闻专业人士可以解决问题（Vos & Moore，2018）。援引贝内特（Bennett）、格雷塞特（Gressett）和霍尔托姆（Haltom），以及里斯（Reese）的言论，即使是重大的"异常现象"（anomalies）——通俗地称为重大失误——我们也可以通过宣布这些行为"不是新闻"来"修复"边界维护（Bennett et al.，1985；Reese，1990）。或者，当一个庞大范式的核心受到挑战时，专业人士就无法就边界应该在哪里进行长时间的辩论，或者仅仅进行维护。相反，沃斯和穆尔指出，他们可能需要进行范式反思（Vos & Moore，2018）。当辛格（Singer）等人通过与数十名记者的对话分析世界各地的协作式项目时，他们发现记者更愿意征求故事想法并允许评论，而不是实际让公民参与故事的选择、制作、编辑和传播（Singer et al., 2011）。"完全参与"将构成范式反思而不是边界维护，仍然是对记者职业期望的威胁（Coddington, 2012）。换言之，在大多数新闻文化中，真正的适应似乎被搁置了。沃斯和穆尔认为，随着更高水平的参与被认为正常，我们将有可能看到该领域真正的范式转变（Vos & Moore, 2018）。

如果学者们目前所观察到的不仅仅是边界的维护或修复，那么研究者们应该对此进行反思。也许，如果研究人员理解并应用范式反思的框架，我们可以帮助该领域的专业人员接受他们必须做出的艰难决定，这是反思过程的一部分。对于实践者和学者来说，承认一种完全的范式转变正在发生将会对自己有所帮助。学者们可以努力更好地记录协作式新闻发展的成效。我们可以努力量化新闻"权威"，并记录在允许积极参与的同时保留某些权威的方法。这可能有助于我们击退"黑暗协作"的技术和人力资源。在网络新闻机构中做得好的协作式新闻可能会为电视和其他形式的企业媒体树立榜样。目前，主流电视新闻的主要协作式实践往往是肤浅的，或耸人听闻的。

主流电视新闻往往是肤浅的，或哗众取宠的。在这里，我们想到的是病毒式的"猫视频"（cat videos），紧接着是暴力的目击视频，包括打架甚至枪击。如果我们从范式反思和新范式构建的长远视角来看，我们可以培育更多的战略方法来管理参与的增长，将其作为标准的专业实践，而不允许如此多的错误信息和虚假信息进入主流新闻（Karpf, 2017）。学者们需要关注新能力和新新闻边界的形成，就像我们关注于旧新闻边界的侵蚀一样。

结　论

本部分内容包括协作式新闻是什么，好案例是什么样的，为什么"光明的协作"和"黑暗的协作"很重要，以及通过该主题主要研究线索的镜头，以协作式新闻的发展说明新闻领域的总体发展。有几个主题在这一部分（和这本书）中不断出现。社区、合作、责任、权力、舆论和信息操纵等概念贯穿于协作式新闻的文献中。这些主题中的大多数也出现在记者的生活经历中，他们必须维持自己的职业生涯，而学者们则在一旁观察这些现象。

记者和学者需要承认并充分理论化"黑暗协作"及其影响，以便能够以清晰的视角讨论范式建构的挑战。匡特（Quandt）在关于"黑暗协作"的文章中说："草根新闻（grassroots journalism）的整个命题从一开始就是片面的；它是一个民主和经济的乌托邦（utopia），主要围绕着新闻视角和学术的一厢情愿"（Peters & Witschge, 2014）（Quandt, 2018：37）。彼得斯（Peters）和维茨格（Witschge）则如此表述这个论点："重点不是公民参与，而是观众或用户互动；重点是参与新闻，而不是（通过新闻参与）理论化和实证检验新闻业对民主的作用。"（Peters & Witschge, 2014：20）这意味着，如果我们真的要重新考虑这个时代的新闻方向，我们不仅可以关注作为新闻生产者的记者，还可以关注作为"被允许"参与的从前是观众成员的公民。我们需要让人们成为强大的公民，而不是"注意力"（eyeballs）或仅仅是新闻消费者。波塞蒂（Posetti）等人讨论了将公民合作者视为"成员"，他们确实会为相对较小、可管理的社区制作有意义和有用的新闻的现象。"会员不被视为'摇钱树'（cash-cows），而是在公民参与、编辑和产品开发项目上的忠诚的社区和合作者，并有可能帮助媒体发展和改进。"（Posetti et al., 2019：9）如果这看起来类似于协作式新闻早期研究的"数字乌托邦"言论，请注意出现在同一份报告（Posetti et al., 2019）顶部的这一关键发现："精心策划的针对新闻媒体及其记者的在线骚扰活动可能对他们造成极大的损害（造成重大的健康、安全损害和安全风险），并且对他们的在线社区也造成巨大损害。"更好的参与策略能够帮助新闻工作者打击"黑暗协作"，并能够培育一种聚焦于服务、直接与间接社会价值和社区的新新闻经济。

以前面提到的一个例子为基础来进行说明。新闻初创公司赫肯通过将协作式新闻采集实践与数据分析相结合，体现了当代协作式新闻的伦理。这不是全面覆盖社区的唯一答案，但赫肯项目确实有找到观众喜欢的故事的诀窍（Brandel，2018a）。秘诀就是简单地问他们，然后带他们一起去报道新闻（Brandel，2018b）。互惠、专业边界的协商以及一些范式反思的潜在方向都通过赫肯以具体的形式呈现出来。

赫肯是一家新闻参与和分析公司，成立于2012年［最初名为"好奇城市"（Curious City），是一个受众参与项目］（Mullin，2016：n. p.）。珍妮弗·布兰德尔（Jennifer Brandel）及其合作伙伴将新闻参与公司发展为一个全球品牌，服务于数百家新闻机构。当赫肯程序被应用时，它几乎改变了记者新闻程序的每一步。公民参与者提交故事想法；新闻编辑们对这些想法进行筛选，然后将它们提交给公众投票；"获胜"的想法随后会被记者继续推进，而提交故事想法的用户也会跟着记者报道故事。在接下来的故事中，公民参与者经常会接受采访，以评论他们的好奇心是否得到了满足。这是一种比研究中常见的协作式新闻更深层的形式（Rosenberry & St. John，2009）。辛格等人指出，与和公民合作撰写真实的新闻相比，记者更乐于合作寻找故事线索和分享已发表的故事（Singer et al.，2011）。通过这种方式，赫肯挑战了范式，提出了一种新的"制度"（Nelson，2019）。

赫肯并非第一家开创更深层次合作形式的新闻公司，但它是市场上最成功的协作式新闻平台，这可能与赫肯提供的技术、培训和咨询服务有关。这些工具有助于新闻机构记录这种合作水平的影响（Brandel et al.，2018）。"在将产品投入市场之前，新闻编辑室基本上都会对产品进行用户测试。"（Brandel et al.，2016：n. p.）在此，社区互惠的核心是记者与受众之间的关系。赫肯认为自己是一家新闻咨询公司，而不是科技公司（Jolly，2016）。

如果挑战新闻规范，常规和界限就会招致怀疑，尤其是在赫肯承诺提高用户信任之后。纳尔逊（Nelson）指出，赫肯和其他参与平台声称可以增加观众信任，但实际上并没有像社会科学家那样将信任作为因变量孤立并测量（Nelson，2018）。布兰德尔没有具体的信任措施，但她在对纳尔逊的回应中，以给 CJR 的编辑的信（Brandel，2018a）的形式，驳斥了有关协作式新闻的成功缺乏实证证据的说法。布兰德尔指出，纳尔逊总结他在 CJR 的研究的文章是基于一年前的数据，如果他要求，就可以获得更多最新的实证数据。

布兰德尔的数据显示，赫肯的故事非常受欢迎。研究人员需要深入研究是什么为赫肯效劳，并探明它是否推动了"信任"的指针，以及在多大程度上推动了"信任"的指针。在新闻编辑室里，"如果它没坏，就不要修理它"的概念仅在人们对新闻机构存有信心的情况下才有意义，原谅笔者这么说，这并不会对新闻机构的信任造成损害。人们对新闻的信任在 2016 年跌至历史最低点，随后两年又开始回升（Jones，2018）。赫肯可能不能解决所有的信任问题，但毫无作为似乎也并非一个可行的解决信任问题的方法。

协作式新闻的前景在于，它可以建立高度参与的受众群体，这些受众群体对彼此、对广告商和新闻公司都有价值，因为这些公司继续发展的商业模式，不仅仅是销售内容、广告和订阅。未来协作式新闻的研究和实践必须关注参与式平台是如何构建的，它们挑战的是什么习惯的专业实践，它们提供的是哪种类型的互惠，以及它们建立或打破了怎样的边界。

参考文献

Abbott, A. 1988. *The system of professions.* Chicago：University of Chicago Press.

Aitamurto, T. 2015. "Crowdsourcing as a knowledge search method in digital journalism：Ruptured ideals and blended responsibility." *Digital Journalism*, 4 (2)：280 - 297.

Anderson, C. W., & Revers, M. 2018. "From counter-power to counter-pepe：The vagaries of participatory epistemology in a digital age." *Media and Communication*, 6 (4)：24 - 25.

Barland, J. 2013. "Innovation of new revenue streams in digital media." *Nordicom Review*,

34：99 - 112.

Batsell, J. 2015. *Engaged journalism: Connecting with digitally empowered news audiences.* New York: Columbia University Press.

Bennett, W. L., Gressett, L. A., & Haltom, W. 1985. "Repairing the news: A case study of the news paradigm." *Journal of Communication*, 35（2）：50 - 68.

Benson, R. 1998. "Field theory in comparative context: A new paradigm for media studies." *Theory & Society*, 28（3）：463 - 498. http：//doi. org/http：//www. jstor. org/stable/3108557.

Bessi, A., & Ferrara, E. 2016. "Social bots distort the 2016 U. S. Presidential election online discussion." *First Monday*, 21（11）. https：//firstmonday. org/ojs/index. php/fm/article/view/7090/5653；http：//dx. doi. org/10. 5210/fm. v21i11. 7090.

Borger, M., van Hoof, A., & Sanders, J. 2014. "Expecting reciprocity: Towards a model of the participants' perspective on participatory journalism." *New Media and Society*, 18（5）：708 - 725. http：//doi. org/10. 1177/1461444814545842.

Bowman, S., & Willis, C. 2003. "We media. How audiences are shaping the future of news and information (J. D. Lasica, Ed.)." The Media Center at the American Press Institute. https：//www. hypergene. net/wemedia/download/we_ media. pdf.

Brandel, J. 2018a. "Letter to the Editor: Hearken's audience engagement model." *Columbia Journalism Review*. https：//www. cjr. org/mailbox/hearken - brandelaudience - engagement. php.

Brandel, J. 2018b. "Looking for evidence that audience engagement helps newsrooms? Here you go." https：//medium. com/we - are - hearken/receipts - 1bc3d35a88bf.

Brandel, J., Haslanger, J., Martinez, K., & Thoreson, B. 2018. "Pivot to people." NiemanLab Predictions for Journalism 2019. http：//www. niemanlab. org/2018/12/pivot - to - people/.

Brandel, J., Mayer, E., & Haslanger, J. 2016. "Want to be good for democracy? Be better at democracy." https：//medium. com/we - are - hearken/newsfordemocracy c5baf1cd8fc6.

Bruni, P. 2018. "How NBC Left Field's Tag project engaged with audience members to tell their stories." Gather: An engaged journalism collaborative. https：//gather. fmyi. com/public/sites/20801？e = 4374295.

Bruni, P. 2019. "How 'City of Disparity' addressed the problems affecting the people of Peoria." Gather: An engaged journalism collaborative. https：//gather. fmyi. com/public/sites/20801？e = 4506750.

Carlson, M. 2012. " 'Where once stood titans': Second-order paradigm repair and the vanishing US newspaper." *Journalism*, 13（3）：267 - 283. http：//doi. org/

10. 1177/1464884911421574.

Carlson, M. 2015. "Introduction: The many boundaries of journalism." In *Boundaries of journalism*, edited by M. Carlson & S. C. Lewis, pp. 1 – 18. New York: Routledge. https://www.taylorfrancis.com/books/e/9781315727684/chapters/10.4324/9781315727684-1.

Carlson, M., & Lewis, S., eds. 2015. *Boundaries of journalism: Professionalism, practices and participation*. New York: Routledge.

Coddington, M. 2012. "Defending a paradigm by patrolling a boundary: Two global newspapers' approach to WikiLeaks." *Journalism & Mass Communication Quarterly*, 89 (3): 377 – 396. https://doi.org/10.1177/1077699012447918.

Coddington, M. 2015. "The wall becomes a curtain." In *Boundaries of journalism*, edited by M. Carlson & S. C. Lewis, pp. 67 – 82. New York: Routledge. http://doi.org/10.4324/9781315727684-5.

Engelke, K. M. 2019. "Online participatory journalism: A systematic literature review." *Media and Communication*, 7 (4): 31 – 44.

Gan, V. 2013. "The phone that helped Andy Carvin report the Arab Spring is now in the Smithsonian." *Smithsonian Magazine*, October 30. https://www.smithsonianmag.com/smithsonian-institution/the-phone-that-helped-andy-carvinreport-the-arab-spring-is-now-in-the-smithsonian-7234442/.

García de Torres, E., & Hermida, A. 2017. "The social reporter in action: An analysis of the practice and discourse of Andy Carvin." *Journalism Practice*, 11 (2 - 3): 177 – 194. http://doi.org/10.1080/17512786.2016.1245110.

Gather. (n.d.). Retrieved from https://gather.fmyi.com/public/sites/20801.

Gillmor, D. 2004. *We the media*. Sebastopol, CA: O'Reilly Media.

Harte, D., Williams, A., & Turner, J. 2017. "Reciprocity and the hyperlocal journalist." *Journalism Practice*, 11 (2 - 3): 160 – 176. http://doi.org/10.1080/17512786.2016.1219963.

Hellmueller, L., & Li, Y. 2015. "Contest over content: A longitudinal study of the CNN iReport effect on the journalistic field." *Journalism Practice*, 9 (5): 617 – 633. http://doi.org/10.1080/17512786.2014.987553.

Hermida, A., Lewis, S. C., & Zamith, R. 2014. "Sourcing the Arab Spring: A case study of Andy Carvin's sources on Twitter during the Tunisian and Egyptian Revolutions." *Journal of Computer-Mediated Communication*, 19 (3): 479 – 499. https://doi.org/10.1111/jcc4.12074.

Holton, A. E., Coddington, M., & Gil de Zúñiga, H. 2013. "Whose news? Whose values? citizen journalism and journalistic values through the lens of content creators and consumers." *Journalism Practice*, 7 (6): 720 - 737. http://doi.org/10.1080/17512786.2013.766062.

Holton, A. E., Lewis, S. C., & Coddington, M. 2016. "Interacting with audiences: Journalistic role conceptions, reciprocity, and perceptions about participation." *Journalism Studies*, 17 (7): 849 - 859. http://doi.org/10.1080/1461670X.2016.1165139.

Jackson, D., & Moloney, K. 2016. "Inside churnalism: PR, journalism and power relationships in flux." *Journalism Studies*, 17 (6): 763 - 780.

Jolly, J. 2016. "Platform aimed at audience interaction generates story ideas, goodwill." *Columbia Journalism Review*. https://www.cjr.org/the_profile/hearken_hey_area_homeless_san_francisco_audience.php?utm_content=bufferc4c9f&utm_medium=social&utm_source=twitter.com&utm_campaign=buffer.

Jones, J. M. 2018. "U. S. Media trust continues to recover from 2016 low." https://news.gallup.com/poll/243665/media-trust-continues-recover-2016-low.aspx.

Kaniss, P. 1991. *Making local news.* Chicago: University of Chicago Press.

Karlsson, M. 2011. "The immediacy of online news, the visibility of journalistic processes and a restructuring of journalistic authority." *Journalism*, 12 (3): 279 - 295. doi: 10.1177/1464884910388223.

Karpf, D. 2017. "Digital politics after Trump." *Annals of the International Communication Association*, 41 (2): 198 - 207. http://doi.org/10.1080/23808985.2017.1316675.

Kliff, S. 2018. "I read 1,182 emergency room bills this year. Here's what I learned." Vox, Dec. 18. https://www.vox.com/health-care/2018/12/18/18134825/emergency-room-bills-health-care-costs-america.

Kosa, J. 2018. "How Discourse Media facilitated community dialogue on Canada's Pacific Northwest LNG Pipeline." Gather: An engaged journalism collaborative, March 13. https://gather.fmyi.com/public/sites/20801?e=4260656.

Kravetz, A., & Kaergard C. 2016. "Can Peoria close the gap when it comes to neighborhoods, race and opportunity?." *Journal Star*, March 5. https://www.pjstar.com/article/20160305/NEWS/160309578.

Lasorsa, D. L., Lewis, S. C., & Holton, A. E. 2012. "Normalizing Twitter." *Journalism Studies*, 13 (1): 19 - 36. https://doi.org/10.1080/1461670X.2011.571825.

Lewis, S. C. 2012. "The tension between professional control and open participation: Journalism and its boundaries." *Information, Communication & Society*, 15 (6): 836 - 866.

Lewis, S. C., Holton, A. E., & Coddington, M. 2013. "Reciprocal journalism." *Journalism Practice*, 8 (2): 229 - 241. http://doi.org/10.1080/17512786.

2013. 859840.

Lewis, S. C., Kaufhold, K., & Lasorsa, D. L. 2009. "Thinking about citizen journalism: Perspectives on participatory news production at community newspapers." *Journalism Practice*, 4 (2): 1 – 27. http://doi.org/10.1080/14616700903156919.

Lewis, S. C., & Westlund, O. 2015. "Actors, actants, audiences, and activities in cross-media news work: A matrix and a research agenda." *Digital Journalism*, 3 (1): 19 – 37. http://doi.org/10.1080/21670811.2014.927986.

Lukito, J., Suk, J., Zhang, Y., Doroshenko, L., Kim, S. J., Su, M. - H., et al. 2019. "The wolves in sheep's clothing: How Russia's Internet Research Agency tweets appeared in U. S. News as Vox Populi." *The International Journal of Press/Politics*, 25 (2): 196 – 216. https://doi.org/10.1177/1940161219895215.

Moore, J. E., & Hatcher, J. A. 2018. "Disrupting traditional news routines through community engagement: Analysis of the One River, Many Stories media collaboration project." *Journalism Studies*, 20 (5): 1 – 16. https://doi.org/10.1080/1461670X.2017.1423238.

Mullin, B. 2016. "Fresh from a $700,000 funding round, Hearken is scaling up to sell a new kind of journalism." Poynter. Retrieved July 1, 2019. https://www.poynter.org/techtools/2016/with – 700000 – funding – round – hearken – is – scaling – up – to – sell – a – new – kind – ofjournalism/.

Nelson, J. L. 2018. "The elusive engagement metric." *Digital Journalism*, 6 (4): 528 – 544.

Nelson, J. L. 2019. "The next media regime: The pursuit of 'audience engagement' in journalism." *Journalism*. https://doi.org/10.1177/1464884919862375.

Nip, J. Y. M. 2006. "Exploring the second phase of public journalism." *Journalism Studies*, 7 (2): 212 – 236. http://doi.org/10.1080/14616700500533528.

Nip, J. Y. M. 2009. "Routinization of charisma." In *Public Journalism 2.0: The promise and reality of a citizen-engaged press*, edited by J. Rosenberry & B. S. J. III, pp. 135 – 148. London: Routledge.

Paulussen, S., Heinonen, A., Domingo, D., & Quandt, T. 2007. "Doing it together: Citizen participation in the professional news making process." *Observatorio*, 1 (3): 131 – 154.

Pelaprat, E., & Brown, B. 2012. "Reciprocity: Understanding online social relations." *First Monday*, 17 (10). http://firstmonday.org/ojs/index.php/fm/article/view/3324.

Peters, C., & Witschge, T. 2014. "From grand narratives of democracy to small expectations of participation." *Journalism Practice*, 9 (1): 19 – 34. http://doi.org/10.1080/17512786.2014.928455.

Poepsel, M. A. 2018. "Mutual shaping of a CMS for social journalism in a hierarchical News organization." *The Journal of Media Innovations*, 4（2）：55 – 70.

Posetti, J., Simon, F., & Shabbir, N. 2019. "What if scale breaks community? Rebooting audience engagement when journalism is under fire: Journalism Innovation Project." Reuters Institute for the Study of Journalism. https：//ora. ox. ac. uk/objects/uuid：03124673 – d85f – 47c9 – 9245 – 6b847cbc0d45.

Quandt, T. 2018. "Dark participation." *Media and Communication*, 6（4）：36. http：//doi. org/ 10. 17645/mac. v6i4. 1519.

Reese, S. D. 1990. "The news paradigm and the ideology of objectivity: A socialist at the wall street journal." *Critical Studies in Mass Communication*, 7（4）：390 – 409. https：//doi. org/10. 1080/15295039009360187.

Robinson, S. 2011. "Journalism as process: The organizational implications of participatory content in news organizations." *Journalism & Communication Monographs*, 13（3）：138 – 210. doi：10. 1177/152263791101300302.

Rosen, J. 2006. "The people formerly known as the audience." Pressthink, June 27. http：//archive. pressthink. org/2006/06/27/ppl_ frmr. html.

Rosenberry, J., & St. John, B. 2009. *Public journalism 2. 0：The promise and reality of a citizen engaged press*. New York：Routledge.

Siebert, F., Siebert, F. T., Peterson, T., Peterson, T. B. and Schramm, W., 1956. *Four theories of the press: The authoritarian, libertarian, social responsibility, and Soviet communist concepts of what the press should be and do*（Vol. 10）. University of Illinois press.

Sienkiewicz, M. 2014. "Start making sense: A three-tier approach to citizen journalism." *Media, Culture & Society*, 36（5）：691 – 701. https：//doi. org/10. 1177/0163443714527567.

Singer, J., & Ashman, I. 2009. "User-generated content and journalistic values." In *Citizen journalism：Global perspectives. Global crises and the media*, edited by S. Allan & E. Thorsen, pp. 233 – 242. New York：Peter Lang.

Singer, J., Domingo, D., Heinonen, A., Hermida, A., Paulussen, S., Quandt, T., ... Vujnovic, M. 2011. *Participatory journalism：Guarding open gates at online newspapers*. Hoboken, NJ：Wiley & Sons.

Singer, J. 2015. "Out of bounds: Professional norms as boundary markers." In *Boundaries of journalism*, edited by M. Carlson & S. C. Lewis, pp. 12 – 36. New York：Routledge. http：// doi. org/10. 1177/1476127016655998.

Subramanian, S. 2017. Inside the Macedonian fake-news complex. https：//www. wired. com/2017/02/veles – macedonia – fake – news/.

Suran, M., & Kilgo, D. K. 2017. "Freedom from the press? How anonymous gatekeepers on Reddit covered the Boston Marathon bombing." *Journalism Studies*, 18 (8): 1035 – 1051.

Thurman, N., & Hermida, A. 2010. "Gotcha: How newsroom norms are shaping participatory journalism online." In *Web journalism: A new form of citizenship?*, edited by S. Tunney & G. Monaghan, pp. 46 – 62. Eastbourne, UK: Susse x Academic Press.

Tuchman, G. 1973. "Making news by doing work: Routinizing the unexpected." *American Journal of Sociology*, 79 (1): 110 – 131.

Turner, F. 2010. *From counterculture to cyberculture: Stewart Brand, the Whole Earth Network, and the rise of digital utopianism*. Chicago, IL: University of Chicago Press.

Usher, N. 2014. *Making news at The New York Times*. Ann Arbor: University of Michigan Press.

Vongkiatkajorn, K. 2018. "How Vox used crowdsourcing to bring transparency to emergency room fees." Gather. https://gather.fmyi.com/public/s ites/20801? e = 4378168.

Vos, T. P., & Moore, J. 2018. "Building the journalistic paradigm: Beyond paradigm repair." *Journalism*, 21 (1). http://doi.org/10.1177/1464884918767586.

Wahl-Jorgensen, K. 2014. "Is WikiLeaks challenging the paradigm of journalism? Boundary work and beyond." *International Journal of Communication*, 8 (1): 2 581 – 2592.

Wahl-Jorgensen, K., Williams, A., Sambrook, R., Harris, J., Garcia-Blanco, I., Dencik, L., …Allan, S. 2016. "The future of journalism: Risks, threats and opportunities." *Digital Journalism*, 4 (7): 809 – 815. https://doi.org/10.1080/21670811.2016.1199469.

Waisbord, S. 2009. "Advocacy journalism in a global context." In *The handbook of journalism studies*, edited by K. Wahl-Jorgensen & T. Hanitzsch, pp. 371 – 385. New York: Routledge.

Waisbord, S., & Amado, A. 2015. "Divided we stand: Blurred boundaries in Argentine journalism." In Boundaries of journalism, edited by M. Carlson & S. C. Lewis, pp. 51 – 66. New York: Routledge. http://doi.org/10.1177/1476127016655998.

Wall, M. 2015. "Citizen Journalism: A retrospective on what we know, an agenda for what we don't." *Digital Journalism*, 3 (6): 797 – 813. http://doi.org/10.1080/21670811.2014.1002513.

Westlund, O., & Ekström, M. 2018. "News and participation through and beyond Proprietary platforms in an age of social media." *Media and Communication*, 6 (4): 1. http://doi.org/10.17645/mac.v6i4.1775.

Wolfgang, J. D. 2018. "Taming the 'trolls:' How journalists negotiate the boundaries of journalism and online comments." *Journalism*. https://doi.org/10.1177/1464884918762362.

七 参与式新闻：权力动态转移以增加公众参与

安德鲁·德维加尔（Andrew DeVigal）

苏米塔·路易斯（Sumita Louis）

参与式新闻呼吁公众有意义的参与，主张在报道新闻的过程中必须将公共专家和参与者视为平等伙伴，以实现为知情和繁荣的社区提供准备信息的共同使命。参与式新闻（engaged journalism）植根于市民新闻，并且与协作式新闻类似，涉及新闻机构与其受众的种种关系。参与的连续性表明参与的途径是延续的，从具有了解、关注和认同等互动行为的社会交往环境，转变为一种关联性更强，涉及参与、合作和领导等互动行为的社会交往环境。

在2019年的在线新闻协会（Online News Association）年会上，评委们认可了入选的新闻机构是参与式新闻工作方面史无前例的"收集奖"（Gather Award）的典范。位于芝加哥南区的非营利性市民新闻实验室"城市局"（City Bureau），以名为"文档员"（Documenters）的项目获得了参与式新闻的最高项目奖。在线新闻协会称赞该项目让公众有机会了解和参与公共会议，实现了本地社区新闻的可视化。

传统商业模式崩溃后，推动传统媒体和新媒体公司重新思考与公众的关系的因素急剧增加（Knight Foundation，2019）。公众对媒体的整体信任度正在下降（Brenan，2019），61% 的美国人认为新闻媒体有意忽视对公众具有重要性的报道（Rainie & Perrin，2019）。将新闻编辑室与其服务的社区重新连接，不仅对媒体渠道的可持续性发展至关重要，而且对"社区的信息健康"也至关重要（Knight Foundation，2009）。大多数美国新闻机构，无论其归属于地方还是国家，都在接受这种新形式的新闻实践，增加与社区相关的报道，并探索新的收入模式（Batsell，2015；Stampler，2019）。

出于新闻编辑室预算削减和收入目标方面的考虑，专业新闻（beat journalism）在报道时优先考虑速度而不是全面性，导致其作用越来越微弱。在没有专门的团队报道当地具体问题的情况下，记者能否倾听和了解当地社区的需求和关切成了值得思考的问题。如果新闻是一项公共服务，记者就应该努力通过缩短公众参与新闻过程的距离去精准地表达公众在社区的不同体验。正如《西雅图时报》（*Seattle Times*）前执行编辑迈克·范彻（Mike Fancher）所说，参与式新闻"并不寻求'拯救'新闻业；它为的是让更多的人参与进平台和非传统环境中来，以丰富新闻报道"（Fancher，2020）。正如这本书所言，参与式新闻就是理想的新闻工作。

首届在线新闻协会的参与式新闻奖项向记者和媒体组织发出了一个积极的信号，即希望他们为公众参与创造更多通道，并且改变公众获知信息的途径以及他们与社区建立联系的方式。"城市局"的开创性工作将帮助我们确定前进的道路，但我们也需要了解我们是如何走到这一步的。本部分概述了参与式新闻的重要性，并提供了"参与的连续性"作为从业者工作模式的概念框架。

参与式新闻的模式

我们首先考察了三种参与式新闻模式作为实践的例子，并为那些有兴趣在这一重要且有意义的新闻实践中工作的人列举了可能存在的误区和挑战。

案例1：大规模聆听。"地面源"（Ground Source）网站（https：//www.groundsource.co）成立于2013年，是使用短信让记者与社区成员建立联系并进行直接对话的平台之一。创始人安德鲁·海格（Andrew Haeg）也是美国公共媒体公共洞察网络（American Public Media's Public Insight Network）的联合创始人。这项服务的开发旨在"通过简单地发送文本来交流和分享经验，消除社区和新闻机构之间的诸多障碍"（Lichterman，2016）。

美国各地的新闻编辑室都在使用这种模式，包括密歇根州底特律的离群媒体（Outlier Media）、加利福尼亚州奥克兰的埃尔蒂姆帕诺（El Timpano）、在七个城市进行教育报道的全国性非营利组织——粉笔节拍（Chalkbeat）、专注于调查和数据新闻的州非营利组织——新墨西哥州探照灯（Searchlight New Mexico），还有与伊利诺伊州公共媒体电台合作，专注于教育、政治影响、健康和环境的伊利诺伊新闻编辑室（Illinois Newsroom）。借助于短信和语音技术，"地面源"公司希望拓展和深化记者和社区成员之间的反馈路径，推动记者与社会成员之间的对话（Catania，2018）。赫肯（Hearken）是一家提供工具和咨询的组织，旨在帮助新闻机构与受众建立联系，它是另一个帮助新闻编辑室更好地倾听公众的平台，其规模适用于所在的社区。本部分后面将更深入地讨论赫肯。

案例2：对话新闻。促进对话是宇宙飞船媒体（Spaceship Media，https：//spaceshipmedia.org）的重点，这是一家由记者伊芙·皮尔曼（Eve Pearlman）创立的参与式初创公司，该公司与媒体组织合作，并支持它们以对话新闻的方法，加深与所服务社区的关系。他们将对话新闻定义为"让观点不同的人交谈并理解彼此的观点（这似乎是一项不可能完成的任务）"（Bilton，2017）。皮尔曼澄清说，这涉及"深入分歧的核心，让社区在对话中求同存异，并且用事实支持这些对话，讲述与这些对话相关的故事，以及这些对话中出现的问题和话题"（Costello，2018：n. p.）。

宇宙飞船媒体的发展依赖于他们报道的故事的有机演变。2016年美国总统大选后，宇宙飞船媒体与亚拉巴马媒体集团（Alabama Media Group）合作，主持了一个脸书小组。小组中共有50名女性，一半是来自亚拉巴马州的唐纳德·特朗普选民，另一半是来自加利福尼亚州的希拉里·克林顿选民。亚拉巴马媒体集团的记者们在两州之间就"平价医疗法案"如何运作的争论中，编写了一份深入的调查报告，并揭露了一个关于亚拉巴马州的医疗保险费是如何比加州增长得更快的故事。事实证明，这种交叉合作对小组很有启发，建立了小组与记者之间的信任，并催生了对该主题进行更多报道的需求。随后，亚拉巴马媒体集团发表了15篇以上与促进项目参与相关的报道（Schmidt，2017）。

宇宙飞船媒体公司还开展了其他几个项目，包括"大多数"（The Many）项目，该项目在2018年中期选举前与当地提前（Advance Local）、时代（TIME）、纽塞姆（Newseum，位于华盛顿州DC的一家互动新闻博物馆，于2019年底关闭）以及其他媒体组织合作，召集了5000名不同的陌生人。最近，还有一个项目专注于另一个有争议的问题——"枪支，美国人的对话"（Holmes，2019）。

案例3：现实生活中的会面。虽然前两个例子都主要通过技术平台进行沟通，但面对面交流的重要性仍然不容忽视。

无论你像"32%项目"（the 32 Percent Project）那样在图书馆举行聚会（Heyamoto & Millbourn，2018），还是像故事圈（Story Circles）那样与社区合作伙伴举办会谈（Jesikah，2018）；无论像科罗拉多公共广播电台（Colorado Public Radio）那样让人们聚在一起吃饭（Dukakis，2017），还是像城市局公共新闻编辑室（City Bureau's Public Newsrooms）那样有意关注社区问题，去人们所在的地方是参与式新闻工作的关键（Hart，2019）。俄勒冈大学新闻学院（the University of Oregon's School of Journalism）的阿果拉新闻中心（The Agora Journalism Center）发起了一个"寻找共同点"（Finding Common Ground）项目，该项目旨在扩大现有的参与式项目范围，让持有不同观点的人通过面对面的方式来进行富有成效的对话

（Ciobanu，2018）。大多数参与者一致认为，尽管现实生活中的讨论难以形成规模，但这类讨论能有效地让人们敞开心扉，以同理心讨论重要的问题。这些面对面的机会在"那些通常不在同一个房间里的人之间创造了一种情感上的亲密关系和社会联系"，同时也增加了参与者"对他人的同理心"（Jesikah，2018）。

定义和概念基础

参与式新闻源于市民新闻（见第二部分）。民主基金（Democracy Fund）的日内瓦·奥弗霍尔泽（Geneva Overholser）是《得梅因公报》（*The Des Moines Register*）的前编辑，也是南加州大学安娜伯格新闻学院（the Annenberg School of Journalism at the University of Southern Californi）的前主任，他追溯了参与式新闻与市民新闻之间的联系，认为市民新闻的"支持者认为新闻正在辜负我们的民主"，而媒体正尝试通过多种方式与社区接触以塑造地方新闻。奥弗霍尔泽澄清道："参与式新闻业也该重新考虑新闻实践。最理想的情况是，参与式新闻不仅考虑记者的潜力，而且需要考虑所有公民在获知更多信息方面的合作潜力。"（Overholser，2016）区别于协作式新闻（见第六部分），参与式新闻通常报道范围更广，而前者主要侧重于新闻内容的制作和传播。新闻学者杰克·巴特塞尔（Jake Batsell）在他的开创性著作《参与式新闻学》（*Engaged Journalism*）中认为，参与式新闻让受众参与进来，而不是简单地告知受众。参与式新闻包括新闻机构与受众之间各种类型的关系（Batsell，2015）。参与式新闻没有标准的定义。学者们指出了参与式新闻同社区参与、人民新闻（people powered journalism）和群众报道（crowd-powered reporting）之间存在交叉融合（Das & Clark，2017：3）。普遍的共识是，参与式新闻是一个有机演变的术语。这个总称用于关注这种实践的包容性。记者如何服务于社区的信息需求？新闻编辑室（地方和城市）如何为公众建立一个协作空间以保持记者和公众之间的信任（Green-Barber & McKinley，2018）？尤其是在如今消费者有如此多选择的情况下，如何测量新闻机构在推进其新闻和金融使命时，积极考虑受众并与之互动的程度？（Batsell，2015）"记者必须赢得观众的关注，建立忠诚度，加深信任，同时瞄准新的收入来源，以补贴市场力量从未支持过的监督性新闻报道（the watchdog journalism）"（Batsell & Seaman，2016：12）。这些定义将随着参与式新闻的发展而改变，但需要实证研究来建立理论架构，以有效地测量这种快速发展的实践的效果。参与式新闻并未试图通过关注该行业的问题来解决新闻问题。相反，参与式新闻——像协作式新闻一样——将工作重点放在公众身上，确保社区在健康的信息生态中获取信息并蓬勃发展（DeVigal，2015）。参与式新闻的记者为公众参与创造了一个入口，以改变过去那种记者向社区提供信息来与社区建立联系的方式。

受众参与新闻创作过程的概念并不新鲜。然而，在早期印刷媒体时代，这种做法并不多，因为当时新闻创作的专业化使记者作为"专业人士获得生产和传播信息的'看门人'角色"（Singer et al.，2011：15）。互联网和数字技术的出现迅速颠覆了传统模式，将权力的重心转移到"与旧的'被动受众观'形成对比的'参与式媒体文化'"，参与度激增（Jenkins，2006：3）。赫米达（in Singer et al.，2011）指出，协作式新闻、市井新闻和用户生成内容这些密切相关的术语可互换使用，用以指代"在收集、报道、分析和传播新闻和信息的过程中发挥积极作用的公民或公民群体的行为"（Bowman & Willis，2003：9）。这些重叠的功能将在"参与的连续性"一节中进一步讨论，但本部分认同，参与式新闻是新闻活动中更广泛的"分类"或"范围"的一部分。

"受众"和"公众"这两个术语的定义也不完全清晰，学者们主要根据理论基础和使用情境来区别这两个术语。丹·吉尔默（Dan Gillmor）的"前观众"（the former audience）概念（Gillmor，2004）引发了关于这两个术语的辩论，因为许多参与式新闻的从业者将受众视为公众，而不是消费者。如果要将受众称为"消费者",则倾向于将"参与"视为事务性的,而不是关系性的(DeVigal,2015)。值得注意的是,许多从业者和学者都接受"受众"这个术语"认识到数字新闻下的受众承载着参与和互动的期待",并采用纽约大学学者杰伊·罗森的一句话"以前被称为受众的人(即单向接收信息的人)"作为信息的创造者和评判者(Anderson et al., 2017；Batsell, 2015)。在本部分中,我们使用"公众"一词来表示在线上和线下以及在公共广场空间等地方进行参与活动的公民和社区组织。

参与和社区信任

在阿古拉新闻中心(the Agora Journalism Center)和重要经验参与新闻非正式会议(Journalism That Matters Experience Engagement unconference)(2015)上,150多名记者和教育工作者聚集一堂,集思广益,探讨参与式新闻的最佳实践,倡导社区和新闻联系的参与模式。与会者强调,参与是"真正的联系,重视人和人的相互交流,以便出现对个人和整个社区最有利的东西"(Developmental Evaluation Report, 2016)。

然而,"参与"仍然是一个难以界定和衡量的概念。因此,将参与式新闻报道的实践与"观众参与"这一流行词区分开来至关重要,后者通常指记者通过链接、推文和其他社交媒体宣传他们的报道的新闻编辑室做法。然而,学者们指出,这缺乏"经验性证据来证明参与到底能够带来什么"(Nelson, 2018),并继续在城市和(近期在)农村地区进行研究,以了解那里的网点是否具有"某些优势,使其为实验和创新提供潜在动力"(Wenzel, 2019：1751)。

正如"32%项目"的报告(the 32 Percent Project report)所指出的,信任是参与式新闻报道的一个重要的组成部分。研究人员走访了美国各地的四个社区,不仅考察了阻碍信任的因素,还考察了可以采取哪些措施来建立信任（Heyamoto & Millbourn，2018）。该项目的研究结果显示，人们会将与他人关系中的一些相同标准应用到与新闻的关系中，并得出结论，建立信任的关键因素是真实性、透明度、一致性、积极性、多样性和共同的使命。

利用新技术打造共同创新的公众

早期的市民新闻先驱主张通过支持记者参加社区成员的公开会议，来改革新闻采集和报道的过程，促进和社区成员对话。互联网和移动电话技术的出现，带来了大量多媒体工具和编辑软件，影响了新闻行业进程，新闻业"处于历史罕见的时刻，记者作为新闻守门人的权威地位不仅首次受到新技术和竞争对手的威胁，还可能受到它所服务的受众的威胁"（Bowman & Willis，2003：7）。早期的有识之士认识到这个行业的巨大转变，创造了新的词汇，欢迎公众参与。而这种参与甚至可能影响新闻报道，包括："自媒体"（Bowman & Lillis，2003）、"新闻3.0"（Hammersly，2002）、"网络新闻"（Jarvis，2006）和"产销者"（Bruns，2008）。这些导致了实验性媒体平台的发展，使公众更容易在网上发布用户生成内容；而随着专业人士和业余爱好者越来越多地合作，记者的角色也在发生巨大变化。美国有线电视新闻网（CNN）的iReport（2006）和一系列新项目都在探索记者和公众之间不断发展的关系。其中包括吉尔默的公民媒体中心项目（Center for Citizen Media Project）（2005）和超本地焦点网站（Hyperlocal-Focused Site Placeblogger）（2007），这些项目试图通过大量公共广播、电视和在线实验来扩大公众参与的范围。

对于记者来说，他们在一定程度上仍然对非专业人士参与新闻采集过程存在抵制和担忧（Wall，2015），或对业余人员提供的内容存在"文化冲突"，这些都与专业记者维护行业标准及他们对感知权威事实的需求相冲突（Hermida & Thurman，2008：343）。尽管最初持乐观态度，但现存的文献表明，结果好坏参半，这导致"对新闻编辑室中新媒体工具参与潜力某种程度的集体幻灭"（Lawrence et al.，2017：1223）。

邀请社区参与

参与式新闻的实践情况取决于社区参与新闻的收集和制作过程。要做到这一点，新闻编辑室必须改变他们的文化，同时认识到他们"不能依靠'一刀切'的方法，而是必须围绕自己的特殊需求建立自己的组织结构和实践"（Schmidt & Lawrence，2020：532）。前编辑和数字媒体顾问梅拉妮·西尔（Melanie Sill）支持基于社区的开放新闻，主张"重新安排新闻的基本流程，以服务于社区的读者、观众、听众和客户"（Sill，2011）。西尔敦促记者"先关注服务，再关注平台或产品"（Sill，2011）。梅格·皮卡德（Meg Pickard），《卫报》前数字参与主管，也是数字参与和社区实践领域的独立顾问，建议新闻编辑室在故事发布之前考虑与公众合作（见图7-1）：在发布之前，用户/读者如何在发布之前参与合作？发布后，工作人员/记者如何继续参与？

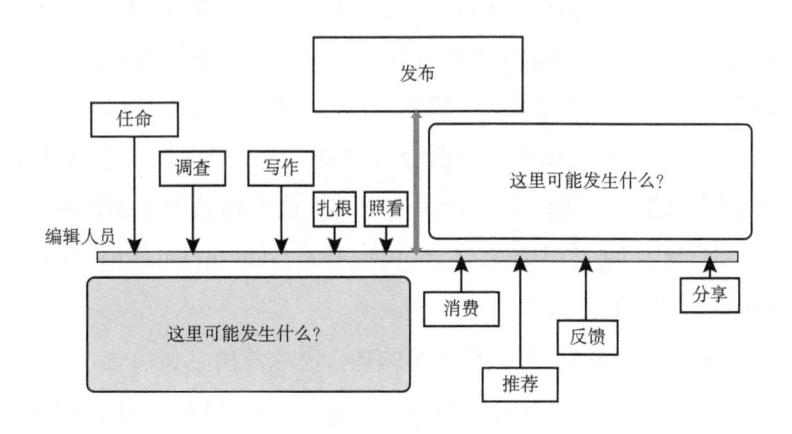

图7-1 社区协作的入口点

资料来源：梅格·皮卡德。

皮卡德就编辑人员和用户如何参与内容的制作和管理提供了建议。其中一个例子是，关于社区成员如何通过有意识地提供资料合作撰写报道，以及参与调查工作并展开辩论。反过来，记者也可以在报道发表后，继续跟进、策划，获得公众的反应和反馈（Pickard，2011）。随着24小时新闻在线周期、直播博客和对突发新闻持续在线更新的出现，皮卡德认为，从故事发展到出版，制作新闻的过程已经快速迭代和越发复杂。"出版的单一时代已经成为过去"，几乎所有传统的新闻编辑室都在从过去的线性模式转向实时、多平台、多用户、循环的工作流程模式，以达到"上下文沟通顺畅，后续持续跟进，创造更多协作机会等"的目的（Pickard，2011）。2012年，芝加哥公共广播电台WBEZ（Chicago Public Radio Station WBEZ）的资深制作人珍妮弗·布兰德尔（Jennifer Brandel）在伊利诺伊州推出了"好奇之城"（Curious City）。到2015年，"好奇之城"发展成一家总部位于芝加哥的公司——赫肯（www.wearehearken.com），构建了"公共驱动"故事循环的工作平台模型，如图7-2所示（Brandel，2015）。四年后，布兰德尔说，她相信这个目标"从第一天起就没有改变，仍然是为了帮助组织更好地倾听和回应他们所服务的人。这不仅有利于更优质的新闻报道，也支持了新闻的财务前景"（Brandel，2019）。赫肯的社区平台合作模式（在本书第二部分中提到）使得有力的深度调查变成可能，其报道多次获奖，包括《观察家报》（*El Observador*）关于乌拉圭最大的劳工团体获得资金的故事，以及密歇根电台（Michigan Radio）对密歇根湖下输油管道状况的报道，该报道获得了新闻编辑室的第一个地区默罗调查报道奖（Murrow Award for Investigative Coverage）（DeJarnette，2016）。

会员制。为了利用现有的和忠实的核心观众并使之货币化，一些新闻机构开发了会员计划。荷兰的"通讯员"新闻网站（De Correspondent）于2013年推出会员制，其资金完全来源于56000名会员，这些会员每年支付的费用可以支持21名全职记者和75名自由职业者（Rosen，2017）。总部位于菲律宾的"社交媒体"拉普勒（Rappler）在2018年推出了一项会员计划，以实现收入多元化，并加深与社区的关系。"不仅仅是从产品的角度，在内容和编辑输出方面也是如此"，成员是新闻机构的重要贡献者（Posetti et al., 2019：42）。

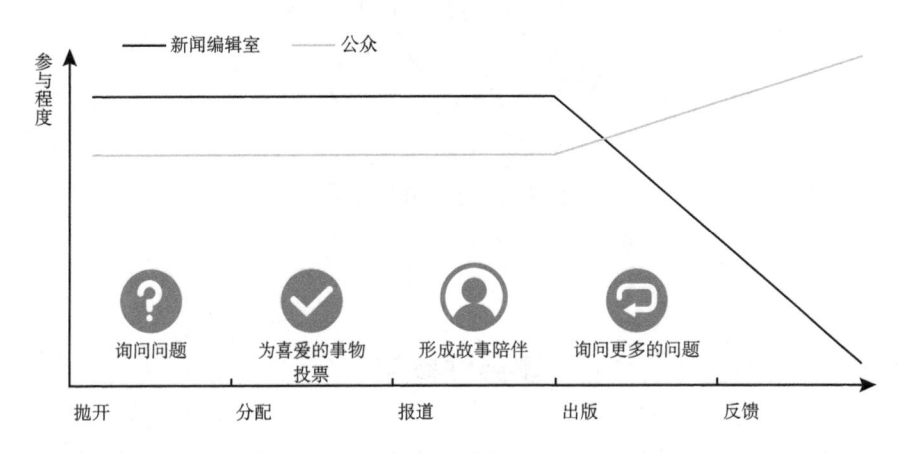

图 7-2 "公共驱动"故事循环的工作平台模型

资料来源：珍尼弗·布兰德尔，2015 年。

连续体：事务性与关系性参与

参与连续体的概念（DeVigal，2015）源于前面提到的体验参与非正式会议。有关连续体的建议将参与式新闻分成两组活动：第一，事务性活动，包括学习、关注和认可；第二，关系性活动，包括参与、合作和领导。

研讨会的与会者将新闻工作视为关系性的，而不是交易性的。新闻业在社区之间建立联系，并在记者和公众之间建立有意义的反馈回路（Fancher et al., 2016）。如图 7-3 所示，公众参与的途径是持续的，它使新闻环境从一个包含学习、跟随和支持等活动的事务性环境转变为一个包含参与、协作和领导思想的更具关系性的环境。下面将详细探讨这个连续体中的每项活动。活动的分类是不固定的，有些项目可能会覆盖多个活动。

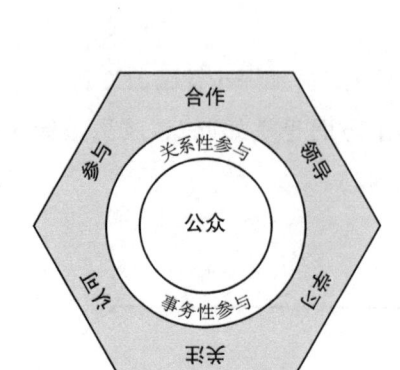

图 7-3 参与连续体

资料来源：Andrew DeVigal，2017。

事务性参与

学习。在这个连续体中，"学习"是起点。参与的记者经常强调支持社区信息需求的重要性。新闻的目的是"为公民提供他们所需要的信息，以便他们对自己的生活、社区、社会和政府做出最好的决定"（American Press Institute，n.d.）。为了有效地向公民提供他们需要的信息，记者首先"了解"公众在个人和社区层面的信息需求，这一步是至关重要的。近年来出现了几种模式，使公众能够分享对其社区问题的关切，帮助记者倾听他们社区的声音并向他们学习。"互联新闻"（Internews）的"情报集合站"（Listening Post Collective，LPC）项目于2013年启动，该项目建立在国际媒体评估，特别是遭受自然灾害的发展中社区的信息需求基础上。新奥尔良地区仍受到2005年卡特里娜飓风后遗症的影响，而这个项目可以使当地居民能够在危机时期通过位于图书馆、企业和市民中心的短信和录音设备获取和共享信息。创始人杰西·哈德曼（Jesse Hardman）的目标是"将新闻传播范围扩大到那些被排除在媒体对话之外的社区，确保公众获得他们需要的信息，并能够分享他们所知道的信息"（Hardman，2017）。

关注。连续体中的一个重要事务性活动是"关注"，它通常被描述为一种营销活动，跟踪和捕捉受众如何在社交媒体上与他人或与自己互动。

比如如何从平台外获得更多的页面浏览量，受众发布的故事能获得多少转发量，或者一个故事可以有多少次分享。例如，脸书的影响力是不可否认的，因为该平台在新闻生态系统中获得了重大影响（Carlson，2018）。这类似于跟踪一个人，可以从其社交新闻订阅中获得关注者数量，而通过该机制，组织可以根据新注册用户的数量、订阅量或其他新闻订阅源（如RSS）的每日注册数量来查看受众参与度的增加情况。

认可。在与之前的"关注"活动最密切相关的那一端，观众可以在社交媒体上与他们的关注者分享新闻内容，这些关注者基本上是认可该媒体或新闻组织的。众所周知，社会认可仍然是事务性的，因为回馈给分享者的价值主要是作为"网络红人"的潜在人气增长，而不一定是新闻本身的改进。然而，作为新闻报道放大器的社会认可是有用的，因为1/5的美国成年人提到，他们经常通过在社交媒体发布新闻，获得这种认可（Shearer，2018）。在社交媒体平台之外，朋友或家人通过电子邮件和短信获取的其认可的新闻引发的活动也非常活跃（Bialik & Matsa，2017）。评估社交媒体上代言的好处和风险，尤其是通过付费内容或不良演员的镜头进行检验，超出了本部分的讨论范围。然而，重要的是要认识到，有必要研究社交媒体营销在政治活动和品牌代言（包括那些支持新闻机构可持续性的活动）中日益增长的影响力浪潮。

关系性参与

参与。媒体公司多年来一直在尝试不同的内容征集模式。2008年选举日（Election Day 2008），《纽约时报》（The New York Times）在主页上推出了一个项目，鼓励读者在"哪一个词描述了你目前的精神状态？"这个问题提示后提交一个词的答案。在这一天中，《纽约时报》主页将这个一个词答案显示为"情感之河——匿名的、不可核实的、催眠"（NYT.com，2009）。《纽约杂志》后来写道，这个项目是"一个彻底的重塑……新功能通过评论和互动吸引读者，使记者和观众之间的关系更加亲密、直接、直白"（Nussbaum，2009）。

最近，记者们正在接受（并创造）机会听取公众意见，并使之为他们的报告做出贡献。《华盛顿邮报》（*Washington Post*）记者戴维·法赫伦索尔德（David Fahrenthold）凭借"在政治竞选报道中发展一种透明新闻模式"获得 2017 年普利策奖。法赫伦索尔德在推特上请求粉丝的帮助，调查一份据称从特朗普基金会获得资金的慈善机构名单（Owen，2017）。"为了人民"（ProPublica）是一家独立的非营利性新闻编辑室，负责调查性新闻工作，在他们所谓的"参与性报道"中，他们动员和调集了有信息可供分享或能提供故事线索的各种社区。

由纽约大学教授杰伊·罗森的 20 工作室（Studio 20 Program）和"通讯员"（De Correspondent）新闻组织创建的会员拼图项目（https：//membershippuzzle.org/），提供了一个全面的列表，列出了社区成员可以为报告做出贡献的 25 种方式。在与数百名独立新闻网站的支持者讨论了他们的贡献愿望后，该项目提出了一种"动机类型"，以此为标准可以将新闻机构的支持者分为六种类型，包括：（a）渴望学习；（b）贡献；（c）有发言权；（d）获得内部独家新闻；（e）对特定主题表现出热情；（f）成为大事件中的一部分（Goligoski & Ho，2018）。

尽管出现了这些新的可能性，但除了消息来源的作用外，仍有反对公众参与新闻报道的声音。对"非专业人士参与新闻收集过程"的抵制和担忧一直存在（Wall，2015：2）。

合作。迄今为止，让公众参与新闻过程的合作空间和入口仍然没有很大的突破：评论是为了加强报道而提问，以及提供见解以辅助记者的报道。然而，这种公众可以参与报道过程的观念，特别是如果提问者可以提供独特的见解或进入社区的新机会，可能会推动参与的边界朝着共同生产和协作的角色发展。

根据定义，记者和公众共同制作或创造一些东西的行动就是合作。诚然，许多成功的协作生产和合作模式都源于新闻编辑室和记者的视角。值得注意的是，这里提到的合作不包括媒体组织之间的协作工作。合作媒体中心（Center for Cooperative Media，https：//centerforcooperativemedia.org）

和项目面（Project Facet，http：//www.projectfacet.org/）的工作为这个方向提供了一些参考。近年来，在新闻业中使用设计思维方法来更好地理解社区需求的想法越来越受关注。查普林（Chaplin）指出，一些最有趣的工作发生在设计和新闻的交叉点上，工作人员试图将设计过程直接覆盖到报道过程中，并认为在平衡人们的需求和反馈与"控制和来源"之间存在挑战（Chaplin, 2016）。

为了转向这种合作模式，我们需要设计一种行业协同设计框架模式，它可以与共同创造互换。与以用户为中心的设计不同，用户和研究人员/设计者的角色是被有意混合在一起的，用户，或者最终通过这个过程得到服务的人（或者如果我们从新闻的角度来看，则是指公众），"在知识开发、想法生成和概念开发中发挥着很大的作用"（Sanders & Stappers, 2008：12）。有趣的是，艾塔莫托（Aitamurto）的研究表明，这种合作模式的结果喜忧参半，"共同创作使读者产生了对报刊的强烈主人翁意识，但最终结果是记者和读者都因内容整合过程的失败而失望"（Aitamurto, 2013：229），尽管这项研究的结果总体上支持共同创作建立了一种加强"社区—创作者功能联系"的前提。如表7-1所示，协作式新闻类似于以用户为中心的设计模式，在这种模式下，新闻记者将主题专家的贡献纳入其中，而设计师将用户的专业知识整合到最终产品中。合作新闻是旨在反映共同设计的活动，而在这种情况下，权力动态分布的目标在于平等分配权力给所有合作伙伴。正如记者们正在努力解决公众在新闻过程中能够真正合作的程度问题一样，从以用户为中心的设计过程向协同设计范式的转变也是缓慢的（Sanders & Stappers, 2008）。

表7-1 从协作式新闻到合作式新闻的转变

	从	到
设计思维	以用户为中心的设计	协同设计
参与式新闻	协作式新闻	合作式新闻

资料来源：安德鲁·德维加尔。

今天，具有社区意识的记者正在实验其他创新方法让公众参与进来，并分配控制权和所有权，而不仅仅是使其成为故事创意和发展的来源。例如，自由新闻（Free Press）的新闻之声（News Voices）已经在新泽西州、北卡罗来纳州和费城发起了几项倡议，试图塑造关于他们社区的本地报道。

"城市局"通过他们的文档工具计划（Documenters Tools Initiative），招募公民和行动者，为其提供装备和资金，鼓励其参与新闻收集过程，并为其所在城市的知识体系做出积极贡献。除了让普通公民能够报道公共会议外，"城市局"还与开发人员合作，将来自一系列信息源的数据标准化到一个集中的数据库中（Schmidt, 2019）。联合创始人达里尔·霍利迪（Darryl Holliday）这样描述他们的任务：

> 是时候让我们与公众共同起草一份新合同了，这份合同将我们的关系重新构建为一个共同创造的关系，我们将共同创造公共利益。这可以采取多种形式，比如举办使新闻技能民主化的培训，邀请读者参与数据收集和审查以支持高质量报道，并组成社区咨询委员会，与新闻编辑面对面讨论报道如何填补信息空白。这种共同创造和能力建设的理念促使新闻业传统力量向更分散模式的转变。（Holliday，2018）

爱默生学院（Emerson College）参与实验室（the Engagement Lab）的执行主任埃里克·戈登（Eric Gordon）将这些分配所有权的合作途径描述为授权给社区和公众参与新闻生产，或创造一个具有更多开源精神的环境。"这种由谁来塑造项目目标和由谁来部署方面的不对称性有时会通过共同设计的过程来解决，在这个过程中，提供专业知识的机会分布在多个利益相关者之间。"（Gordon & Mugar, 2018：18）

领导。本地，特别是美国农村地区的报纸消失，导致了"媒体沙漠"（即"难以获得可靠和全面的新闻和信息资源的区域"）的扩大。数百家新闻机构缩减了报道规模，以至于研究人员称之为"幽灵报纸"（Stites, 2018）。

为了解决当地信息生态中日益扩大的差距问题，一些社区正在"领导"当地媒体的选择，这通常被称为新闻合作社。例如，总部位于英国的"布里斯托尔电缆"（Bristol Cable）新闻组织成立于 2014 年，是一家主要由 1800 名成员运营的合作社，用户每月支付约 4 美元，就能够影响该组织的运作方式（Corcoran，2017）。2012 年，在资深记者汤姆·斯蒂茨（Tom Stites）的带领下，"榕树计划"（The Banyan Project）推出了第一个网站"哈弗希尔事项"（Haverhill Matters，www.havershill.com），为该城市的"媒体沙漠"服务（Kennedy，2012），这个项目的结果好坏参半。本部分将不会深入讨论这些合作社的运作方式，但值得一提的是，在这种模式中，社区成员不仅参与新闻生产，而且还带头填补"媒体沙漠"造成的信息空白。

挑战和原则

工作原则。参与式新闻的实践是我们希望能够激励我们的读者、公众和学生的做法。同样重要的是，我们需要考虑如何激励更多的记者（和新闻专业的学生）将社区放在他们工作的中心，并提高他们更准确地倾听和理解公众需求的能力，以使他们的新闻工作变得更好。本部分总结归纳出以下原则，如果你期待从事新闻工作，请谨记这些原则。

- 专业知识源于经验：最接近问题的人能够为解决方案做出有意义的贡献。
- 信念多元化：当不同的观点有助于讨论时，更好的解决方案就会出现。
- 重视参与者的时间：通过向提供生活经验和分享情感故事的参与者提供非经济奖励，表明你重视他们的时间。
- 热烈的欢迎：向参与者提供食物、饮料和良好的环境，真诚地欢迎他们，让他们感到被重视。

无论新闻业的定义、原则和要素在未来如何变化，不可避免的是，

"新闻"可以而且将由更多的人在更广阔的平台上，以更多的变化来完成。除了新的竞争，这还将涉及内容提供者之间更多的合作、协作和共同创造。我们鼓励新闻工作者接受这一现实，如果他们这样做了，我们相信，新闻业将变得更加丰富、更加包容、更加准确、更加相关、更加可信和更加可持续。

参考文献

Aitamurto, T. 2013. "Balancing between open and closed co-creation in magazine journal-ism." *Digital Journalism*, 1（2）：229–251. https：//doi. org/10. 1080/21670811. 2012. 750150.

American Press Institute. n. d. "What is the purpose of journalism？." https：//www. americanpressinstitute. org/journalism–essentials/what–is–journalism/purpose–journalism/.

Anderson, C. W., Bell, E., & Shirky, C. 2017. "Post-industrial journalism：Adapting to the present." Tow Center for Digital Journalism, Columbia University, July 11.

Batsell, J. 2015. *Engaged journalism：Connecting with digitally empowered news audiences*. New York：Columbia University Press.

Batsell, J., & Seaman, D. 2016. "The audience growth and revenue rewards of 'engaged journalism' [PDF]." Viafoura's Audience Development and Circulation Manage-ment Conference, March 12. https：//www. google. com/url？sa = t&rct = j&q = &esrc = s&source = web&cd = 1&cad = rja&uact = 8&ved = 2ahUKEwirpaHf4_ 3nAhXczTgGHRB ODUMQFjAAegQIAhAB&url = http% 3A% 2F% 2Fsnpa. static2. adqic. com% 2Fstatic% 2FJakeBatsell–DanSeaman. pdf&usg = AOvVaw08OJgIYWZlxIvvEpiEO9h_ .

Bialik, K., & Matsa, E. M. 2017. "Fact tank：Our lives in numbers：Key trends in social and digital news media." Pew Research Center, October 4. http：//www. pewres earch. org/fact–tank/2017/10/04/key–trends–in–social–and–digita–news–media/.

Bilton, R. 2017. "25 Trump voters from Alabama + 25 Clinton voters from San Francisco = 1 surprisingly good Facebook group." Nieman Lab, March 16. https：//www. niemanlab. org/2017/03/50–trump–voters–from–alabama–50–clinton–voers–from–san–francisco–1–surprisingly–good–facebook–group/.

Bowman, S., & Willis, C. 2003. "We media：How audiences are shaping the future of news and information [PDF File]." The American Press Institute. www. hyper gene. net/wemedia/.

Brandel, J. 2015. "Public powered journalism [Blog post, June 25]." https: // medium. com/we - are - hearken/public - powered - journalism - f4052ed9c412.

Brandel, J. 2019. "Hearken is evolving: Here's how [Blog post, May 28]." https: // medium. com/we - are - hearken/hearken - is - evolving - heres - howdd21a3d1d872.

Brenan, M. 2019. "Americans trust in mass media edges down to 41%." https: // news. gallup. com/poll/267047/americans - trust - mass - media - edges - down. aspx.

Bruns, A. 2008. "Blogs, Wikipedia, Second Life, and beyond: From production to produsage." https: //www. researchgate. net/publication/27476485 _ Blogs _ Wikipedia_ Second_ Life_ and_ beyond_ From_ production_ to_ produsage.

Carlson, M. 2018. "Facebook in the news: Social media, journalism, and public responsibility following the 2016 trending topics controversy." *Digital Journalism*, 6 (1): 4 - 20. https: //doi. org/10. 1080/21670811. 2017. 1298044.

Catania, S. 2018. "Ears to the ground: From Seattle to Scotland, tracking a chang-ing journalism landscape one conversation at a time [Blog post, May 3]." https: // medium. com/groundsource - notes/ears - to - the - ground - 47360ec64008.

Chaplin, H. 2016. "Guide to journalism and design." Tow Center, July 13. https: // www. cjr. org/tow_ center_ reports/guide_ to_ journalism_ and_ design. php.

Ciobanu. M. 2018. "New initiative finding common ground offers funding for newsrooms to expand existing engagement projects." Journalism. co. uk, 26 January. https: //www. journalism. co. uk/news/new - initiative - finding - common - ground - offers - unding - fornewsrooms - to - expand - existing - engagement - projects/s2/a716717/.

Corcoran, L. 2017, . "How this local news co-op gets its members inter-ested: Getting them involved in the production of news." https: //www. niemanlab. org/2017/11/how - this - local - news - co - op - gets - its - members - interested - getting - them - involved - in - the - production - of - news/.

Costello, A., host. 2018. "Critical conversations, journalism. Hey, Amer-ica: Let's talk about what divides us [Audio podcast, November 16]." https: //nonprof - itquarterly. org/hey - america - lets - talk - about - what - divides - us/.

Das, A., & Clark, J. 2017. "Pathways to engagement: Understanding how newsrooms are working with communities." Democracy Fund. https: //www. democracy - fund. org/ publications/pathways - to - engagement - understanding - how - newsrooms - are - working - with - communities.

DeJarnette, B. 2016. "One year in, Hearken's audience engagement platform is catching fire [Blog post, March 1]." http: //mediashift. org/2016/03/one - year - in - hearkens - audience - engagement - platform - is - catching - fire/.

DeVigal, A. 2015. "Engagement is relational, not transactional [Blog post, November 23]." https://medium.com/experience-engagement/engagement-is-relational-not-transactional-6dcf8d92980f.

DeVigal, A. 2017. "The continuum of engagement [Blog post, October 3]." https://medium.com/lets-gather/the-continuum-of-engagement-89778f9d6c3.

Developmental Evaluation Report. 2016. "Experience Engagement unconference." SOJC Agora Journalism Center. https://journalismthatmatters.org/experienceengagement/. engaged journalism.

Dukakis, A. 2017. "Breaking bread: Can Coloradans sit down and figure each other out?." https://www.cpr.org/show-segment/breaking-bread-can-coloradans-sit-down-and-figure-each-other-out/.

Fancher, M. 2020. "The ethics of engaged journalism [Blog post, January 8]." https://www.fourthestate.org/articles/the-ethics-of-engaged-journalism/.

Fancher, M., Holman, P., Ferrier, M., DeVigal, A., & Susskind, Y. 2016. "What we learned from experience engagement." http://journalismthatmatters.org/experienceengagement/.

Gillmor, D. 2004. *We the media. Sebastopol*, CA: O'Reilly Media.

Goligoski, E., & Ho, S. 2018. "Why your community members want to aid your reporting & 25 jobs you can ask them to do." Membership Puzzle, December 12. https://membershippuzzle.org/articles-overview/participation-pathways.

Gordon, E., & Mugar, G. 2018. "Civic media practice: Identification and evaluation of media and technology that facilitates democratic process [PDF File]." Engagement Lab. Emer-son College. https://elabhome.blob.core.windows.net/resources/civic_media_practice.pdf.

Green-Barber, L., & McKinley, E. G. 2018. "Engaged journalism: Practices for building trust, generating revenue and fostering civic engagement. Impact Report [PDF file]." https://www.issuelab.org/resource/engaged-journalism-practices-for-building-trust-generating-revenue-and-fostering-civic-engagement.html.

Hammersly, B. 2002. "Time to Blog On." *Guardian*, May 19. https://www.theguardian.com/media/2002/may/20/mondaymediasection7.

Hardman, J. 2017. "Lessons from the listening post. Stop parachuting and start building relationships in your communities. Internews [PDF file, September 14]." https://internews.org/news/lessons-listening-post.

Hart, A. 2019. "Introducing City Bureau's community engagement guidelines." City Bureau, June. https://www.citybureau.org/notebook/2019/6/18/introducing-city-bureaus-community-engagement-guidelines.

Hermida, A., & Thurman, N. 2008. "A clash of cultures: The integration of user-generated content within professional journalistic frameworks at British newspaper websites." *Journalism Practice*, 2 (3): 343 – 356. https://doi.org/10.1080/17512780802054538.

Heyamoto, L., & Milbourn, T. 2018. "Agora report: The 32 Percent Project: Exploring how citizens define trust and how journalists can earn it." https://journalism.uoregon.edu/files/2018-32-percent-agora-report.pdf.

Holliday, D. 2018. "Let's talk about power-yours." Nieman Lab, December. http://www.niemanlab.org/2018/12/lets-talk-about-power-yours/.

Holmes, M. 2019. "Civil talk about guns? See Americans make it happen." https://www.al.com/news/2018/04/civil_talk_about_guns_see_amer.html.

Jarvis, J. 2006. "Networked journalism [Blogpost, July 5]." https://buzzmachine.com/2006/07/05/networked-journalism/.

Jenkins, H. 2006. *Convergence culture: Where old and new media collide.* New York: New York University Press.

Jesikah, M. R. 2018. "Story circles: Contact zones for deep listening [Blog post, September 2]." https://medium.com/@jesikahmariaross/story-circles-contact-zones-for-deep-listening-b9d1c90be569.

Kennedy, D. 2012. "Banyan Project planning its first community-owned news co-op." Nieman Lab. https://www.niemanlab.org/2012/07/banyan-project-planning-its-first-community-owned-news-co-op/.

Knight Foundation. 2019. "Knight Foundation focuses on building the future of local news." https://knightfoundation.org/press/releases/knight-foundation-focuses-on-building-the-future-of-local-news-in-300-million-five-year-commitment.

Knight Commission on Information Needs. 2009. "Informing communities: Sustaining democracy in the digital age." https://knightfoundation.org/reports/informing-communities-sustaining-democracy-digital.

Lawrence, R. G., Radcliffe, D., & Schmidt, T. R. 2017. "Practicing engagement: Participatory journalism in the Web 2.0 era." *Journalism Practice*, 12 (10): 220 – 1240. https://doi.org/10.1080/17512786.2017.1391712.

Lichterman, J. 2016. "GroundSource is trying to help news sites build community through text-message conversations." Nieman Lab, March 23. http://www.nieman-lab.org/2016/03/groundsource-is-trying-to-help-news-sites-build-community-through-text-message-conversations/.

Nelson, J. L. 2018. "Audience engagement struggles with measuring success." *Columbia*

Journalism Review. https：//www.cjr.org/tow_center/audience-engagement-industry-struggles-measuring-success.php.

Nussbaum, E. 2009. "The new journalism: Goosing the Gray Lady. What are these renegade cybergeeks doing at the New York Times? Maybe saving it." *New York Magazine*, January 11. http：//nymag.com/news/features/all-new/53344/.

NYT.com. 2009. "'Word Train'[Archived Page, November 3]." https：//archive.nytimes.com/www.nytimes.com/interactive/2008/11/04/us/politics/20081104_ELECTION_WORDTRAIN.html.

Overholser, G. 2016. "Civic journalism, engaged journalism: Tracing the connec-tions." Democracy Fund[Blog post, August 3]. https：//www.democracyfund.org/blog/entry/civic-journalism-engaged-journalism-tracing-the-connections.

Owen, L. H. 2017. "David Fahrenthold goes from tweeting pictures of his notepad to winning a Pulitzer Prize." Nieman Lab, April 10. http：//www.niemanlab.org/2017/04/david-fahrenthold-goes-from-tweeting-pictures-of-his-notepad-to-winning-a-pulitzer-zprize/.

Pickard, M. 2011. "Publishing process and opportunities for community collabo-ration[Blog post, May 5]." http：//megpickard.com/2011/05/publishing-process-and-opportunities-for-community-collaboration/.

Posetti, J., Simon, F., & Shabbir, N. 2019. "What if scale breaks community? Rebooting audience engagement when journalism is under fire." Reuters Institute for the Study of Journalism.

Rainie, L., & Perrin, A. 2019. "Key findings about Americans' declining trust in govern-ment and each other." Pew Research Center, July 22. https：//www.pewresearch.org/fact-tank/2019/07/22/key-findings-about-americans-declining-trust-in-government-and-each-other/.

Rosen, J. 2017. "This is what a news organization built on reader trust looks like."

Sanders, E. B., & Stappers, J. P. 2008. "Co-creation and the new landscapes of design." *International Journal of CoCreation in Design and the Arts*, 4(1): 5-18. https：//doi.org/10.1080/15710880701875068.

Schmidt. C. 2017. "Can 5000 strangers have a productive Facebook dialogue? Spaceship Media is about to try." Nieman Lab, December 7. http：//www.niemanlab.org/2017/12/can-5000-strangers-have-a-productive-facebook-dialogue-spaceship-media-is-about-to-try/.

Schmidt, C. 2019. "Local public meetings are a scrape and a tap away, on City Bureau's Documenters tool." Nieman Lab, January 8. https：//www.niemanlab.org/2019/01/local-public-meetings-are-a-scrape-and-a-tap-away-on-city-bureausdocumenters – app/.

Schmidt, T. R., & Lawrence, R. G. 2020. "Engaged journalism and news work: A sociotech-nical analysis of organizational dynamics and professional challenges." *Journalism Practice*, 14 (5): 518 – 536, DOI: 10. 1080/17512786. 2020. 1731319.

Shearer, E. 2018. "Social media outpaces print news. Pew Research Center." https://www. pewresearch. org/fact – tank/2018/12/10/social – media – outpaces – print – newspapers – in – the – u – s – as – a – news – source/.

Sill, M. 2011. "The case for Open Journalism now: A new framework for informing communities." Annenberg School for Communication & Journalism, University of Southern California [PDF File]. http://www. melaniesill. com/wp – content/uploads/2014/12/OpenJournalismNowPDF. pdf.

Singer, J. B., Hermida, A., Domingo, D., Heinonen, A., Paulussen, S., Quandt, T., Reich, Z., et al. 2011. *Participatory journalism: Guarding open gates at online newspapers*. Boston, MA: Wiley-Blackwell.

Spaceship Media. n. d. *Testimonials*. https://spaceshipmedia. org/testimoni – als/.

Stampler, L. 2019. "Knight Foundation invests $300 million in local journalism 'essential' to make democracy work." *Fortune*, February 19. https://fortune. com/2019/02/19/knight – foundation – invests – 300 – million – in – local – journalism – essential – to – make – democracy – work/.

Stites, T. 2018. "About 1300 U. S. communities have totally lost news coverage, UNC news desert study finds." Poynter. https://www. poynter. org/business – work/2018/about – 1300 – u – s – communities – have – totally – lost – news – coverage – unc – news – desert – study – finds/.

Wall, M. 2015. "Citizen journalism retrospective." *Digital Journalism*, 3 (6): 797 – 813. https://doi. org/10. 1080/21670811. 2014. 1002513.

Wenzel, A. 2019. "Engaged journalism in rural communities." *Journalism Practice*, 13 (6): 708 – 722. https://doi. org/10. 1080/17512786. 2018. 1562360.

八 和平新闻：以非暴力方式解决冲突

史蒂文·扬布拉德（Steven Youngblood）

发展和平新闻是为了消除对战争和冲突所做的不负责任的报道，它是强调以非暴力方式解决矛盾冲突的报道。该实践承认必须报道严重的冲突事实，但是通过选择框架和措辞，可以向读者展示更完整的冲突画面——以及解决方案的选择。和平新闻的原则——比如准确；平衡；客观讨论解决方案；避免煽动性、妖魔化、陈词滥调；拒绝"我们vs. 他们"（us vs. them）的叙述——可以应用于任何类型的冲突报道，例如枪支暴力或移民。

大多数人在听到和平新闻这个词时会条件反射地怀疑，但是他们通常可以接受和平新闻的原则：准确；平衡；客观讨论解决方案；避免煽动性、妖魔化、陈词滥调；拒绝"我们vs. 他们"（us vs. them）的叙述。也许这是因为和平这个词本身就具有讽刺意味。因此，一个好的出发点，是考察和平的概念以及它与新闻实践的关系。

定 义

和平（Peace）历来被定义为没有起冲突或者发生暴力。然而，挪威学者约翰·加尔通（Johan Galtung）博士，和平研究之父之一（也是和平实践新闻业的创始人），创造了一种架构来概括积极和消极的和平。消极的和平只是没有冲突，而积极的和平是创造和维持和平社会的态度、制度和结构的存在（Youngblood，2016）。积极和平的支撑（元素）包括完善的政府组织，公平的资源分配，自由流动的信息资源，良好的邻里关系，高水平的人力资本，接受他人的权利，低程度腐败，以及良好的商业环境（Institute for Economics and Peace，2017：n. p.）。

为了和平新闻业的实践，加尔通的积极和平的概念特别突出，因为和平记者报道和分析这些积极和平的因素，同时领导关于正义与公平问题的实质性的社会讨论，这两者都是积极和平可持续发展的先决条件。在积极和平的基础建立之后，我们可以看看和平新闻业本身的定义。

在《和平新闻》（Peace Journalism）中，林奇（Lynch）和麦戈德里克（McGoldrick）将这种做法定义为"当新闻编辑和记者选择报道什么和如何报道时，就为社会创造了机会来考虑和重视对冲突的非暴力反应"（Lynch & McGoldrick，2005：5）。他们对定义补充道，和平新闻业将"冲突分析和转变的洞察力"（Lynch & McGoldrick，2005：5）应用到新闻工作者平衡、公正和准确的新闻报道实践中。林奇和麦戈德里克还提供了一个"路线图"，探讨了记者和消息来源与他们报道的故事和同一报道的结果有关，通过这种方式，"将非暴力和创造性意识融入日常编辑和报道的实际工作中"（Lynch & McGoldrick，2005：5）。这一解释的一个关键概念是和平新闻业可以作为记者职责的日常部分进行实践。在密苏里州帕克维尔的帕克大学的全球和平新闻中心（The Center for Global Peace Journalism at Park University in Parkville，Missouri），改编并扩展了林奇和麦戈德里克的定义。该中心坚持认为，和平新闻是一种实践：

> 新闻编辑和记者做出有利于和平愿景的选择。这些选择，包括如何构建新闻以及对于用词的筛选，在不损害良好新闻工作基本原则的情况下，创造一种有利于和平及支持和平倡议和缔造和平者的气氛。和平新闻让缔造和平者发出声音，同时使和平倡议和非暴力解决方案

更加可见和可行。(Youngblood，2018b：2)

就像林奇和麦戈德里克的定义一样，这再次强调了和平新闻主义（peace journalism）在传统新闻实践中的地位。

同样重要的是要考虑到和平新闻不是什么。没有任何基础文献表明和平新闻意味着公开倡导和平，或者意味着忽视不愉快的、具有潜在煽动性的故事。新闻就是新闻，必须报道。相反，和平新闻要问的是，新闻应该如何报道，如何构建，应该使用什么词汇，以及如何以一种不会加剧事件可怕程度、加剧暴力，让愤怒的人们更加愤怒的方式来报道事件（Youngblood，2016）。

和平新闻的两个关键要素是新闻框架和词语的选择。

框架（Framing）——最简单地说——是记者组织和呈现新闻的方式，它影响到观众如何解读新闻（Entman，1993；Iyengar，1991）。议程设置理论（agenda setting theory）描述的是媒体关于告诉公众什么问题重要的能力（McCombs & Shaw，1972），框架进一步表明，通过选择强调哪些故事，最小化哪些故事，忽略哪些故事，新闻媒体可以影响观众如何思考这些突出的主题。在制作框架过程中，媒体确立了一个事件的意义，并且帮助公众理解归类的重要性。《和平新闻原则与实践》（Peace Journalism Principles and Practices）认为，框架理论与和平记者有重大关系，"他们经常谈到叙事，这可以定义为对故事的解释和呈现。这是（证明）媒体创造意义的力量，它将构建社会话语"（Young blood，2016：9）。媒体构建框架需要理解新闻媒体，特别是和平新闻是如何在社会中运作的。

和平新闻的另一个关键是词的重要性和词语的选择。和平记者必须小心地避免带有妖魔化、迫害意味和煽动性的语言，因为不慎选择的词语可能会引起愤怒、误导或分裂。有许多词语，记者经常不小心使用，但是这些词语只会平添负面情绪，没有实质性的内容、故事。例如，一项活动死多少人才会变成大屠杀？或者"野蛮""冷酷""屠杀""残忍""荒谬"是怎样的？悲剧究竟由什么构成？该榜单包括妖魔化"罪犯"、"说谎者"

和"邪恶"等语言。事实上，所有这些词及其同义词都是主观的，是不确切的。如果一个记者（或和平记者）要坚持客观公正的原则，而这些感情用事的词语在本质上是主观的，这就足以成为省略这些语言的充分理由。和平记者报道事实，让读者和观众做出自己的判断，来认定事件是悲剧还是大屠杀。

和平记者会用什么词来代替呢？和平记者可以用实事求是的方式报道，避免夸张。例如，写"约翰因盗窃100美元被逮捕"或者"约翰被逮捕16次"，而不是"约翰，一个众所周知的小偷和骗子，在盗窃100美元时被当场抓住"。一个和平记者在报道受害者时，可以实事求是地陈述发生了什么，而不是添加耸人听闻的标签让受害者看起来更加无助或悲惨。例如，《纽约每日新闻》（*A New York Daily News*）的一篇文章谈道，一个谋杀犯"假扮成联邦快递的快递员，然后向无助的受害者开枪"（McShane，2020）。"无助"（helpless）是主观和煽动性的，而且并没有增进读者对事件的理解。

和平记者可以通过坚持事实来避免耸人听闻。例如，《夏洛特新闻观察报》（*Charlotte News & Observer*）的一篇文章的标题是"他煽动了一场种族主义和血腥的大屠杀。一位前北卡罗来纳州代表（NC Rep）认为此人的人物形象应该这样描述"（Johnson，2020）。相反，标题可以实事求是地说，"他领导了一场导致数百人丧生的起义"。

其他关键原则

在《和平新闻》中，林奇和麦戈德里克列出了一些和平新闻的原则（Lynch & McGoldrick，2005）。这包括了一份有17项内容的清单，其将和平新闻主义与战争/暴力新闻（或更广泛地称其为传统新闻）进行比较。在清单中，战争/暴力新闻报道的特点是妖魔化"他们"（them）及"我们 vs. 他们"（us vs. them）叙事，宣传式的传播，以胜利为导向的报道，反应性的报道，精英导向的报道，以及只关注暴力的可见效果。和平新闻恰恰相反。它的报道讨论解决方案，是积极主动的，并且人性化"他们"（them），让每个人都有发言权。在一个将主题人性化，加强一个未被充分代表的声音的例子中，美国国家公共电台（NPR）的斯科特·西蒙（Scott Simon）采访了一名危地马拉妇女，她三岁的孩子在美国边境被移民海关执法局（ICE agents at the U.S. border.）带走。她说："我在照顾他，所以他忘记了他被带走的那一刻。最糟糕的是他是在睡觉的时候被绑架的。他在路上睡着了。所以他醒来时没有我。"（Simon，2018）

和平新闻清单中的其他要点包括避免向零和游戏那样报道冲突（一个赢家，一个输家）；报道涉及冲突各方的共同立场；避免只报道暴力行为和"恐怖事件"；以及不报道索赔事实（Lynch & McGoldrick，2005：6）。

全球和平新闻中心以林奇和麦戈德里克的 17 项清单为基础，设计了一个 10 项清单，概述了和平新闻的要素。

1. 和平新闻是主动的，它检查冲突的原因，并引导讨论解决方案。

2. 和平新闻承认政党之间有一个共同的基础，拒绝过于简单化的"我们 vs. 他们"（us vs. them）和"好人 vs. 坏人"（good guy vs. bad guy）报道。

3. 和平新闻的记者拒绝任何来源的宣传，而是从所有来源寻找事实。

4. 和平新闻是平衡的，涵盖冲突各方的问题/痛苦/和平建议。

5. 和平新闻为没有发言权的人发声，而不仅仅为精英和当权者报道。

6. 和平新闻的记者提供深度和背景，而不仅仅报道表面的、轰动性的暴力和冲突。

7. 和平新闻的记者考虑他们报道的后果。

8. 和平新闻的记者小心地选择和分析他们使用的词语，他们知道不慎选择的词语往往具有煽动性。

9. 和平新闻的记者对于他们选择的照片要经过深思熟虑，因为他们知道他们可以歪曲事件，恶化已经可怕的情况，并且再次伤害那些已经遭受痛苦的人。

10. 和平新闻的记者提供反叙事（counter-narratives），揭穿媒体创造或延续的刻板印象、神话和误解。（Youngblood，2016：6）

和平新闻：超越战争报道

林奇和麦戈德里克在《和平新闻》中撰写和平新闻，是为了纠正对战争和暴力冲突的不负责任的报道。在过去的十几年里，研究和项目工作，特别是全球和平新闻中心，已经证明了和平新闻在改善许多领域的报道方面的效用——选举和政治；和解；犯罪；竞赛；内乱；移民；等等。在这些领域中，传统新闻业都存在不足；在每一个领域，和平新闻都为如何更负责任地报道提供了宝贵的指导。

一个说明传统媒体缺点的例子。在报道"黑人的命也是命"（以下简称"BLM"）抗议活动时可以发现，社会因此发生了大规模抗议运动和公民动荡。2020年对BLM抗议活动的报道经常出现政治两极化，右翼媒体用煽动性的语言妖魔化抗议者，错误地将抗议活动描述为严重的暴力活动。这在《华盛顿邮报》（*Washington Post*）的一项研究中得到了详细说明，福克斯新闻（Fox News）提到暴乱或骚乱者的次数是CNN的6倍，是微软全国有线广播电视公司（MSNBC）的近8倍（Bump，2020）。据作家菲利普·邦普（Phillip Bump）：

> 这表现得非常明显。之后不久，特朗普去了圣约翰教堂（St. John's Episcopal Church）（六月），在一场和平抗议被安全官员强制清除后，福克斯新闻的塔克·卡尔森（Tucker Carlson）几乎没有提到这一点，他只是在花了几分钟详细描述零星的暴力和破坏行动后，认为这是一个强大的时刻。不仅仅是主题，这些提到的焦点和语境也是如此。（Bump，2020）

保守派媒体（conservative media）强调抗议者的暴力和骚乱，而自由派媒体（liberal-leaning media）则倾向于强调警察的暴力。全球和平新闻中心在2020年5月底和6月初对四家报纸——两家保守主义和两家自由主义——进行了一项研究，"警察暴行"（police brutality）一词被自由派媒体使用得更为频繁，5月25日至6月2日，《纽约时报》和《华盛顿邮报》博客共提到"警察暴行"292次，而同一时期《华盛顿时报》网站（WashingtonTimes.com）和《华尔街日报》（Wall St. Journal）博客共提到37次。这项研究还研究了"警察系统性种族主义"（police systemic racism）一词，发现《纽约时报》和《华盛顿邮报》博客上总共提到了该词70次，而《华盛顿邮报》网站和《华尔街日报》上总共提到了13次。（Youngblood，2020）

在对小型美国激进势力组织的报道中，同样的党派模式也很明显。根据《卫报》（Wilson，2020）的说法，美国激进势力组织是一种"去中心化革命自卫"的松散运动，"并不是作为一个独立的实体而真正存在"。右翼媒体和唐纳德·特朗普（Donald Trump）都错误地将此组织描述为乔治·弗洛伊德（George Floyd）抗议活动的主要组织者，以及抗议期间的骚乱源头。福克斯新闻网（FoxNews.com）的一篇文章大肆鼓吹，"美国多个城市本周末将迎来更多的示威和暴力骚乱，在周日又一个无法无天的夜晚之后，上周末的暴力骚乱一直持续到周日凌晨，美国激进势力组织和民兵组织准备与警察和反抗议者进行进一步战斗"（Sorace 2020）。

对美国激进势力组织（Antifa coverage）的报道不仅具有煽动性，而且无处不在。《华盛顿邮报》引用的一项研究显示，福克斯新闻提到激进势力组织的次数几乎是CNN的5倍，是MSNBC的3倍（Bump，2020）。然而，对于激进势力组织的报道是误导性的，甚至是虚假的，因为该组织与抗议相关的暴力没有任何关系。根据FBI的说法，"没有证据或进展表明该组织（美国激进势力组织）有任何暴力或破坏行动"（Lee，2020）。此外，路透社（Reuters）查阅了与抗议活动有关的联邦指控文件，发现"根本没有所谓的暴力行动"被归咎于该组织（Lynch et al.，2020）。

和平新闻为如何改善对抗议和内乱的报道提供了宝贵的见解。这将包括对对方的尊重和移情报道（左翼人士，警察，右翼人士，BLM抗议者），以及给予更多的和平缔造者——比如亚特兰大说唱歌手迈克（Killer Mike）——一个著名的声音。迈克由于为社会正义发出感人而有力的呼吁而迅速走红，并被CBS（哥伦比亚广播公司）和其他媒体报道（Cohen，2020）。在报道抗议活动时，和平新闻的记者会对抗议者和警察提出不同看法。这意味着记者要摒弃不准确的刻板印象（stereotypes），比如"所有警察都是种族主义者"或"所有抗议者都是暴徒"。党派媒体（Partisan media）应该提供更诚实的报道，少一些迎合（例如，"激进组织像妖怪"等）的报道。内乱报道（Civil unrest reporting）必须以一种能够反映出绝大多数抗议者确实是和平的方式进行。最后，和平新闻的记者将带着解决方案和和解的思想进行报道，并领导社会讨论如何开始治愈。

传统媒体报道另一个不足的领域是对于移民的报道，包括移民、国内流离失所者和难民。对这些群体的报道往往是片面的、负面的和扭曲的。关于难民、寻求庇护者、移民和国内流离失所者最糟糕的报道往往是种族主义和排外的报道。在世界范围内，此类报道比比皆是，其中包括土耳其媒体（Turkish media）对叙利亚难民（Syrian refugees）的误传、寻找替罪羊和仇外报道，难民往往被描述为罪犯、疾病携带者和负担。一项对土耳其报纸的研究表明，基于权利的分析报道（与流行的关于难民犯罪或难民造成的问题的偶发报道相反）的177篇新闻文章中有11篇是被限制的。此外，在33个意见栏中，有30个被评估为对难民有偏见，而在这177篇新闻文章中，只有3篇引用了叙利亚难民的意见（Ince，2015）——这与抬高边缘声音的做法恰恰相反。

同样的负面叙述也出现在美国媒体（U. S. media）关于叙利亚难民的报道中，他们经常被描述为"涌入美国"，"偷走美国人工作"，"渗入美国"，"孵化恐怖主义计划"（Youngblood，2016：154-157）。

这些肤浅的、煽动性的刻板印象也可以在美国媒体对墨西哥和中美洲移民的报道中找到。一个例子是对2018年秋季从中美洲穿越墨西哥的移民"大篷车"（caravan）的报道。全球和平新闻中心的一项研究显示，负面的空话充斥着这些报道：根据一项调查，男性对移民的负面评价多于正面评价，而且新闻媒体夸大了中美洲移民构成的"威胁"。全球新闻和平中心对2008年10月以来的新闻报道进行的一项调查显示，在报纸上（2773篇文章），负面提及的文章比同情提及的文章增加了一倍多；而在广播文字记录（1444个故事）中，负面提及的故事比同情提及的故事多约25%。负面词语包括"汹涌""威胁""洪水""流动""罪犯""力量""非法""危机"。搜索到的同情移民的词语包括"贫穷""庇护""饥饿""脱水""生病""苦难""移民""贫困""谋杀率"。报纸和广播中使用最多的负面词语是"非法的"，这一词语出现在26%的广播和58%的新闻报道中（Youngblood，2018a）。

美国有线电视新闻网（CNN）的一篇报道呼应了这些关于2018年移民大篷车报道情况的发现，该报道指出：一项对电视和网络内容的评论显示，"入侵"和"入侵者"是如何在2018年成为一个讨论焦点的——不仅是在网络最黑暗的角落，在福克斯新闻的黄金时段节目上也是如此。该网络的竞争对手CNN和MSNBC在解释右翼叙事时使用了"入侵"一词。在洪都拉斯新移民大篷车组建的几天内，福克斯新闻的主持人和共和党国会议员（Republican congressmen）就开始使用非人的语言，把移民说成迫在眉睫的威胁。事实上，最近的商队距离最近的美国入境港大约有1600公里，许多移民表示，他们希望通过合法途径寻求庇护。

> 根据不公开的字幕记录，福克斯新闻10月份用"入侵"（invasion）一词指代这支大篷车队伍的次数超过60次。（包括重复播放的节目）"入侵"被提到十几次。(Stelter, 2018: n. p.)

负面移民报道的一个后果是造成人们对外来者的恐惧——仇外情绪（xenophobia）。"一旦你触动了这条线，这个触发器，这个提示，你是'我们 vs. 他们'（us vs them）的一部分，就好像整个大脑在如何看待人的问题上重新协调起来，"纽约大学心理学家杰伊·范·巴维尔（Jay Van Bavel）说（Resnick，2018，para.9）。此外，对他人的恐惧导致对"他们"（them）的非人化。在一些实验中，心理学家可以让参与者把"局外人"（outsiders）评价为具有更少的人类品质。"这就是我们所说的过度排斥偏见，"哈佛大学研究团体间冲突的心理学家米娜·西卡拉（Mina Cikara）说（Resnick，2017，para.11）。应用框架理论（framing theory）等方法报道移民，可以通过选民对领导人的直接压力，或通过使领导人能够制定严厉的反移民政策而不产生政治后果，从而影响公共政策。

正如《和平新闻原则和做法》所指出的，和平新闻可以用来对难民和移民提供更负责任的报道。书中阐述的移民报道准则包括：不使用依赖或强化刻板印象、种族主义、性别歧视或仇外心理的语言或图像；实事求是地调查和报道难民的故事，揭露刻板印象，挑战消极的故事；使个人和群体的故事人性化，特别是那些能说明更大统计数字或趋势的故事。

比较：和平新闻与传统新闻

从《和平新闻》（Lynch & McGoldrick，2005）的同一篇报道的两个版本中，我们可以看到和平新闻与传统新闻的不同之处。

传统的"战争"报道

斯科普里，合众国际社（Skopje，UPI）——在阿尔巴尼亚叛军屠杀八名警察并且肢解其尸体后，旨在结束北马其顿冲突的和平谈判在昨晚陷入一片废墟。一名发言人说，这起暴行发生在韦切山村，一支警察巡逻队遭到机关枪和火箭弹射击。另有六人受伤，三辆汽车被毁。

他说，这些尸体被用刀割开，还有一名男子的头被砸碎。这次袭击被认为是来自泰托沃附近山区的国家自由党恐怖分子所为。民族解放军（NLA）的一位政治领袖阿里·阿赫麦提（Ali Ahmeti）说，他的手下开枪可能是"自卫"。（Lynch & McGoldrick，2005：58）

从各方面看，这都是一份传统的报道。首先请注意作者是如何用煽动性的评论开始叙述，即和平谈判"已成废墟"。如果和平谈判真的是一片废墟，这是读者自己应该做出的决定。一位和平新闻记者会问：这种报道的后果是什么？这能让和平有更多可能还是更少？如果和平是不可能的，那么人们可能从逻辑上得出这样的结论：暴力和战争是唯一可行的解决办法。这个故事也是不平衡的，它在很大程度上基于一个政府来源的声明（宣传？），也没有注意可能会煽动情绪的语言。

这是同一个故事，只是框架不同。

和平新闻故事

斯科普里，合众国际社（Skopje，UPI）——在一支警察巡逻队丧生8名男子后，北马其顿各政府派别都对此表示谴责。代表该国少数民族阿尔巴尼亚人的两个主要政党都与杀戮保持距离，认为这是自封的民族解放军所为。阿里·阿赫麦提（Ali Ahmeti）说，他们开枪可能是"自卫"。但北马其顿政府表示，他们没有采取任何行动来挑衅机关枪和火箭弹，这些武器摧毁了三辆卡车。一名发言人补充说，这些尸体似乎是被刀割开的，且有一名男子头骨塌陷。（Lynch & McGoldrick，2005：58）

这个故事最好是平衡的，让冲突双方都能从故事叙述中获得一些代理权。首先请注意，作者是如何强调一个一致的领域，而不是绝望的——谴责暴力。虽然这些暴力行为没有被忽视，但它们也没有被炒作。不精确的、情绪化的语言已经消失了。这个故事比较平衡，并不是政府发言人所说的福音真理。

在《纽约时报》（*New York Post*）的第二个例子中，我们看到了传统新闻和和平新闻在校园枪击事件后进行报道的不同之处。

传统报道

名誉扫地的副警长被佛罗里达校园枪击案的失败所困扰

据报道，当一名杀手在马乔里·斯通曼·道格拉斯高中（Marjory Stoneman Douglas High School）出没时，佛罗里达州一名臭名昭著的治安官副手一直待在学校外面，在大屠杀发生后的90天里，他一直在想自己为什么没能挽救生命。

从情人节帕克兰学校（Parkland school）袭击事件开始——17人死亡和17人受伤——斯科特·彼得森（Scot Peterson）失去了他在布劳沃德县治安官办公室的工作，被当地媒体称为"布劳沃德的懦夫"，并被一位女儿死于枪击的家长告上了法庭。

据报道，他现在大部分时间都躲在和女友合住的复式公寓里，随身携带运动探测器，前门用单子盖住，反复播放枪击事件的每一分钟。

他重新观看了监控录像，阅读了目击者的证词，研究了几十页的文件，试图找出到底发生了什么。在枪击事件发生之前，这位前学校治安官员的主要工作是追查偷来的手机、没收大麻，并制止偶尔发生的斗殴……

彼得森参加了关于学校枪击事件的年度会议，上了一门关于如何对抗活跃枪手的课程，并为教师提供了防范培训——但在那一刻，他不知道该如何反应。（Lapin, 2018）

这是一篇传统的耸人听闻的新闻报道。它使用煽动性的语言（"屠杀""可耻的""懦夫""在大厅里鬼鬼祟祟"等）。它力图从最坏的角度来描述代理人（"隐藏"），抨击他的动机和资格（"追查手机"），对他的行为没有其他解释。这篇文章对读者来说没有什么价值，除了激起人们对这名治安官的仇恨,这名治安官实际上是被这篇文章审判和定罪的。

下面是同一个故事的不同版本,是把《华盛顿邮报》的文章和《今日美国》(USA Today)随后同一主题的另一篇文章拼凑在一起的。

和平新闻故事

副警长质疑他在佛罗里达校园枪击案件中的行为

据报道,在枪击事件发生后的90天里,在马乔里·斯通曼·道格拉斯高中执勤的佛罗里达治安官副手一直在质疑他的行为。

有报道称,枪击案发生时,斯科特·彼得森(Scot Peterson)仍在学校外面。

自从情人节帕克兰学校(Parkland school)枪击案发生后——17人死亡17人受伤——彼得森失去了他在布劳沃德县治安官办公室的工作,并被一位女儿在枪击中丧生的家长起诉。

据报道,他现在大部分时间都待在和女友合租的复式公寓里,反复播放枪击事件。他重新看了监控录像,阅读了目击者证词,研究了几十页证词。

此前,彼得森参加了有关校园枪击事件的年度会议,上了一门如何应对活跃枪手的课程,并为教师提供了防范培训。

彼得森的律师约瑟夫·迪鲁佐(Joseph Diruzzo)表示,他的当事人已经成为学校枪击事件的替罪羊。范德比尔特大学社会学教授乔纳森·梅茨尔(Jonathan Metzl)补充说:"关注一个人的行为会增加忽视对大规模枪击事件影响更大的系统性问题的风险。"(Bacon,2019)

注意这个故事的不同之处,从标题开始。煽动性的语言消失了,指责和诋毁的语气也消失了。"质疑他的行为"的角度仍然存在,但没有耸人听闻。它提供了一种更平衡的方法,以及另一种观点,即彼得森只是一个替罪羊。报道中包括了彼得森的背景信息，但没有"他不知道该如何反应"的贬低性评论。特别重要的是，关于"系统问题"（systemic issues）的最后一段话提醒读者，除了一名学校治安管理人员的行为外，这件事还有许多因素在起作用。

和平新闻的需要

传统的报道激起冲突，利用或加深社会分裂从而造成扭曲，并使刻板印象永久化，同时忽视解决方案和和解的可能，这表明了和平新闻的必要性。

我们已经看到了一些关于 BLM 支持测试和移民的煽动性报道，并呼吁和平新闻解决方案。当然也有许多传统媒体为和平新闻辩护的例子。最突出的例子是 2003 年美国入侵伊拉克之前的不负责任的报道。那么，这报道怎样不负责任呢？

首先，这篇入侵前的报道是支持战争的。大约 2/3（64%）的新闻来源支持战争。此外，71% 的美国直播嘉宾表示支持战争。反战的声音很少：只有 10% 的消息来源，其中包括 6% 的非伊拉克消息来源和 3% 的美国消息来源（Rendall & Broughel，2003）。

其次，在伊拉克战争前的报道中出现了不准确的报道，支持当时的总统乔治·W. 布什（George W. Bush）政府为这场战争辩护。"从全国性报纸、电视网络到杂志，每一个主要新闻机构都在某种程度上串通一气，向公众兜售虚假信息，从萨达姆·侯赛因（Saddam Hussein）称拥有可怕的大规模杀伤性武器，到虚构的伊拉克政府和基地组织之间的联系，"CNN 这样写道（Waldman，2013：n. p.）。《纽约时报》将报道的不足归咎于他们依赖可疑的反伊拉克政权消息来源。《纽约时报》甚至承认，他们"上了这些流亡人士虚假消息的当"（New York Times，2004：n. p.）。

和平新闻记者对伊拉克战争的报道将会大不相同。他们会用一种更加中立的立场取代传统报道的亲战争倾向，会包括更多反战的声音和对政府亲战争宣传的怀疑。和平新闻也会寻求引导社会讨论以非暴力方式处理伊拉克问题，而不提倡任何一种解决方案，不管是和平的还是其他的。

电视广播上的煽动性报道，有时被称为仇恨电台，也有助于和平新闻的辩护。最臭名昭著的例子是卢旺达的米勒斯·科林斯自由电台（Radio Télévision Libre des Milles Collines），该电台因在1994年种族灭绝期间的反图西族（anti-Tutsi）广播而臭名远扬。1994年4月，米勒斯·科林斯电台（Radio Milles Collines）号召发动一场"消灭蟑螂"的"最后战争"。它在组织民兵、公布被杀人员名单以及最重要的煽动仇恨方面发挥了作用。"事实上，所有的图西人都将灭亡。他们将从这个国家消失……他们正在一点点消失，这多亏了袭击他们的武器，但也因为他们正在像老鼠一样被杀死。"（BBC News Online，1999）遗憾的是，卢旺达并不是一个孤立的事件，2007年的肯尼亚，2009年的乌干达和2014年的南苏丹都有媒体引发或加剧暴力事件的例子（Youngblood，2016）。

仇恨媒体的活动并不局限于非洲。在美国，保守派电台煽动了种族骚乱和对西班牙裔的刻板印象等。在2012年一份名为《美国仇恨电台》（*American Hate Radio*）的报告中，全国西班牙裔媒体协会（the National Hispanic Media Association）援引了对三个右翼电台节目内容的研究成果，这三个节目分别是《卢·多布斯秀》（*The Lou Dobbs Show*）、《野蛮民族》（*Savage Nation*）和《约翰和肯秀》（*The John and Ken Show*）。研究人员发现了148个针对弱势群体的言语实例；关于这些群体的42项未经证实的指控；13个分裂性语言的例子；101个与本土政治主义有关的术语（National Hispanic Media Association，2012）。最近的仇恨言论例子包括两名电台主持人被停职，他们称美国第一位锡克教律师为"头巾人"（turban man）（Murphy & Simko-Bednarski，2018），以及许多针对福克斯新闻主持人肖恩·汉尼蒂（Sean Hannity）的仇恨言论的指控，还有塔克·卡尔森（Tucker Carlson）和劳拉·英格拉姆（Laure

Ingraham），后者因说移民摧毁了"我们所热爱的美国"而受到批评（Durkin，2018）。

当传统媒体不煽动仇恨和暴力时，它们的报道方式会扭曲事实，在观众中制造错误印象和不必要的恐惧。在《恐惧文化》（*The Culture of Fear*）中，巴里·格拉斯纳（Barry Glassner）研究了新闻报道中媒体制造的现实差距，这种差距促进了"不当的恐惧"（Glassner，1999：xxvii）。他引用了一些描述危险的例子，这些危险被过度夸大，在人们感知到的危险和现实之间造成了差距。格拉斯纳分析了媒体对一些统计上罕见的事件的夸大，如儿童绑架、道路暴怒、万圣节糖果中毒、乳房植入物泄漏和飞机事故，并确定这些夸大使观众产生不必要的恐惧（Glassner，1999）。

这种恐惧文化可以从美国媒体对 2014 年埃博拉"危机"（Ebola "crisis"）的过度炒作中看到：

> CNN 实际上邀请了一位在 20 世纪 80 年代写过一部埃博拉惊悚片的小说家，来炒作关于病毒传播的毫无根据的恐惧……当然，助长埃博拉错误信息文化的是福克斯新闻……福克斯新闻的伊丽莎白·哈塞尔贝克（Elisabeth Hasselbeck）要求我们封锁这个国家，禁止所有出入……福克斯电视台主持人史蒂夫·杜西（Steve Doocy）暗示 CDC（疾病防控中心）在埃博拉问题上撒谎，因为他们是"（奥巴马）政府的一部分"。福克斯还宣传了一个阴谋论者，他试图声称疾控中心在撒谎，但他们提醒人们不要恐慌。（Boehlert，2014）

和平新闻记者不应在恐惧中进行交易，而是应该在报道中寻求适当的比例，并提供正确的背景，说明儿童遭遇陌生人绑架、飞机失事和感染埃博拉等的极小可能。传统媒体夸大的报道，再加上充满暴力的战争新闻和充满煽动性的仇恨言论，为和平新闻的存在价值提供了有力的依据。

和平新闻理论

和平新闻的理论基础可以从传播学和和平研究两方面找到。除了前面提到的议程设置（agenda setting）和框架理论，另一个适用的传播理论是批判现实主义（critical realism）。林奇写道，"和平新闻是关于报道冲突的批判现实主义理论"（Lynch，2016）。批判现实主义被汤姆·赖特（Tom Wright）描述为"一种'认识'过程的方式，这种过程承认已知事物的现实，而不是认识者（因此被称为'现实主义'），同时充分认识到，我们通过这个现实的唯一途径是在认知者和已知事物之间进行适当的对话或交往（因此是'批判'）"（The Tablet，n.d.，para.1）。正如我们所知，和平新闻就是要以一种"适当"的方式促进这种对话，既不煽动，又能让和平缔造者发出声音。林奇说，从批判现实主义的立场观点来看，新闻仍应被视为代表除了自身的东西的"报道的事实"，尽管在几乎所有情况下，这些事实在记者接触时就已经被媒介化了，更不必说读者和受众接触的时候了（Lynch，2006：35-36）。

同样，和平新闻也采用选择性曝光理论（selective exposure theory）。选择性曝光理论的基本假设是，人们以一种具有选择性的方式暴露于外部刺激。当涉及大众传播领域时，这意味着人们选择某种类型的媒体内容，而回避其他类型的媒体内容。这一点很重要，因为人们只能受到他们真正接触到的媒体信息的影响。因此，选择性曝光理论强调个体在媒体内容选择中的积极作用（Brosius & Peter，2017；Festinger，1962）。

更详细地说，媒体消费者倾向于待在自己的意识形态圈子里。根据一项研究，47%的自认为保守的人主要依靠福克斯新闻获取信息（Mitchell et al.，2014）。鉴于这种选择性的曝光，和平新闻的原则变得更加重要，因为和平新闻鼓励平衡、细致的报道，希望帮助新闻消费者打破他们的泡沫，以多维的方式思考问题。

和平理论（Peace theory）也是和平新闻原则的基础。如前所述，加尔通积极的和平理念为记者应该报道什么提供了指导——创造和维持和平社会的态度、机构和结构。

此外，和平新闻记者还需要意识到他们有责任引导社会讨论加尔通所引入的两种很少被考虑到的暴力类型——结构性暴力和文化暴力。结构性暴力是指制度化的、可能伤害公民并妨碍他们满足基本需求的社会条件。《和平新闻原则与实践》概述了这些条件，包括社会压迫、歧视、边缘化、性别歧视、种族歧视和经济不公正（Youngblood, 2016：15）。文化暴力是"文化的那些方面，我们存在的象征性领域——以宗教和意识形态、语言和艺术、经验科学和形式科学为例——可以用来证明或合法化直接或结构性的暴力"（Galtung, 1990）。

结构性暴力和文化暴力与和平新闻实践之间的联系是显而易见的。在《和平新闻原则与实践》中，作者指出："和平新闻记者，以及所有负责任的记者，必须讨论和揭露包括结构性暴力在内的性别歧视、种族主义和经济歧视等情况，而不是仅报道这些情况导致的直接暴力（如骚乱）。"结构性暴力报道需要一种细微差别和背景，而这正是和平报道的基本原则——毕竟，这种报道寻求的是加尔通的"积极和平"（positive peace）（Youngblood, 2016：16）。

和平新闻的辩论

自诞生以来，和平新闻一直受到来自学者和媒体从业人员的批评。一种批评是针对这个词本身，尤其是"和平"这个词。在《和平新闻》，林奇和麦戈德里克承认，"和平新闻"这个词并不是对每个人都有吸引力，而且确实会被误解为对和平的公开倡导和对广泛持有的新闻客观性概念的抛弃。林奇和麦戈德里克写道，"和平新闻"一词的力量在于他能够"激发、动摇并通过（新闻）传统、假设和定义的沉淀层发出地震般的能量"（Lynch & McGoldrick, 2005：21）。

同样，一种经常被重复的对和平新闻的批评是错误的印象，即由于概念包含"和平"一词，认为和平新闻记者放弃了客观性而积极促进和平。

让我们首先通过定义客观性来解决这个误解。《哥伦比亚新闻评论》（Columbia Journalism Review）写道：

> 问十个记者什么是客观性，你会得到十个不同的答案。有些人，比如《华盛顿邮报》的编辑莱纳德·唐尼（Leonard Downie），对它的定义非常严格，以至于他们拒绝参与投票，以免被迫选边站。爱荷华州立大学新闻学教授迈克尔·布杰贾（Michael Bugeja）则给出了一个简洁的定义："客观是看到世界的本来面目，而不是看到你希望的样子。"（Cunningham, 2003: n. p.）

和平新闻记者在报道世界时是否"如他们所愿"？有些人认为是的。在伦敦举行的一个和平媒体会议上，一位媒体史教授抨击和平新闻缺乏客观性，并为许多批评者发声：

> （这位吹毛求疵的教授）以一声惊叫打断了一场关于乔治·奥威尔（George Orwell）的讨论："乔治·奥威尔不是和平新闻记者；他是个地道的记者！"这位名叫简·西顿（Jean Seaton）的教授后来在一次问答活动中解释说，奥威尔是一个"合适的"记者，因为他只关心描述真相，而不囿于某种特定的意识形态，比如和平。对西顿来说，这是"恰当的"新闻报道的角色，客观的报道，因为（正如她在当天早些时候的讲话中所指出的）新闻报道应该是一个"非道德的"过程。（Baum, 2011: n. p.）

和平新闻的捍卫者既不同意非道德新闻的概念，也不同意和平新闻必然意味着记者与和平"挂钩"并因此促进和平的想法。加尔通把和平新闻报道不客观的说法称为"无稽之谈"（nonsense）。他说："我不会指责一个战地记者鼓吹战争。战争（传统）新闻只是关于战争的新闻。和平新闻记者不倡导和平，他们报道和平。"（Youngblood，2016）此外，他说，"如果有人提出和平建议，他们应该在没有主张的情况下报道它"——也就是说，在报道它的同时保持客观。

和平新闻效果研究

研究表明，读者对和平新闻框架的文章反应积极。在《和平记者》（*The Peace Journalist*）杂志发表的一篇文章中，林奇提到了他和安娜贝儿·麦戈德里克（Annabel McGoldrick）进行的一项为期三年的研究，该研究以威廉·肯普夫（Wilhelm Kempf）的研究成果为基础。肯普夫研究了德国新闻报纸21世纪00年代中期对巴尔干地区冲突的报道，并使用问卷调查来测量读者对被他称为"升级导向"（escalation-oriented）或"降级导向"（de-escalation-oriented）的报道的反应。后者可以被描述为和平新闻框架（peace journalism framings），其读者"更容易接受对冲突问题做出'合作'反应的建议。同样重要的是，他们喜欢他们正在读的东西"（Lynch，2012）。

在肯普夫的指引下，林奇和麦戈德里克进行了一项新的研究，在澳大利亚、菲律宾、墨西哥和南非的焦点小组中，他们向观众展示了关于同一事件的两个电视新闻故事（一个传统的，一个和平新闻），然后询问他们的反应。林奇写了他们在南非进行研究时的故事：

> 和平新闻版（关于轮奸的故事）的观众们很震惊，并对遭受轮奸的年轻女子感到遗憾。但他们不太可能将问题"外化"：责备"那边的人"做了这件事，并把惩罚反应视为解决方案……（总体而言）我们的研究表明，和平新闻是有效的。它确实促使观众对关键的冲突问题有不同的理解，更容易接受非暴力的回应。（Lynch，2012）

林奇、麦戈德里克和詹姆斯·希瑟斯（Jams Heathers）在 2015 年发表了第二项研究。他们对观看了不同版本新闻报道（一种和平新闻，一种传统战争新闻）的观众进行了实验。在实验中，受试者完成了一份认知问卷和两项旨在揭示他们情绪变化的测试。在观看期间，他们还进行了血容量脉搏测量，从中计算他们的心率变异性（HRV）（Lynch & McGoldrick, 2015）。研究结果表明，生理方面的结果与问卷调查结果相关联，"和平新闻观众显示出更大的希望和同情心，而战争新闻观众显示出更多的愤怒和悲伤"。林奇又补充道：

> 结果……表明媒体框架对电视新闻观众的认知和情感反应的影响程度，并可作为和平新闻战略目标的验证，即促使读者和观众考虑和重视对冲突的非暴力反应。（Lynch & McGoldrick, 2015）

以和平新闻为主题的故事不仅能引起观众的共鸣，使他们在身体上和精神上重视非暴力，研究还发现，和平新闻项目本身是有效的。

2010~2011 年乌干达开展了一项为期一年的重大和平新闻项目，其目标是在 2011 年选举之前、期间和之后防止媒体引发或加剧暴力。该计划包括为记者举办约 50 次研讨会、成立当地和平社、公益广告（PSA）运动等。2011 年 2 月乌干达选举展开时，根据对全国媒体的全面调查、电子欺诈报告系统和轶事证据的测评，没有媒体引发或加剧暴力事件（Youngblood, 2013）。因此，和平新闻项目可以以其自身公认的有限的方式对积极的和平做出贡献。

媒体中的和平新闻

有许多例子显示和平新闻被用作积极变革的工具，例如一些记者在报道移民时运用和平新闻原则。尽管有一些扭曲的、歇斯底里的报道，但从《纽约时报》的尼古拉斯·克里斯托夫（Nicolas Kristof）的文章和观点专栏中，仍然可以看到富有洞察力、富有同情心的难民报道，这些报道反映了和平新闻的最佳做法。例如，2015年12月5日的《对难民歇斯底里，但对枪支视而不见》(Hysteria about Refugees, but Blindness on Guns)；2018年5月30日的《特朗普移民政策从可恶转向邪恶》(Trump Immigration Policy Veers from Abhorrent to Evil)；2018年4月25日的《特朗普为什么残酷对待移民孩子?》(Why Does Trump Treat Immigrant Kids Cruelly?)。

也有许多记者在报道选举和政治时运用和平新闻主义原则的例子。在美国，普利策奖得主《政治事实》(PolitiFact)倡导事实核查，"为公民提供他们在民主政体中管理自己所需的信息"。最近的帖子包括一些被揭穿的言论，称有20万人在2018年佛罗里达州中期选举中非法投票，以及共和党在2018年众议员中期选举中的表现超过了历史上的先例("About us", 2018)。

此外，在东非可以找到使用和平新闻原则的可靠、非煽动性的选举报道。根据观察人士以及由帕克大学和平新闻学学生进行的一项小型研究，肯尼亚媒体在2013年3月选举之后通常进行和平新闻报道，该研究证实肯尼亚记者实行和平新闻主义。这项研究使用了一种基于和平新闻主义原则的内容分析方法，调查了肯尼亚3月选举后的35篇媒体报道。大多数报道（51%）被评为和平新闻，而只有9%被认为是传统/战争新闻，因为它们的煽动性（Youngblood, 2013）。

> 在肯尼亚和乌干达，记者在报道2013年和2011年选举时使用的和平新闻技巧，与这些地区此前的选举报道形成了鲜明对比。此前，这些地区的选举报道经常引发暴力，加深了传统的集团间敌意对抗。以肯尼亚为例，此类报道引发了各民族之间的暴力冲突，导致1400人丧生。(Brownsell, 2013)

在美国媒体对内乱的报道中，也有许多和平新闻风格的报道，包括在

2020年乔治·弗洛伊德被谋杀后的平衡、翔实的报道。6月1日星期一，即最大周末抗议活动的第二天，许多报纸选择负责任地、准确地报道抗议活动，而不是暴力活动，因为和平抗议者的人数远远超过暴力抗议者。许多媒体的头版都刊登了和平抗议者的照片，旁边的标题是"随着示威活动加剧，美国正立于悬崖边"（《华盛顿邮报》）；"又是不安的一天"（《亚特兰大宪法报》）；"双重危机和汹涌的愤怒震撼着美国"（《纽约时报》）；"反对警察暴行的地区抗议持续到第三天"（《沃斯堡星报》）。此外，也有许多优秀的、和平新闻风格的、无声胜有声的故事解释了黑人的生命也是重要的（有色人种的危险），例如美国国家公共电台（"改变可以发生：黑人家庭对种族主义、希望和养育子女的看法"）；以及《华盛顿邮报》（"一个8岁的孩子组织了他自己的'黑人的命也是命'抗议活动。数百人与他并肩而行"）。

《和平新闻原则与实践》中记录了其他关于内乱和种族的模范和平新闻风格的故事。

在报道2014年密苏里州弗格森市警察开枪打死手无寸铁的18岁非裔男子迈克尔·布朗（Michael Brown）后发生的暴力内乱时，一份分析报告指出，"圣路易斯公共广播电台（St. Louis Public Radio）在捕捉弗格森真实面貌方面都做的很好，它没有把弗格森变成一个'战场'。上周，它推出了一个名为'这是弗格森'（This is Ferguson）的新系列，讲述了当地居民分享的这个城市不为人知的故事"（Youngblood，2016：61）。与此同时，《纽约时报》（2014）发表了一篇精彩的文章，讲述了弗格森如何从其他三个曾发生暴力骚乱的美国城市吸取教训，收获治愈和和解。（Youngblood，2016：62）。

在报道美国的种族问题时，一个以坦率、富有成效的反叙事报道为特色的媒体渠道是美国国家公共广播电台的种族博客和网站：http://www.npr.org/sections/race/。美国国家公共广播电台的种族博客采取了不同的方式，超越了一步步的描述，并解决了障碍，包括具体的和态度上的。这些障碍常常阻碍人们对种族问题进行更具有实质性的讨论。网站上的文章包括"五颜六色的芭蕾舞者欢迎新的颜色,因为主要的鞋类供应商多样化了"和"仇恨是否有治疗方法?"(NPR,2018)。

此外,《纽约时报杂志》(*The New York Times Magazine*)还发表了其他一些关于赔款(以及更广泛的种族和解问题)的经过深思熟虑的、详尽的文章:《是赔款的时候了》("It is Time for Reparations");《大西洋月刊》(*The Atlantic*);《赔款案》("The Case for Reparations")、《种族主义如何在美国制造种族》("How Racism Invented Race in America")、《赔款的不可能》("The Impossibility of Reparations");《赫芬顿邮报》(*The Huffington Post*)《非洲裔美国人赔偿的新案例》("A New Case for African-American Reparations");果壳网(Gawker)《赔款会是什么样子》("What Reparations Could Look Like");博客网站 DailyKos《赔款和谈论种族》("Reparations and Talking About Race");以及其他许多文章(Youngblood,2016:199)。

最后,再举一个例子:《卫报》拥有一个完整的在线资源库,专门提供关于发展中国家和平与和解的新闻、评论和特写(https://www.theguardian.com/global–development/peace–and–reconciliation)。2020年7月其重点报道的故事包括"阿富汗袭击突显了和平谈判人员面临的挑战的规模"和"联合国敦促暂停计划,撤出苏丹维和人员"。

和平新闻的未来

在我们考察和平新闻的未来时,一个良好的起点是讨论阻碍其实施的障碍。和平新闻的障碍存在于各处,但在每个国家又是不同的,有时这种障碍甚至存在于一个国家的地区之间。在中东,耶路撒冷哈达萨学院(Hadassah College in Jerusalem)教授多夫·希那尔博士(Dov Shinar)说,"主要的障碍……是:该地区的社会、宗教、意识形态、政治、文化和心理状况,以及媒体组织和专业人士对战争和暴力的偏好,反映和放大了地面上的暴力"(Youngblood,2016:227–228)。

在北爱尔兰,贝尔法斯特女王大学(Queen's University Belfast)教授约翰·布鲁尔（John Brewer）博士说，和平新闻工作面临两大障碍。"首先，尽管政治改革取得了进展，但社会在宽容和妥协方面缺乏进展。其次，有力的少数人的意图，被媒体给予足够的关注，他有意冒犯，也准备采取冒犯进攻。他们的代表不喜欢和平进程的结果。"（Youngblood，2016：229）

在印度控制的克什米尔地区，"任何与'和平'有关的事情的第一个障碍就是对它的警惕。当我们想开始'和平新闻'课程时，我们目睹了这一点。学者和记者都认为，'冲突敏感报道'（conflict-sensitive reporting）或任何其他术语都比'和平新闻'更可取。这是因为'和平'是一个用克什米尔的行话来说，在政治上变得如此超载的词语，人们已经开始将其视为理想的而不是一个可实现的目标，"阿瓦恩蒂波拉的伊斯兰科技大学（Islamic University of Science and Technology）教授沙扎娜·安德拉比（Shazana Andrabi）博士说（Youngblood，2016：229-230）。

在北塞浦路斯，东地中海大学（Eastern Mediterranean University）教授梅廷·埃尔索伊（Metin Ersoy）博士表示，记者和新闻专业学生的知识缺乏造成了障碍。在肯尼亚，朗格大学（Rongo University College）学院高级讲师，传播新闻和媒体研究系主任、媒体民主和平与安全中心创始主任弗雷德里科·奥根加（Fredrick Ogenga）博士表示，肯尼亚媒体的报道"缺乏细微差别"，冲突故事"经常被耸人听闻地报道和歪曲报道"。媒体经常将冲突的一方描述为受害者或输家，而将另一方描述为赢家，从而引发更多暴力（Youngblood，2016：230-231）。

和平新闻工作的另一个障碍是非公共新闻媒体的营利性质，它们的大部分收入来自广告。它们收取的广告费用取决于受众的人口特征，以及收视率（电视和广播）、观看量和点击量（线上平台）、发行量（印刷媒体）。这种基于广告的媒体模式，"创造了一种观众的数量比观众是否喜欢报道更重要的偏见……判断新闻机构的主要指标是他们的收视率，他们获得的页面浏览量，或者他们卖出的份数"（Anand，2017）。可以理解，这导致了阿南德（Anand）所说的"对收视率的痴迷"。鉴于这种定位，新闻媒体本能地倾向于对事件进行"逐条报道",以获得更高的收视率。例如,2015年俄勒冈州罗斯堡社区学院枪击案(CNN观众增加了87%,福克斯新闻观众增加了27%)(Battaglio,2015);2018年佛罗里达州帕克兰校园枪击案(CNN市政厅超过竞争对手,吸引了300万观众)(Katz,2018);2015年巴黎《查理周刊》(*Charlie Hebdo*)遇袭(与袭击前一周相比,观看有线电视的观众增加了153%)(Kissell,2015)。

地方电视台也很注重收视率。例如,肯塔基州路易斯维尔的媒体评论家詹姆斯·米勒(James Miller)写道:"WLKY电视台总经理格伦·海古德(Gleen Haygood)认为,他的电视台播出的犯罪故事比镇上其他任何电视台都多,所以他选择的是'观众最感兴趣的'故事,并建议用WLKY的收视率胜利证明这些决定是正确的。WHAS(TV)的总经理琳达·丹娜(Linda Danna)也说,她的电视台对犯罪故事的强调源于观众的兴趣,并将犯罪故事描述为观众需要的信息,因为犯罪率在上升。"(Miller,2013)

因此,我们看到,由收视率和点击率驱动的媒体系统被鼓励实践传统的报道,这种报道是偶发和耸人听闻的,使用煽动性的语言和图像来吸引观众,而不考虑这种报道的负面后果。具有讽刺意味的是,根据林奇(Lynch,2012)和其他人的研究,媒体不必迎合观众,观众会接受更好的和平新闻风格的报道。

克服障碍

尽管障碍重重,正如你所读到的,世界上仍有许多主流、传统记者在从事和平新闻工作。加尔通说,现在已经有了向和平新闻途径迈进的渐进运动。他说:"和平新闻已经得到了极大的发展。即使是CNN,你也会听到记者们谈论冲突的根源。"他注意到"根本原因"和"结构性暴力"等术语在传统媒体中"变得流行",这反映出和平新闻的分析和语境强调。加尔通补充说,和平新闻"非常合理,人们都听得懂。这是一种进化,而不是革命性的。这不是一个事件，而是一个过程"（Youngblood，2016：232）。

许多记者似乎同意这一观点。在普利策危机报道中心（Pulitzer Center for Crisis Reporting）最近的一项调查中，81名在冲突地区工作的记者被要求对和平新闻和传统新闻进行评估。接受调查的记者们表示，不管是否称之为和平新闻，他们一直在运用和平新闻原则。

> 例如，在记者（的调查中）被确定为最常见的报道方法的五个方面中，有四个方面与和平新闻有关（社会文化损害、心理伤害、关注非精英、冲突的根源），还有一个方面在传统上与战争新闻有关（伤亡人数）。对和平新闻实践的强烈关注是惊人的，平均而言，超过了战争新闻实践——对所有和平新闻倡导者来说，这无疑是一个积极的信号。（Newmann & Fahmy，2016：235）

基于这种"对和平新闻实践的强烈关注"，来自学者和记者的反馈，以及研究数据显示受众更喜欢和平新闻（Lynch，2012）的结果，和平新闻似乎有一个光明的未来。这个未来始于记者愿意改变他们报道的方式，利用包括网络平台提供的无限机会来实践和平新闻。

结　论

正如我们所看到的，和平新闻，"当记者和新闻编辑做出选择，可以创造有利于和平的气氛"（Youngblood，2016），并为杂志记者提供了一个机会，使他们的报道专业化，跨越多个领域，包括战争、内乱、和解、种族和移民。它以经过考验的新闻理论为基础，其原则在世界范围内得到接受和实践（至少是断断续续的）。

尽管和平新闻取得了长足的进步，但这一概念在获得广泛关注之前仍面临着漫长的旅程。在《和平新闻原则与实践》的结束语中，笔者写道：

在我们这个充斥着夸张而耸人听闻的报道、红脸的权威人士、两极分化的政治媒体、不受约束不负责任的社交媒体信息的世界里，相信任何接近广泛采用和平新闻的事情都将很快发生，是不切实际的。话虽如此，我仍然乐观地认为，尽管存在种种障碍，我们的新闻主义可以变得更好，至少可以采纳一些和平新闻的原则……和平新闻，就像历史悠久的新闻传统——客观，是一种理想。任何朝着这一理想，朝着更好、更负责任的报道方向的进展，都将使这一旅程变得值得。

毫无疑问，朝着这个理想努力的过程正在顺利推进。加尔通观察到，"我们正在从一无所有到有所成就的路上……展望未来，（将有）更多的媒体空间用于和平"（Galtung，2015）。

参考文献

About us. n. d. . PolitiFact. https：//www. politifact. com/.

Anand, B. 2017. "The U. S. media's problems are much bigger than fake news and filter bubbles." Harvard Business Review. , January 5 https：//hbr. org/2017/01/the – u – smedias – problems – are – much – bigger – than – fake – news – and – filter – bubbles.

Bacon, J. 2019. "Peterson stayed outside as bullets flew. Is he negligent or a scapegoat？." *USA Today*, June 5. https：//www. usatoday. com/story/news/nation/2019/06/05/parkl and – resource – officer – scot – peterson – negligent – or – scapegoat/1357505001/.

Battaglio, S. 2015. "Viewers flock to Fox News and CNN for coverage of Oregon college shooting." *Los Angeles Times*, October 2. https：//www. latimes. com/entertainment/envelope/cotown/la – et – ct – oregon – cable – news – ratings – 20151002 – story. html.

Baum, M. 2011. "Should journalism be amoral? Practical Ethics." http：//blog. practicalethics. ox. ac. uk/2011/05/should – journalism – be – amoral/#more – 1442.

BBC News Online. 1999. The Sound of Hatred. http：//www. hartfordhwp. com/archives/35/179. html.

Boehlert, E. 2014. "The media's Ebola coverage：The more you watch, the less you know." Media Matters, October 15. Retrieved November 15, 2018. https：//www. mediamatters. org/blog/2014/10/15/ebola – coverage – the – more – you – watch – the –

less-you/201161.

Brosius, H., & Peter, C. 2017. "Selective exposure." Oxford Bibliographies. http://www.oxfordbibliographies.com/view/document/obo-9780199756841/obo9780199756841-0023.xml.

Brownsell, J. 2013. "Kenya: What went wrong in 2007?." Al Jazeera, March 3. https://www.aljazeera.com/indepth/features/2013/03/201333123153703492.html.

Bump, P. 2020. Guess which cable network is talking the most about riots and Antifa. *The Washington Post*, June 3. https://www.washingtonpost.com/politics/2020/06/03/guess-which-cable-network-is-talking-most-about-riots-antifa/?arc404=true.

Cohen, L. 2020. "Rapper Killer Mike pleads with Atlanta demonstrators to burn systemic racism, not the city." https://www.cbsnews.com/news/rapperkiller-mike-pleads-with-atlanta-demonstrators-to-burn-systemic-racism-not-specifictargets/.

Cunningham, B. 2003. "Rethinking objectivity." *Columbia Journalism Review*, July. http://www.cjr.org/feature/rethinking_objectivity.php?page=all.

Durkin, E. 2018. "Laura Ingraham condemned after saying immigrants destroy 'the America we love.'" *The Guardian*, August 9. https://www.theguardian.com/media/2018/aug/09/laura-ingraham-fox-news-attacks-immigrants.

Entman, R. M. 1993. "Framing: Toward clarification of a fractured paradigm." *Journal of Communication*, 43(4): 51–58.

Festinger, L. 1962. *A theory of cognitive dissonance* (Vol. 2). Stanford University Press.

Galtung, J. 1990. "Cultural violence." *Journal of Peace Research*, 27(3): 291–305.

Galtung, J. 2015. "Peace journalism: Is it working?." Transcend Media Service, November 30. https://www.transcend.org/tms/2015/11/peace-journalism-is-itworking/.

Glassner, B. 1999. *The culture of fear*. New York: Basic Books.

Institute for Economics and Peace. 2017. *Positive Peace Report 2017*. https://reliefweb.int/sites/reliefweb.int/files/resources/Positive-Peace-Report2017.pdf.

Ince, E. 2015. "Turkey-Media under the government's thumb and migrants in legislative limbo." Ethical Journalism Network. https://ethicaljournalismnetwork.org/resources/publications/moving-stories/turkey.

Iyengar, S. 1991. *Is anyone responsible? How television frames political issues*. Chicago & London: University of Chicago Press.

Johnson, A. 2020. "He stoked a racist and bloody massacre. A former NC Rep thinks his statue should say so." *Charlotte News & Observer*, May 8. https://www.newsobserver.com/news/local/article242512251.html.

Katz, B. 2018. "CNN Won Town Hall Ratings Game, NRA GIF Ignites Twitter Rage." The

Observer, February 22. https：//observer.com/2018/02/tv-ratings-cnntown-hall-3-million-viewers/.

Kissell, R. 2015. "Cable news networks draw big Friday audience following terrorist attacks." *Variety*, November 16. https：//variety.com/2015/tv/news/cable-newsnetworks-ratings-paris-1201641382/.

Lapin, T. 2018. "Disgraced deputy haunted by failure at Florida school shooting." *The New York Post*, June 4. https：//nypost.com/2018/06/04/disgraced-deputyhaunted-by-failure-at-florida-school-shooting/.

Lee, A. 2020. "FBI shows no evidence of Antifa involvement in recent unrest." *Atlanta Journal Constitution*, June 6. https：//www.ajc.com/news/fbi-finds-evidenceantifa-involvement-national-unrest/qVI3U9wb8Q6u1QEvVsJ7AJ/.

Lynch, J. 2006. "What's so great about peace journalism?." *Global Media Journal*：*Mediterranean Edition*, 1（1）：35-36.

Lynch, J. 2012. "Peace journalism works." *The Peace Journalist*, 1（1）：4.

Lynch, J., & McGoldrick, A. 2005. *Peace Journalism. Glocestershire*, UK：Hawthorne.

Lynch, J., & McGoldrick, A. 2015. "Psychophysiological audience responses to war journalism and peace journalism." *Global Media and Communication*, 11（3）：201-215.

Lynch, S., Hosenball, M., Rosenberg, M., & Heath, B. 2020. "Little evidence of Antifa links in U.S. prosecutions of those charged in protest violence." Reuters, June 9. https：//www.reuters.com/article/us-minneapolis-police-extremists/little-evidenceof-antifa-links-in-us-prosecutions-of-those-charged-in-protest-violence-idUSKBN23H06J.

McCombs, M. E., & Shaw, D. L. 1972. "The agenda-setting function of mass media." *Public Opinion Quarterly*, 36（2）：176-187.

McShane, L. 2020. "FBI：Evidence links deranged attorney behind killing of NJ judge's son with earlier murder of California lawyer." *New York Daily News*, July 22. https：//www.nydailynews.com/new-york/nyc-crime/ny-killer-judge-son-linkedcalifornia-murder-20200722-o4dp3rw3bffolj2b7j7j7qyc24-story.html.

Miller, J. 2013. "Why TV news emphasizes crimes and how it shapes Louisville's perceptions." WFPL, March 10. https：//wfpl.org/media-critic-why-tv-newsemphasizes-crimes-and-how-it-shapes-louisvilles-perceptions/.

Mitchell, A, Gottfried, J, Kiley, J, & Matsa, K. 2014. "Political Polarization and Media Habits." Pew Research Center, October 21. https：//www.journalism.org/2014/10/21/political-polarization-media-habits/.

Murphy, P., & Simko-Bednarski, E. 2018. "Two radio hosts suspended after they refer to America's first Sikh attorney general as 'turban man'." CNN, July 26. https：//

www. cnn. com/2018/07/26/us/radio – hosts – nj – sikh – attorney – general – trnd/ index. html.

National Hispanic Media Association. 2012. *American Hate Radio*. http：//www. nhmc. org/nhmcnew/wp – content/uploads/2013/03/american_ hate_ radio_ nhmc. pdf.

New York Times. 2004. "The Times and Iraq." *New York Times*, May 26. http：//www. nytimes. com/2004/05/26/international/middleeast/26FTE_ NOTE. html.

Newmann, R., & Fahmy, S. 2016. "Measuring journalistic peace/war performance: An exploratory study of crisis reporters' attitudes and perceptions." *International Communication Gazette*, 78 (3): 223 – 246.

Rendall, S., & Broughel, T. 2003. "Amplifying officials, squelching dissent. Fairness and Accuracy in Media (FAIR)." http：//fair. org/extra – online – articles/amplifying – officials – squelching – dissent/.

Resnick, B. 2017. "7 lessons from psychology that explain the irrational fear of others." Vox, January 30. https：//www. vox. com/science – and – health/2017/1/28/14425658/fear – of – refugees – explained.

Resnick, B. 2018. "8 lessons from psychology that explain Trump's caravan fearmongering." Vox, November 5. https：//www. vox. com/science – and – health/2018/11/2/18055812/trump – midterms – caravan – fear – psychology.

Simon, S. 2018. "How separation affected a migrant family." NPR, August 11. https：//www. npr. org/2018/08/11/637780548/how – separation – affected – a – migrantfamily.

Sorace, S. 2020. American protests: Demonstrations, violent riots expected to continue throughout the country. FoxNews, July 27. https：//www. foxnews. com/us/america – protests – violent – riots – expected – to – continue.

Stelter, B. 2018. "Pittsburgh suspect echoed talking point that dominated Fox News airwaves." CNN, October 30. https：//www. cnn. com/2018/10/29/media/pittsburgh – suspect – invasion/index. html.

The Tablet. n. d.. "Student Zone: The Philosophy of Religion." The Tablet: The International Catholic News Weekly. https：//www. thetablet. co. uk/student – zone/philosophy – of – religion/language/critical – realism.

Waldman, P. 2013. "Duped on war, has press learned?" CNN, March 19. http：//www. cnn. com/2013/03/19/opinion/waldman – media – iraq/.

Wilson, J. 2020. "What is Antifa and why is Donald Trump targeting it?" *The Guardian*, June 6. https：//www. theguardian. com/world/2020/jun/06/what – is – antifatrump – terrorist – designation.

Youngblood, S. 2013. "Kenya's peace journalists come under fire [Blog post, April 1]." http：//stevenyoungblood. blogspot. com/.

Youngblood, S. 2016. *Peace Journalism Principles and Practices: Responsibly Reporting Conflict, Reconciliation, and Solutions.* New York: Routledge/Taylor and Francis.

Youngblood, S. 2018a. Media more negative than sympathetic toward caravan migrants [Blog post, October 22]. http://stevenyoungblood.blogspot.com/.

Youngblood, S. 2018b. "What is peace journalism?" *The Peace Journalist*, 7 (2): 2.

Youngblood, S. 2020. "Harvard event spotlights vital role of narratives [Blog post, June 29]." http://stevenyoungblood.blogspot.com/2020/06/harvard-eventspotlights-vital-role-of.html.

九 慢新闻（Slow Journalism）：融合数字新闻与慢新闻

彼得·劳弗（Peter Laufer）　　约翰·V.帕夫利克（John V. Pavlik）
克里斯托弗·圣路易斯（Christopher St. Louis）

以往，新闻报道的时效性被视为一种优势：快速报道信息意味着可以更快地通知受众。但是新闻时效的加快不仅会增加报道的错误率，而且也增加了与受众沟通不畅的机会，更不用说可能会导致一种糟糕的趋势，即新闻迭代周期的增加。慢新闻是指花时间收集、评估和发布新闻，这是有益的，它可以更深入地报道新闻以帮助观众来理解。此外，整合AR/VR等体验技术，还可以进一步加深受众对慢新闻的理解。

从1986年开始于意大利的"慢食运动"（Slow Food movement）中汲取灵感，慢新闻旨在减少互联网时代一些新闻制作的负面影响。慢新闻的新闻工作者认为，那些急于报道的新闻工作者和受众对即时信息的需求导致了新闻质量的下降，更令人担忧的是，事实核查只在曾经被认为是高质量新闻的基础。部分宣言和部分方法论框架指出，慢新闻是新闻生产和新闻消费的一种方法，即致力于关注24小时新闻周期的发展态势。慢新闻意味着能花费更多的时间去吸收理解新闻信息。在这个数字化时代，新闻和信息的传递速度越来越快，"慢新闻"代表一种解决方案。它是对当代新闻业的颠覆的一种回应。

在本部分中，我们将讨论一些处理慢新闻的方法和案例，以及如何将这种理论与实践结合，为数十年来新闻采集商业化实践提供最前沿的方案。

混乱的新闻业

当前新闻业的混乱状态至少可以追溯到 20 世纪 90 年代初期（Pavlik，2001）。新闻业的重塑受到多方面因素的影响，比如科技、经济、政治和文化。互联网、数字媒体、移动媒体和社交媒体都推动了世界新闻和媒介传播系统的变革。近几十年来，谷歌、脸书和推特等数字巨头的出现不仅进一步扰乱了公众获取新闻的方式，更动摇了全球新闻业的经济基础。广告已经迅速地从传统媒体，如报纸、电视和广播（这些曾经是生产和传播新闻的主要阵地），转移到日益强大的网络媒体公司。这些跨国公司已拥有了数十亿的用户基础，它们提供一些免费的商品化新闻来吸引用户的注意力，然后再将用户的注意力打包出售给全球的广告商。

自 2016 年美国总统大选（U. S. presidential campaign），唐纳德·特朗普（Donald Trump）参与选举以来，新闻媒体在未来的数字时代可能变得至关重要。一些权威人士称其为"特朗普冲击"（Trump bump），"这是对高质量新闻的重新关注"（"Traditional media firms are enjoying a Trump bump"，2017）。选举后，新闻媒体的数字订阅量激增。《纽约时报》网站（NYTimes. com）的数字订阅量从 2015 年的 100 万人（Sullivan，2015）激增到 2018 年底的 340 万人以上（Trefis Team，2019）。2016 年大选后，《华盛顿邮报》网站（Washingtonpost. com）的数字订阅量增长了 300%，在 2017 年更是积累了超 100 万人的数字订阅用户（Stelter，2017）。《华尔街日报》（*Wall Street Journal*）的数字订阅量也大幅增加，

169

在特朗普当选的六个月里增加了20万份。主要新闻机构甘乃特（Gannett）也获得了订阅量。甘乃特还报告称，其旗舰产品《今日美国》（*USA Today*）的纯数字订阅量在2018年第一季度高达382000份（Snider，2018）。CNN获得了十年来的最高收视率（CNN Press Room，2018），即使规模较小的新闻业务也吸引了订阅者，虽然增长速度较慢。2018年，《萨克拉门托蜜蜂报》（*Sacramento Bee*）宣布了一个目标，即获得6万名数字订阅用户，这些订阅量足够让该报仅靠数字收入就能自给自足。此外，该报纸的订阅者从发布时的15000名增加到一年后（2019年6月）的约22000名（Gustus & Chance，2019）。在特朗普上任几年后，也就是COVID-19大流行期间，全球的新闻消费量猛增（Nielsen，2020）。

报道的收入在这十年的后半期也有所增长。《纽约时报》2017年的年总收入超过17亿美元，其中60%来自数字订阅（Ember，2018）。《华盛顿邮报》的所有者杰夫·贝索斯（Jeff Bezos）还是亚马逊的创始人兼首席执行官，由于亚马逊会员可享受订阅折扣，因此，《华盛顿邮报》的收入数据很难估计。总体而言，数字订阅开始成为专业的、高质量新闻业的经济基础。

所谓的假新闻（fake news）是造成数字订阅量增长的一个重要因素。在2016年总统大选之后的几年中，"假新闻"一词用于表示线上政治宣传，以及有关不太招人喜欢的总统的所有新闻报道内容，它意味着以报道新闻为幌子来提供错误或者虚假的信息逐渐"合法化"（legitimate）（Tandoc Jr. et al.，2018）。一个值得注意的蓄意破坏客观事实的例子，即特朗普政府的高级官员表示，"虚假事实"（alternative facts）可能与真相并存（Blake，2017）。一个更具体的例子是发生在2020年的新冠肺炎疫情期间，当时特朗普就服用羟氯喹（hydroxychloroquine）预防感染病毒发表了一系列不准确或误导性的陈述（McDonald & Rieder，2020）。皮尤研究中心数据显示，只有3/10的美国人相信特朗普政府在疫情期间的言论往往是正确的（Mitchell et al.，2020）。因此，越来越多公众开始认识到他们能信任的新闻存在的重要性。订阅者们承认，经过事实核查的、高质量的、独立和准确的报道的确很重要。此外，配备数字设备的用户对从数字在线移动平台获得的新闻越来越感兴趣。

体验式媒体（Experiential Media）和沉浸式新闻（Immersive Journalism）这个新兴现象的出现，说明数字新闻的潜力（de la Peña et al.，2010）。体验式媒体是交互式的、沉浸式的和多感官的（Pitt，2015）。从20世纪90年代末开始，增强现实（Augmented Reality）和虚拟现实（Virtual Reality）一直引发关注（Hollerer et al.，1999）。全球各地的新闻机构开始利用这些体验式媒体技术来挖掘新闻。最早的优秀案例之一是《纽约时报》于2015年11月发布VR纪录片《流离失所》（*The Displaced*）（"NYT VR"，2015）。这篇报道是让用户通过智能手机连接虚拟现实眼镜（一种低成本的谷歌Cardboard，《纽约时报》免费向其100万订阅者发货），用户戴上它即可进入三个难民营中的一个。从那时起，《纽约时报》使用这种方法生产了许多新闻报道，并在2018年增加了更多增强现实（AR）的内容。如在2018年6月，有这样一篇报道《我们如何创建一个虚拟犯罪场景来调查叙利亚的化学袭击事件》（*How We Created a Virtual Crime Scene to Investigate Syria's Chemical Attack*）（2018）。在这篇AR报道中，用户可以进入一个虚拟犯罪现场：2017年4月7日叙利亚总统巴沙尔·阿萨德政府（Basharal-Assad）在叙利亚杜马镇的一栋公寓楼投下了一枚氯弹，进行了化学袭击，此次袭击造成49人死亡，这是根据一份泄密的联合国报告所描述的。《纽约时报》的这份AR报道是依据广泛的证据和报道所得来，包括来自俄罗斯的视频、来自叙利亚的公民报道以及《纽约时报》的工作人员的一些原创报道。研究表明，这些体验式新闻报道可以提高用户的参与度，还可以增强用户的理解力以及同理心，这种新闻是以不同于阅读、观看、聆听等传统新闻报道方式的形式来呈现的（Sundar et al.，2017）。

《纽约时报》和其他体验式新闻媒体是新闻网站获取流量的主力军（Usher，2014）。2017年底，《纽约时报》网站每月能有9350万人次的访问者（Atkinson，2017）。《华盛顿邮报》也进行了大量的体验式媒体报道，包括一篇关于弗雷迪·格雷（Freddie Gray）死亡的 AR 报道。格雷，一名 25 岁的非洲裔美国男子，于 2015 年因持刀而被巴尔的摩市（Baltimore）警方拘捕后死亡，引起美国人广泛的抗议（WashPost PR Blog，2016）。截至 2017 年 12 月，《华盛顿邮报》的报道每月能有 8890 万人次的访问者（Atkinson，2017）。早些时候，《纽约时报》的一篇关于 2012 年雪崩的数字化专题报道《雪崩：隧道溪的雪崩》（*Snow Fall: The Avalanche at Tunnel Creek*）赢得了 2013 年普利策新闻奖（Pulitzer Prize），这使该网站获得了巨大的访问量，大概有 290 万次独立访问和 350 万次页面浏览。世界各地的新闻机构，包括《卫报》（*Guardian*）和 BBC 同样尝试了体验式新闻报道，并发现这种报道风格很吸引受众（Cooke，2016）。

尽管数字技术的发展使得新闻报道正以前所未有的方式来吸引受众，但是它们也导致了严重的问题。除了"假新闻"（当然，假新闻早在数字时代之前就存在了，但其出场率在社交网络时代达到了新的高度）之外，网络环境中对新闻时效的追求也极大地增加了新闻报道出错的概率，与此同时，受众似乎也愿意接受信息在某种程度上的不准确性，以换取实时的信息（Karlsson，2011）。报道中出现错误的原因有很多，也包括简单的人为错误。

最近的事态发展加重了这一问题。也就是说，网络连接了世界，但受众的注意力是有限的，新闻工作者和新闻机构以及所有的媒体，都在争夺这份有限的注意力，他们彼此间相互竞争，为了获得更多的受众，不断生产更多的新闻。新闻消费者很少愿意等到明天才看到今天的新闻，更不用说某个时刻的新闻。此外，20 世纪末的经济衰退使得新闻工作者不得不扮演更多角色，这就分散了原本用于新闻收集和事实核查的一些资源（McChesney，2003）。因此，错误经常出现，然后迅速广泛地传播。对于许多人来说，社交媒体是他们获取新闻的主要来源，但它也加剧了错误新闻的传播，因为它加快了数据分享的速度（Owen，2018）。

这些问题的理想解决方案的关键是认识到准确和有意义的新闻生产的需求，以及在线分发渠道的速度和可操作性。我们认为，这一解决方案适用于慢新闻和体验式新闻相融合的数字时代。

慢新闻运动

大约在2010年，受到1980年意大利开始的慢食运动的影响，一些媒体从业者和学者遇到了上述当代新闻媒体的危机与挑战（Slow Food，1989）。该运动宣称"智人必须重新获得智慧，并从推动其走向灭绝的'速度'中解放出来；普遍的'快生活（the fast life）'与'快餐（fast-food）'正是这种衰退的一种缩影"（Slow Food，1989）。这里的解决方法是，以某种方式重回传统饮食，品尝和享受美食，换句话说，慢食。

同样地，慢新闻或者慢新闻主义（slow journalism）回应道，"现代新闻业已经步入一种'新闻质量不高、品质受损、用户注意力受损'的局面"（Le Masurier，2016：405）。多克（Dork）和赫曼斯（Hermans）列举了一些24小时无间断新闻出现的问题，总结出"在抢先发布新闻的竞争中，新闻面临过于简单化和刻板印象的风险"（Dork & Hermans，2016：540）。利·马叙里耶（Le Masurier）指出，慢新闻（slow journalism）是对于速度与实践的批判性选择，也是小规模慢发布新闻的实验，而不是一套硬性规则（Le Masurier，2015：143）。慢新闻是对当前新闻业主导逻辑的反驳，这种逻辑更看重独家新闻和新闻时效，而不是长期以来作为其行业标准的洞察力和客观性。

慢新闻运动追随者们认为，当前新闻业采用创新的媒体技术来加快新闻发布，从而绕过了新闻采集这一过程。"我没时间创作了"，获奖的记者迈克·苏格曼（Mike Sugarman）哀叹道（Sugarman，n.d.）。KPIX是CBS在旧金山的新闻电视分公司，该公司委派他来拍摄和编辑新闻，并在KCBS广播电台播出，除此之外，他还要为博客、社交媒体制作内容，并在最后期限前完成现场电视直播报道。作家兼社会评论家詹姆斯·格莱克（James Gleick）在观看了波士顿马拉松爆炸案（Boston Marathon Bombing Story）的电视新闻后评价道："在大多数情况下，连续实时播报新闻是一个失败的尝试。"（Gleick，2013）在没有人被逮捕的情况下记者就报道嫌疑人已被逮捕,而在警方没有逮捕嫌疑人的情况下记者就报道已知嫌疑人的身份。作为《纽约时报》城市版面的编辑,格莱克认为"实时播报电视新闻的记者是矛盾的。你不可能一边收集新闻,一边发表。新闻采集的工作就是收集资料"(Dowd,2013)。新闻采集非常关键,跳过这一步骤,会使记者沦为谣言制造者。

这类问题的例子比比皆是,尤其是在即时报道技术加速新闻报道之后。1995年俄克拉荷马城联邦大楼(Oklahoma City Federal Building)被炸后,一些新闻媒体认为,外来人是恐怖主义的罪魁祸首。《华尔街日报》曾言:"这是贝鲁特式的汽车爆炸。"其记者引用了一份警方公报,描述嫌犯是"中东人",并"有着深色头发和胡子",然而罪犯蒂莫西·麦克维(Timothy McVeigh)是土生土长的美国人,并没有上述这些特征(Laufer,2014)。最近,关于2012年纽敦小学校园枪击案的初步报告指出,枪手并非一个人,早期的一些报道中错误地指认了凶手,并错误地认为他的母亲是学校的一名员工(Farhi,2012)。除了住在康涅狄格州附近的人或认识受害者及其家人的人外,没有必要让任何人随时了解枪击事件(其内容通常是错误的),那些没有密切关注桑迪胡克小学大屠杀(Sandy Hook Elementary School massacre)、波士顿马拉松袭击(Boston marathon attack)等类似事件的人也不需要随时了解事情进展。随着事情的进一步发展,最初爆出的信息往好里说是不完整的,往坏里说是不准确甚至是很危险的。然而,在事故发生时,观众很难不去关注。以犯罪事件为开头的晚间新闻是很常见的,它迎合了人性的某些方面:人们总是被一些奇闻逸事所吸引,而戏剧性的新闻提醒着我们事情不对劲(Shoemaker,1996),这与拉斯韦尔(Lasswell)的早期观点不谋而合,即大众传媒既可以作为监测环境中是否存在威胁的手段,也可以作为协调社会的手段(Lasswell,1960)。

除了错误的报道外,"日常糟糕新闻报道的细节"可能会导致读者产生新闻疲劳,甚至可能会使他们产生一些与压力相关的心理问题(Laufer,2014:89)。波特兰心理学家露丝·帕尔文(Ruth Parvin)得出的结论是："如果我们每天听到15次枪击事件，那就不能算作一个简单的事件，因为每次听到它，它都会以某种方式提醒我们的神经系统。"（Laufer，2014：42）她说她给病人开了"无新闻日"的"药方"来对抗焦虑和抑郁。"我相信，大脑对每一次重复的谋杀、火灾或其他可怕的事情都会做出反应，尽管这是一个新的事件，"她推理道。

这种对24小时新闻的负面反应，可以追溯到20世纪90年代初新闻业遭到彻底颠覆。对于这种反应，一些记者和新闻学者开始探索替代方案，以取代业界长期追求新闻时效的目标。许多保守作品中都使用了"慢"这个词，试图将它们与快速甚至即时发布的新闻区分开来。慢电视（Slow TV）于2009年在挪威首次亮相，挪威广播公司（Norwegian Broadcasting Corporation）播放了一段七小时的火车旅行视频。这个节目获得了较高收视率，其他机构及地方纷纷对其效仿并取得了成功。挪威电视台继续播放这样的节目，例如描绘海上航行和鲑鱼逆流而上的长篇节目（Gilbert，2014）。

"加入'慢新闻革命'（Slow News Revolution）"是英国慢新闻公司出版的一本杂志《延迟满足》（*Delayed Gratification*）的标语，该杂志只报道至少三个月前的新闻。2011年，《延迟满足》第一期出版。同年，斯罗尼出版社（Sironi Editore）出版了彼得·劳弗（Peter Laufer）的著作《慢新闻：一份批判的新闻消费者宣言》（*Slow News：A Manifesto for the Critical News Consumer*），该书后来于2014年由俄勒冈州立大学出版社（Oregon State University Press）出版英文版（劳弗是本文的作者之一）。这本书是为那些既想了解时事但又不想沉迷于下一次更新的新闻消费者提供的指南。"明天再读昨天的报纸也没关系，"劳弗呼吁读者，"加入我的慢新闻运动"。（Laufer，2013）两年后，斯坦福大学约翰·奈特新闻研究员玛丽凯瑟琳·博斯（Marie-Catherine Beuth）开设了一个名为"慢新闻运动"的博客（Beuth，n. d.）。另一位斯坦福大学约翰·奈特新闻研究员朱莉安·麦克凯洛格（Julieann McKellogg）研究了较慢的新闻模式对于专门从事本地新闻的媒体的价值，这些媒体寻求与受众建立持久联系。麦克凯洛格在谈到她的研究时说："我们必须放慢脚步，找出他们是谁、他们的动机是什么以及我们如何更好地与他们建立联系，从而开始重建这种关系。"（McKellogg，2018）

2016年，佩鲁贾国际新闻节（Perugia International Journalism Festival）首次以慢新闻为特色举办活动。劳弗与《延迟满足》创始人罗布·奥查德（Rob Orchard）以及意大利网络新闻媒体"慢新闻"的创始人阿尔贝托·普利斐托（Alberto Puliafito）一同受邀参加。那一年，普利斐托与他的记者同事安德里亚·科科齐亚（Andrea Coccia）合作制作了一部记录慢新闻运动的电影（iKProduzioni，2017）。2017年，BBC总导演托尼·霍尔（Tony Hall）宣布该广播公司"将更加强调'慢新闻'——这意味着更深入地关注人们关切的话题和问题"（Press Association，2017）。同样在2017年，戴维·伯顿（David Burton）创立了"慢新闻周刊"（Slow News Weekly），这是一个总部位于澳大利亚的新闻博客，提供"以你可以忍受的速度来获得你真正想要的新闻"。2018年，许多慢新闻工作者聚集在俄勒冈大学，参加由新闻与传播学院主办的首届"慢新闻或者说更慢"（Slow News & More Slow）会议（"The Slow Journalism Summit"，2018）。

《尤金周刊》的编辑卡米拉·莫滕森（Camilla Mortensen）在俄勒冈州的聚会上提醒与会者，《尤金周刊》以及她的文章，几十年来都在实践慢新闻。莫滕森说："传统周刊的价值是关注、深度报道本地新闻，即使受到数字时代的影响，也不至于会被它摧毁。"（Taylor，2018）在会议上，长岛大学新闻与传播学院教授珍妮弗·劳赫（Jennifer Rauch）指出，公共广播是最有可能实践慢新闻的媒体。2011年劳奇在试验了6个月的数字媒体后，开始创办了慢新闻博客（Rauch，n.d.），并在2018年牛津大学出版社（Oxford University Press）发表了其对各种慢新闻进行研究的论文：《慢媒体：为什么慢是令人满意的、可适用的和明智的》（Slow Media：Why Slow Is Satisfying，Sustainable and Smart）。根据联合创始人马修·李（Matthew Lee）的观点，会员实验适用于《延迟满足》。李在会议上说："我们谈论会员，我们谈论支持者而不是订阅者"；"我们希望人们觉得我们是一个整体"。

海龟媒体（Tortoise Media）是一个实验性的慢新闻媒体，它不仅试图以较慢的方式重新评估新闻制作的过程，而且还试图重新思考数字时代新闻的传播方式（Tortoise，n. d.）。海龟媒体是以伊索寓言中的吉祥物来命名的，海龟媒体有多种系列，如季刊、播客系列以及长篇文章等，所有的这些都将采用人们熟悉的语言报道慢新闻（slow journalism）。一个新闻网站的创始人詹姆斯·哈丁（James Harding）在其发布的一份宣言中写道："我们发布的新闻比以往任何时候都多，不仅越来越多也越来越快，垃圾新闻已成为噪音。"（Harding，2019）慢新闻（slow journalism）是一种采用不同于以往的方式来生产的新闻，从根本上思考"新闻"如何定义，以及由谁定义。对此，海龟媒体主办了"思考"（ThinkIns）论坛，并邀请各路记者探讨，以对特定的主题进行报道，并完成相关主题工作。

新闻报道的工作是帮助受众了解事件。然而，我们当前处于的新闻时代，存在大量的信息、错误信息、虚假信息，以及伪装成新闻的广告和公关，所有这些都为我们的世界带来了噪声。噪声不一定是新闻，即使是新闻也不一定是即时需要的新闻。更糟糕的是，往往伪装成新闻从而影响社会的是宣传，而不是新闻报道。新闻消费者有权利放慢对新闻的阅读速度，以避免无用的"新闻"（newsoids）。（相对于虚构的）真实的现场新闻报道，尤其是在广播和网络媒体上，可以让受众相信，反复加强的一些信息是至关重要的，即使它可能很快就会因草率或恶意而被证明是错误的、无用的甚至危险的。在突发新闻发展的早期，一个既重要又罕见的新闻发生时，信息往往是有限的、片面的，因此新闻工作者频繁使用重复的文字和图片，来不断满足受众的信息需求，即使新闻生产者可能并不了解事件。

慢新闻与数字新闻的融合

技术的突破使得全球各地紧密联系。海量的新闻、信息和数据可能会不断扩张并对新闻业生态造成更大的破坏。或许我们可以深呼吸并按下暂停的按钮。2018 年 6 月陈颂雄（Patrick Soon-Shiong）创办《洛杉矶时报》（*Los Angeles Times*），他表示，这是他在策划的一个实验。陈颂雄创办《洛杉矶时报》花了 5 亿美元，他担心数字技术将会影响一代人，他们的生理发生了变化，即他们的大脑已经习惯于观看时间不长的短视频（Carroll，2018）。他说，他的纸质版《洛杉矶时报》将满足"悠闲阅读和触觉的需求"（Carroll，2018）。近年来，许多知名媒体和已确定的新闻来源中都出现了慢新闻与体验式媒体技术相结合的案例。Sachor Jetzt 是柏林阿克塞尔斯普林格学院的一群年轻记者组成的团队，他们创建了"大屠杀快照"（Holocaust Snapchat）项目，这是一种"以自拍 10 秒视频而非高质量新闻报道而闻名的应用程序"，用以邀请人们反思人类的最大罪行（Sachor Jetzt，2016）。"大屠杀快照"项目并不是为了展示社交媒体的轻率，而是旨在使用这个以短视频而闻名的平台（这些视频会在一段时间后自动删除）与年轻用户建立联系，并希望传达出一种对大屠杀等事件的反思。对著名历史事件的深入报道符合慢新闻的逻辑，但与 24 小时不断流动的新闻相脱节，这样的新闻可以通过社交媒体平台去搜寻一个令人深省的话题来展开叙述，而这些话题在记忆中往往是臭名昭著的（Margalit，2014）。

总部位于阿尔伯塔的网络媒体 Sprawl 自称"卡尔加里弹出式新闻"（Calgary pop-up journalism），它以自己的方式反对人们对持续报道新闻的需求。网页上的一份声明提出了一种专注新闻生产的方法，指出"与其一直试图报道一座城市中的所有新闻，不如制作'弹出式新闻'，对特定时间段的特定新闻进行深入报道。然后我们就休息一会儿"（Spawl，2018）。2018 年 Spawl 宣布开启众筹新闻模式，该模式是不同于以广告和点击率为主的模式，共有 400 多名支持者参与，这为在线新闻提供了更多的信息，也是全球慢新闻（slow journalism）运动的一个局部"表演"（Spawl，2018）。Spawl 网站上的一些长篇文章采用的都是众筹新闻模式，即侧重于反映一个特定的本地问题，如 2026 年卡尔加里（Calgary）申办冬奥会，以及自上而下、以城市为主导的社区改造，就是当地居民所关心的城市文化发展的两个案例。Spawl 以书面报道和播客为特色，让当地居民可以对眼前的问题发表自己的观点。Spawl 的方法甚至似乎有助于将慢新闻（slow journalism）与"快新闻"媒体的常规操作融合起来：不同的新闻被机构指定为"S1""S2"等标题，这不禁让人想起连续剧中的每一季，而播客的内容都是转载自网站上，受众一般很少在从事其他活动中使用这种媒体形式。

然而，书面报道不适合报道慢新闻，其他媒体形式正在不断进行实验以更好地报道慢新闻。《纽约时报》的 Op-Docs 系列短片是创意纪录片《寂静之地》（Sanctuaries of Silence）的一部分，该短片是声音生态学家戈登·汉普顿（Gordon Hempton）对人类的噪声污染逐渐侵占了北美最安静的地方的记录（Loften & Vaughan-Lee, 2018）。与文明一直强调的环境声相反，这段视频让观众去冥想"寂静"（silence）的声音，强调沉思、寂静，而并非自然界为汉普顿的研究提供了背景。与标准纪录片不同的是，《寂静之地》以 360°进行视频拍摄，让用户可以从市中心的城市环境到达雨林中间的空地上，观众使用电脑或 VR 眼镜来观看可以沉浸其中。这段七分钟的视频似乎以两倍的速度展开，很多时候观众只是在叙述的长时间休息中聆听自然世界的声音。环顾森林，我们经常看到汉普顿坐在木头上或躺在木头上进行聆听，可以说他是这个简短的冥想练习的向导。用传统的专栏形式简单描述汉普顿的这项工作和人类世上最后的沉默避难所是一回事，通过熟悉的纪录片形式来说明这些观点是另一回事，但是，让观众名义上出现在所描述的场景中，参与最不起眼的行为，即使只是通过电脑屏幕简单地环顾四周，使用耳机来聆听，这种行为也几乎是彻底的颠覆性的，因为这些尖端技术可以被用来帮助我们减少对新闻工作的消耗。

我们认为，暂停新闻传播，或者至少放慢新闻传播速度，不仅对新闻业有很大好处，对整个社会也有很大好处。至少，减缓数字新闻流动的速度可以帮助提高新闻报道的准确性，也可以帮助信息超载的公众消化和理解正在发生的事情。为此，我们在此推进慢新闻和数字技术的融合，并提出三个简单的指导方针，以在 21 世纪制作更好的新闻。这些准则适用于记者和新闻消费者。

  1. 花点时间去思考每一个新闻。判断你所读的或将要报道的事实来源的真实性。除了生死攸关的大事，你在发布或分享你刚刚看到、听到或经历的事情之前，请先等待一个 24 小时的新闻周期。显然，对于那些执着于 24 小时新闻周期的记者来说，24 小时不发布消息是不现实的。但慢新闻工作者可以改变这种形态。约三十年前，人们总是嘲笑巴黎小酒馆禁止吸烟的规定。而《延迟满足》杂志禁止刊登最近的新闻。这都是记者改变选择的例子。

  2. 无论一则新闻有多少来源，都要进行核实，以确保新闻的真实性。这似乎是新闻业的准则。但是在当前即时报道兴盛的环境下，错误的信息似乎也很快就被合法化了，因为追求时效的新闻工作者们在高压的情况下总是容易复制那些错误的信息。

  3. 确定每个新闻中的所有事实和来源，并批判性地评估每个新闻的准确性。再次强调，这是一个专业标准，当新闻消费者优先考虑速度时，很多人就容易略过这一步骤。对于记者来说，当您发布报道时，请在网上附上一个附录，以确保您的报道具有透明度。对于新闻消费者来说，请仔细查看该附录以及哪些内容或哪些人可能会被排除在外。

  这些准则应适用于所有新闻媒体，而不仅仅适用于那些从事慢新闻的新闻工作者。但是我们的分析和建议是务实的。如果慢新闻工作者严格坚持限制得出过快的结论和编辑过快的新闻报道，或许该行业的其他新闻工作者也会考虑退出"快新闻的快车道"。改革必须到来，因为无论现行新闻实践遵循何种标准，都不足以克服由新闻机构合并、24 小时的新闻周期以及媒体公司内部新闻编辑与记者之间的关系等带来的一系列问题。

  只有在极其罕见的情况下，才能忽视这些数字慢新闻报道准则，或者说只有在紧急事件发生时，即发生不报道就会危及生命等生死攸关大事的情况下，才能忽视这些准则。但即使在紧急情况下，记者也应保持高度谨慎，因为不准确的报道可能会导致恐慌或更糟——例如，2018 年在印度发生的数十起关于绑架儿童的谣言就通过移动聊天程序 Whats App 进行了广泛的传播，从而引起了印度社会恐慌（Safi，2018）。击败竞争对手并不是我们屈服于新闻时效而放弃事实准确性的理由，也不能因为一篇未经证实的报道已经出现在非专业的社交媒体上，就认为过早发表是合理的。在没有新闻编辑监督的情况下，媒体不应依赖算法和人工智能来进行报道或核查新闻（Higgins，2018）。

更慢的高质量体验式新闻（experiential journalism）将有助于提高报道的准确性。它应该还有助于减轻许多新闻消费者在当今这个高度狂热的时代所感受到的压力和焦虑。关于慢新闻影响的正式研究尚未进行，但已指出了进一步研究的一个重要领域。较慢的体验式新闻能否提高观众的参与度、同理心和理解力？这种慢新闻会不会对民主社会有其他好处？这些都是我们倡导的新闻业研究的关键问题：一个缓慢的数字时代。

参考文献

Atkinson，C. 2017. "The Washington Post still plays catch-up, but is gaining on The Times." NBC News, December 28. https://www.nbcnews.com/news/us-news/washington-post-still-plays-catch-gaining-times-n833236.

Beuth, M.-C. n. d. . About. http://www.slownewsmovement.com/about/.

Blake, A. 2017. "Kellyanne Conway says Donald Trump's team has 'alternative facts.' Which pretty much says it all." *Washington Post*, January 22. https://www.washingtonpost.com/news/the-fix/wp/2017/01/22/kellyanne-conway-says-donald-trumpsteam-has-alternate-facts-which-pretty-much-says-it-all/.

Branch, J. 2012. "Snow fall: The avalanche at Tunnel Creek." *The New York Times*, December. http://www.nytimes.com/projects/2012/snow-fall/index.html#/?part=tunnel-creek.

Burton, D. 2017. About. https://slownewsweekly.org/about/.

Carroll, R. 2018. "The billionaire who bought the LA Times: 'Hipsters will want paper soon.'" The Guardian, July 21. https://www.theguardian.com/media/2018/jul/21/los-angelestimes – new – owner – patrick – soon – shiong – interview.

CNN Press Room. 2018. CNN has second-best February in 10 years. http：//cnnpressroom. blogs. cnn. com/2018/02/27/cnn – has – second – best – february – in10 – years/.

Cooke, M. 2016. "What the Guardian learned from its groundbreaking VR piece." https：//medium. com/google – news – lab/what – the – guardian – learned – fromits – groundbreaking – vr – piece – 6a5e94297759.

de la Peña, N., Weil, P., Llobera, J., Spanlang, B., Friedman, D., Sanchez-Vives, M. V., & Slater, M. 2010. "Immersive journalism：Immersive virtual reality for the first-person experience of news." *Presence：Teleoperators and Virtual Environments*, 19（4）：291 – 301. doi：10. 1162/PRES_ a_ 00005.

Dowd, M. 2013. "Lost in space." *The New York Times*, April 23. https：// www. nytimes. com/2013/04/24/opinion/dowd – lost – in – space. html.

Drok, N., & Hermans, L. 2016. "Is there a future for slow journalism？." *Journalism Practice*, 10（4）：539 – 554. doi：10. 1080/17512786. 2015. 1102604.

Ember, S. 2018. "New York Times Co. subscription revenue surpassed ＄1 billion in 2017." *The New York Times*, February 9. https：//www. nytimes. com/2018/02/08/ busin ess/new – york – times – company – earnings. html.

Farhi, P. 2012. "Media too quick to fill in the gaps in story of school shooting in Newtown, Conn." *Washington Post*, December 18. https：//www. washingtonpost. com/lifestyle/ style/media – too – quick – to – fill – in – the – gaps – in – story – of – school – shooting – innewtown – conn/2012/12/18/368ae690 – 4959 – 11e2 – ad54 – 580638ede391 _ story. html.

Gilbert, G. 2014. "Slow television：The latest Nordic trend." *The Independent*, February 11. http：//www. independent. co. uk/arts – entertainment/tv/features/slowtelevision – chess – trains – and – knitting – 9122367. html.

Gladstone, R., & Haberman, M. 2018. "Horrific details on Syria chemical attacks left out, for now, from U. N. report." *The New York Times*, June 20. https：//www. nytimes. com/2018/06/20/world/middleeast/un – syria – eastern – ghouta. html.

Gleick, J. 2013. " 'Total noise,' only louder." *New York Magazine*, April 30. http：// nymag. com/news/intelligencer/boston – manhunt – 2013 – 4/.

Gustus, L., & Chance, A. 2019. "How the Sacramento Bee used 'sprints' to drive digital subscriptions." https：//betternews. org/sacramento – digitalsubscriptions/.

Harding, J. 2019. "What we are for." https：//www. tortoisemedia. com/2019/02/20/ what – we – are – for.

Higgins, L. 2018. "Behind an effort to fact-check live news with speed and accuracy." Wall Street Journal, November 23. https：//www. wsj. com/articles/behind – aneffort –

to – fact – check – live – news – with – speed – and – accuracy – 1542988801.

Hollerer, T. , Feiner, S. , & Pavlik, J. 1999. "Situated documentaries: Embedding multimedia presentations in the real world. Digest of Papers." *Third International Symposium on Wearable Computers*, pp. 79 – 86. doi: 10. 1109/ISWC. 1999. 806664.

iK Produzioni. 2017. "Slow news." http://www. slownewsmovie. com/.

Karlsson, M. 2011. "The immediacy of online news, the visibility of journalistic processes and a restructuring of journalistic authority." *Journalism*, 12 (3): 279 – 295. doi: 10. 1177/1464884910388223.

Lasswell, H. D. 1960. "The structure and function of communication in society." In *Mass communications* (2nd ed), edited by W. L. Schramm, pp. 117 – 130. Urbana: University of Illinois Press.

Laufer, P. 2013. "Join the 'slow news' movement: It's OK to read yesterday's news tomorrow." *The Oregonian*, January 14. http://www. oregonlive. com/opinion/index. ssf/2013/01/join_ the_ slow_ news_ movement_ it. html.

Laufer, P. 2014. *Slow news: A manifesto for the critical news consumer*. Corvallis: Oregon State University Press.

Le Masurier, M. 2015. "What is Slow Journalism? ." *Journalism Practice*, 9 (2): 138 – 152. doi: 10. 1080/17512786. 2014. 916471.

Le Masurier, M. 2016. "Slow journalism." *Digital Journalism*, 4 (4): 405 – 413. doi: 10. 1080/21670811. 2016. 1139904.

Loften, A. , & Vaughan-Lee, E. 2018. "Sanctuaries of silence." *The New York Times*, March 27. https://www. nytimes. com/video/opinion/100000005811102/sanctuaries – of – silence. html.

Margalit, R. 2014. "Should Auschwitz be a site for selfies? ." *The New Yorker*, June 26. https://www. newyorker. com/culture/culture – desk/should – auschwitz – be – a – site – forselfies.

McChesney, R. W. 2003. "The problem of journalism: A political economic contribution to an explanation of the crisis in contemporary US journalism." *Journalism Studies*, 4 (3): 299 – 329. doi: 10. 1080/14616700306492.

McDonald, J. , & Rieder, R. 2020. "Trump misleads on hydroxychloroquine, again." FactCheck. org, May 21. https://www. factcheck. org/2020/05/trump – misleadson – hydro xychloroquine – again/.

McKellogg, J. 2018. "Local news needs to slow down its pace." https://medium. com/jsk – class – of – 2018/its – time – to – slow – down – the – news – a606f5383faf.

Merry, S. 2015. "A five-day boat ride. Twelve hours of knitting. Are Americans ready for Norway's Slow TV? ." *Washington Post*, March 13. https://www. washingtonpost. com/

news/arts – and – entertainment/wp/2015/03/13/a – five – day – boat – ride – twelvehours – of – knitting – are – americans – ready – for – norways – slow – tv/.

Mitchell, A., Jurkowitz, M., Baxter Oliphant, J., & Shearer, E. 2020. "Americans rate CDC highly, Trump and his administration poorly on getting the facts right about COVID19." Pew Research Center, June 29. https：//www.journalism.org/2020/06/29/americans – rate – cdc – highly – trump – and – his – administration – poorly – on – getting – the – factsright – about – covid – 19/.

New York Times. 2018. "How we created a virtual crime scene to investigate Syria's chemical attack." *The New York Times*, June 24. https：//www.nytimes.com/interactive/2018/06/24/world/middleeast/douma – syria – chemical – attack – augmented – reality – ar – ul.html.

New York Times Magazine. 2015. NYT VR：How to experience a new form of storytelling from The Times. *The New York Times Magazine*, November 5. https：//www.nytimes.com/2015/11/08/magazine/nyt – vr – how – to – experience – a – new – form – of – storytelling – from – the – times.html.

Nielsen. 2020. "COVID-19：Tracking the impact on media consumption." https：//www.nielsen.com/us/en/insights/article/2020/covid – 19 – tracking – the – impact – onmedia – consumption/.

Owen, L. H. 2018. "Fear, surprise, disgust：Fake news spreads faster than some real news on Twitter." https：//www.niemanlab.org/2018/03/fear – surpriseand – disgust – why – fake – news – spreads – faster – than – real – news – on – twitter/.

Pavlik, J. V. 2001. *Journalism and new media.* New York：Columbia University Press.

Pitt, F. 2015. "New report：Virtual reality journalism." https：//towcenter.org/new – report – virtual – reality – journalism/.

Press Association. 2017. BBC News to offer audiences more in-depth analysis says Director-General. Daily Express, January 11. https：//www.express.co.uk/news/uk/752794/BBC – slow – news – changes – focus – in – depth – analysis.

Rauch, J. n.d.. "Slow media-A compendium of artifacts and discourses about slowness in media, news, journalism and communication." http：//slow – media.org/.

Sachor jetzt. 2016. "Das Holocaust-Snapchat-Projekt." http：//sachor.jetzt/en/the – project/.

Safi, M. 2018. "'WhatsApp murders:' India struggles to combat crimes linked to messaging service." *The Guardian*, July 3. https：//www.theguardian.com/world/2018/jul/03/whatsapp – murders – india – struggles – to – combat – crimes – linked – tomessaging – service.

Shoemaker, P. J. 1996. "Hardwired for news：Using biological and cultural evolution to explain the surveillance function." *Journal of Communication*, 46（3）：32 – 47. doi：

10.1111/j.1460-2466.1996.tb01487.x.

Slow Food. 1989. *Slow Food Manifesto* [PDF]. http://slowfood.com/filemanager/Convivium%20Leader%20Area/Manifesto_ENG.pdf.

Snider, M. 2018. "Gannett posts Q1 net loss as digital revenue grows, but doesn't offset declines in print." USA Today, May 7. https://www.usatoday.com/story/money/media/2018/05/07/gannett-earnings-net-loss-digital-revenue-growthcontinues/585633002/.

Spawl. 2018. The Sprawl Manifesto!. https://sprawlcalgary.com/thesprawl-manifesto-81e045840b23.

Stelter, B. 2017. "Washington Post digital subscriptions soar past 1 million mark." https://money.cnn.com/2017/09/26/media/washington-postdigital-subscriptions/index.html.

Sugarman, M. n.d.. "Personal conversation."

Sullivan, M. 2015. "Times reaches online milestone, but many challenges await." *The New York Times*, August 15. https://www.nytimes.com/2015/08/16/publiceditor/times-reaches-online-milestone-but-many-challenges-await.html.

Sundar, S. S., Kang, J., & Oprean, D. 2017. "Being there in the midst of the story: How immersive journalism affects our perceptions and cognitions." *Cyberpsychology, Behavior, and Social Networking*, 20 (11): 672–682. doi: 10.1089/cyber.2017.0271.

Tandoc Jr., E. C., Lim, Z. W., & Ling, R. 2018. "Defining 'fake news.'" *Digital Journalism*, 6 (2): 137–153. doi: 10.1080/21670811.2017.1360143.

Taylor, B. 2018. "Slow news in practice." https://blogs.uoregon.edu/slownews/2018/07/08/slow-news-in-practice/.

The Economist. 2017. "Traditional media firms are enjoying a Trump bump." *The Economist*, February 16. https://www.economist.com/business/2017/02/16/traditional-mediafirms-are-enjoying-a-trump-bump.

The Slow Journalism Summit. 2018. "Delayed Gratification." http://www.slowjournalism.com/delayed-gratification-magazine/the-slow-journalism-summit/.

Tortoise. n.d.. "Our story." https://www.tortoisemedia.com/purpose/.

Trefis Team. 2019. "New York Times is thriving on growing digital subscriptions." Forbes, February 11. https://www.forbes.com/sites/greatspeculations/2019/02/11/new-york-times-is-thriving-on-growing-digital-subscriptions/.

Usher, N. 2014. *Making News at The New York Times*. Ann Arbor, MI: University of Michigan Press.

WashPost PR Blog. 2016. "The Washington Post releases augmented reality view of Freddie Gray's case." https://www.washingtonpost.com/pr/wp/2016/05/10/the-washington-post-releases-augmented-reality-view-of-freddie-grays-case/.

十 趋势：生产具有社会责任感的新闻

凯伦·麦金泰尔·霍普金森（Karen McIntyre Hopkinson）

妮可·史密斯·达曼（Nicole Smith Dahmen）

调查记者阿曼达·里普利（Amanda Ripley）指出："事实证明，那些错综复杂的新闻是能够感染读者的好消息。"我们最终也认同这样的观点，并且更乐观地认为其对新闻业而言也是一个极好的消息。

这最后一部分的内容，致力于研究本书中涉及的八种报道方法之间的共同点，并反思它们对行业未来的影响。但是，我们首先要明确支撑这些实践以及本书的两点内容。

首先，我们一定需要用新闻来记录和揭示问题。无论是关于自然灾害的突发新闻，还是关于公立学校系统性故障的深入调查报告，都如同黑暗中的一丝光明。新闻对于解释说明当天发生的事件和让相关人员承担相应的责任起着至关重要的作用，但新闻媒体有责任超越新闻事件本身来指出问题。正如科瓦奇（Kovach）和罗森斯蒂尔（Rosenstiel）在2014年提到的那样：

> 新闻界应该认识到，强有力的机构在哪些方面有效地运作，又在哪些方面没有。如果新闻界无法说明这一点，那它怎么能声称是在监督权力呢？当无休止的批评失去了意义，公众也就失去了判断好坏的依据。（Kovach & Rosenstiel, 2014：174）

戴维·伯恩斯坦（David Bornstein）在2015年提出："为什么我们认为当人们引发问题或使问题加剧时是有新闻价值的，而当人们对问题进行思考时就不是呢？"正如这些专家所争辩的那样，我们需要超越这些问题的报道。

其次，虽然有所谓的"倡导性新闻"，但本书中讨论的八种报道方法并不是倡导。长期以来，人们一直认为参与解决问题不是新闻业的职责。由于新闻报道超越了"只报道事实"的方式，因此新闻业确实有可能担当起"倡导者"的角色，但这又反过来将故事和其讲述者置于"客观"和"平衡"报道的范围之外。没错，新闻业应该如实报道事实，然而，科瓦奇和罗森斯蒂尔在2014年提出平衡和客观性是"过时的概念"，相反，他们建议新闻工作者应该致力于核实真相和事实，而不是打着客观的幌子工作，打着客观的幌子所做出的任何新闻决策都是行不通的。科瓦奇和罗森斯蒂尔以丹·吉尔默（Dan Gillmor）2005年发表的关于新闻业的著名文章为例，认为"客观性"应改为"彻底、准确、公平、透明"（Gillmor，2005：101）。本书中讨论的报道方法在实践中是彻底、准确、公平和透明的，不发号施令也不出谋划策。把这些留到编辑页面吧。

本书中讨论的八种报道方法致力于新闻学的核心价值观：寻求真相，减少伤害，独立行动，保持公正负责且透明，同时向公众提供富有成效、对社会负责的报道。它们对各种当代新闻业中出现的混乱现象做出回应，特别是关于新闻周期的节奏加快，增加了注意力/页面浏览量的价值，而不是实际为公众服务，以及将负面性和冲突误解为新闻价值等问题。我们发现本书中讨论的每种方法都是不同的，但它们有共同点。首先，也是最重要的一点，是它们都具有生产力和社会责任感。

富有成效和社会责任感

为了重申本书第一部分中提及的这些词的含义，我们所说的富有成效的做法是指推动对话、吸引和赋权听众以及寻求有意义的影响。所谓社会责任感，我们指的是通过超越基于问题的叙事来报道新闻，即通过深度和复杂的报道，以及通过强调与社会的联系和合作来考虑社会最佳利益的新闻。在他们努力制作富有成效和对社会负责的新闻时，我们发现了这八种报道方法的三个共同点：

1. 他们拒绝新闻行业的典型规范和惯例。
2. 他们强调与观众的联系和合作。
3. 他们赏识新闻作品的深度和背景。

拒绝典型的规范和惯例

对新闻社会学的研究表明，新闻工作者遵循一定的规范、惯例和常规（Tunstall，1971；Waisbord，2002；Weaver & Wilhoit，1996）。本书中讨论的报道实践通常是对传统新闻使用的一种解毒剂，它摒弃了新闻行业关于新闻判断、速度、平衡和客观性等理想的典型规范和惯例。他们超越了倒金字塔的形式，强调谁、什么、什么时候、在哪里、如何、为什么、什么是可能的。他们不太关注突发性的新闻，而更关注新闻的深度和背景。这些做法为"新闻"是"正在发生的事情"的传统定义提供了解毒剂。除了突发新闻之外，实施这些做法的记者基本上要报道很长一段时间的问题，通常是数周甚至数月。例如，慢新闻拒绝了突发新闻的疯狂步伐，而倾向于优先考虑更为周到的新闻收集和分析方法，以确保准确性和事情的来龙去脉。慢新闻的价值观是花时间来制作和消化新闻，这样做非常强调提供语境。建设性新闻质疑传统的新闻判断，强调社会福利，从积极心理学和新闻价值的角度出发，更加注重平衡。正如吉尔登斯特德（Gyldensted）2015年在其开创性著作《从镜子到搬运工》（*From Mirrors to Movers*）中所写，"建设性新闻认识到，世界上存在错误、失败和滥用；然而，它坚信发展、增长和机遇也同时存在"（Gyldensted，2015：7）。和平新闻不是以强调冲突作为新闻价值，而是在新闻报道中淡化冲突。虽然其仍然涵盖了冲突的系统根源，但它避免了用煽动性的、妖魔化的和陈规定型的语言来报道，着力以非暴力的方式解决冲突。

强调与观众的联系和合作

传统的新闻实践表明,记者是客观、独立的观察者,他们在所报道的社会之外活动,而不是作为社会的一部分(Schudson,1981;Schudson & Anderson,2009)。相反,富有成效、有社会责任感的报道认识到,公共关系作为公共服务行业和民主的基础,对于新闻业来说是至关重要的。市民新闻,一种引领本书所述实践的方法,以增加公众对民主进程参与的方式为目标与受众建立联系。参与式新闻使受众参与度更高,使公众能够与记者一起合作制作和传播新闻内容。参与式新闻也关注公众,特别是社会的健康发展,正如作者在本书第七部分中写到的"将公共专家和参与者视为平等伙伴,以实现为知情和繁荣的社区提供准确信息的共同使命"。

强调深度和背景

介绍性报道教科书教导记者清晰、简洁地切入要点,并呈现问题的两面,简化信息以便于观众理解。然而,正如本书第一部分所讨论的,过度简化的新闻故事可能会提供对世界的不准确描述,事实上,观众会从更复杂的报道中获益。我们可以把框架理论作为一个基础。

艾英加(Iyengar)在 1991 年提出,新闻框架可以分为主题新闻框架和情节新闻框架。情节新闻框架描述说明问题的具体事件,主题新闻框架呈现集体或一般证据(Iyengar,1991:14)。对以孤立事件为重点的情节新闻报道与以更广泛问题为重点的主题新闻报道的研究表明,前者可能存在问题(Iyengar,1991:14)。例如,一个情节性的故事可能是关于森林火灾的突发新闻故事。主题新闻报道将同样的森林火灾置于气候变化的负面影响和已知影响的背景下,讲述一个更复杂但完整的故事。正如作家约翰·维贝在本书第五部分中所写,"解释性新闻业仍希望为无数社会弊病提供一剂解毒剂,这些弊病部分归因于传统新闻媒体

实践的不足"。它通过向新闻提供社会科学技术，以便提供包括上下文在内的准确的解释和说明来实现这一目标。

为什么有生产力和社会责任感的新闻是必要的

这些富有成效和对社会负责的新闻实践在当今的新闻媒体环境中是必要的，因为它们有潜力应对该领域的关键挑战——没有游离的受众、缺乏公众信任和失败的商业模式。

报道超越问题、推动对话、将公众置于优先地位并寻求改善社会的记者制造出的故事，将比直奔社会、只报道问题、不关心工作影响的记者所制造的更具吸引力。如本书第二部分所述，"如果目标是受众参与，那么就应该回到市民新闻这里寻找答案"。作为皮尤市民新闻中心（Pew Center for Civic Journalism）主任，简·谢弗（Jan Schaffer）是市民新闻全盛时期的领军人物，她在2015年评论道："简言之，市民新闻起了作用，读者和观众都明白了。我们了解到，如果你故意以简单的方式让人们参与社区问题或选举，许多人会参与。"（Schaffer，2015）最近，数据持续显示，阅读、观看或收听对社会负责的新闻故事的人参与度更高。例如，《西雅图时报》（*Seattle Times*）和《蒙哥马利广告报》（*Montgomery Advertiser*）等报纸在其基于解决方案的报道的受众指标方面参与度都有所提高。

如果受众参与到新闻流程和产品中，他们会有更多的投入感。就新闻收集过程而言，这是报道社会和与社会一同报道之间的区别。对于新闻产品而言，它是对受众消费提供见解和解决方案的新闻，而不是无休止的障碍。例如，本书第四部分讨论了《查塔努加自由新闻时报》（*Chattanooga Times Free Press*）关于贫困解决方案的系列报道，使线上参与度和市议会的观众参与度都得到了提升（McGregor & Stroud，2016）。

有理由相信，这些报道实践有可能恢复新闻受众的信任。正如本书各部分所示，研究表明，这些富有成效且对社会负责的报道实践可以积极影响新闻媒体中的公众信任。研究人员访问了四个美国社区，考察了阻碍信任的原因以及可以采取什么措施来帮助信任，最终发现积极性是建立信任的一个关键因素（Heyamoto & Millbourn，2018），当然，这是这些报道实践的副产品。更具体地说，《西雅图时报》以解决方案为重点的教育实验室系列（本书第四部分中提到）的读者表示，他们对该论文的信任度高于整体读者（Green-Barber，2016）。在得出全面结论之前，我们需要对这一主题进行更深入的研究。

虽然我们不能说参与和信任直接导致收入增加，但它们在吸引及留住订阅者和会员方面无疑至关重要，它们有助于为该行业建立可持续的商业模式，并且在新闻行业具有不确定性和不稳定性的时候变得尤为重要。我们已经看到了这一点。以在本书中经常提到的荷兰新闻网站"通讯员"（De Correspondent）为例。其以建设性新闻和参与性新闻作为指导原则，打破了新闻业众筹活动的记录，这表明这些方法不仅对社会有益，而且对商业活动也有益（De Correspondent，n. d.）。另一个例子：在采用了以解决方案为中心的报道风格后，犹他州的《犹他州新闻》（*Deseret News*）的印刷发行量增长了15%，并在2012年成为全美发行量增长第二快的报纸（Noack et al.，2013）。最近，本书第二部分中提到的研究发现，"参与新闻活动可以在新闻组织和受众之间建立信任，从而使受众愿意在经济上支持新闻事业"（Green-Barber & McKinley，2019：5）。

严酷的现实和新闻编辑室的底线

在这本书里，我们一直很乐观。正如各部分所示，这八种报道方法在向受众提供信息和增强受众能力方面具有巨大价值，从而产生有意义的影响。当然，这也是我们在新闻不稳定的时期保持乐观的原因。但在本书中，我们没有回避的一个严酷现实是，这些报道方法不一定完全符合当前新闻编辑室的业务和实际情况。在美国和世界各地，资源正在减少，新闻编辑室也在缩小。随着记者人数的减少，新闻媒体如何能够真实地举行听众聆听会议，花费大量的时间编辑复杂的数据集，或者连续几天（更不用说几周和几个月）报道任何一个故事呢？即使他们真的试图这么做了，又如何管理它并同时持续发布关于当地教育董事会、本地商业开放和关闭，以及县商业集会的报道呢？我们不会无视这个现实。

那么，在新闻编辑室中应用这些方法会是什么样子呢？我们无法预测这些做法是否能减轻新闻业的经济负担，但接受本书中讨论的报道方法可能会成为一个有意义的方向，从而为新闻机构带来持续价值。以下是我们对记者和新闻编辑的一些建议：

- 不要简化故事。读者需要复杂性（Ripley，2018）。
- 侧重于更多的主题性报道，较少的情节性报道（Iyengar，1991）。派一名记者，或许是一名入门级记者，参加教育董事会会议。发布关键决策/行动，但不要写关于当晚会议的概述，相反，要写一篇更深入的文章，并把学校董事会会议放在上下文中。
- 通过避免"伪事件"（Boorstin，1987）和其他典型事件报道（县展销会、宣传活动），有效利用资源。是的，你可能会因为不在现场而错过一些东西，但如果你把精力集中在其他地方，你可能会获得一些更有价值的东西。
- 避免为了利润而迎合存在点击诱饵的标题和故事。相反，以获得更长线的投资回报为目标，与受众建立联系和信任。对这些想法进行长期投资。我们知道这说起来容易做起来难。你不会一夜之间改变你的编辑室的工作方法，也不应该如此。在每一个故事中慢慢尝试一种方法，并观察结果。在投资这些报道方法的方式、原因和时间上要有策略，并积极寻求机构的投资和基金会的支持。
- 通过研究，我们看到了记者对这些做法的大力支持（McIntyre et al.，2018）。当记者了解到这些做法时，他们会表现出更大的热情，并表示他们可能会在报道中使用这些做法（McIntyre et al.，2018）。记者们通常认为这是一种支持，因为他们认为能够将这些报道技巧识别并命名为合法的报道实践是有价值的。因此，能够在推介和报道过程中按名称识别这些做法可能会很有用。妇女和少数民族尤其支持出版商和新闻编辑应努力在新闻中纳入各种观点。因此,新闻编辑应该对尝试这些方法持开放态度。

• 这八种报道方法忠实于新闻的基本要素:寻求真相、尽量减少伤害、独立行动、公正负责和透明。

• 许多记者出于正当理由感到悲观(例如,新闻编辑室资源的缩减,美国前总统称新闻界为"人民的敌人"的政治风气)。记者们对未来感到气馁,或者对主流新闻节目中经常出现的厄运和阴霾感到不满,他们可以通过这些做法为自己的职业带来新的希望。

推进关于富有成效和社会责任感的报道的研究

除了为记者提供具体的建议外,本书的另一个目标是激发人们对这些实践的持续学术研究。通过每一部分的详细阐述,以及最后一部分的总结,我们希望在分析这些实践方面能够取得进展。展望未来,这些和其他形式的富有成效和社会责任感的报道已经成熟,可以进行学术研究。我们列举了几个未来建议的研究领域,以及更多的领域:

• 该领域将从更多的研究中受益,这些研究将检验新闻实践,因为它与记者如何进行这些报道有关。最近大多数关于新闻社会责任形式的研究都是定量的。我们建议通过民族志、新闻编辑室观察、更多的焦点小组和深入访谈研究来了解更多关于社会责任报道的细微差别的方法。

• 也许最需要对新闻业的社会责任形式进行更多研究的领域是理论建设。诸如新闻界的社会责任理论和框架理论等理论可以支持和解释这些方法,但该领域缺乏解释为什么我们应该期望从这些实践中获得某些结果的理论。

• 一些新闻机构打算实施本书中讨论的方法,但未能实现(Lough & McIntyre,2019)。应该进行更多的研究,探索此类报道的障碍。随着新闻编辑室资源的缩减,这些报道的制作时间是多少?他们需要更长的时间来生产吗？他们需要更多的资源吗？新闻编辑是否支持这种报道风格？

● 仔细阅读适合这些方法的报道，对其中的要素进行仔细检查。内容或文本分析可以识别这些元素。

● 研究人员进行了一些实验以测试其中一些方法的影响，如建设性新闻和方案新闻，但没有测试其他方法，如参与式新闻和慢新闻（slow journalism）。学者们应该进行实验，观察每种方法的影响，特别是它们如何影响公众信任和观众参与度。

● 最后，我们了解，这些做法通常不适合突发新闻。但它们是否对某些故事主题特别有效？或者需要使用某些媒介发布？在什么条件下，社会责任报道形式能够蓬勃发展？

这些报道实践是由于新闻业的混乱而产生的。而现在，它们可以成为其中一些问题的答案。1965年，挪威人约翰·加尔通（John Galtung）和马里·鲁格（Mari Ruge）在《国际和平研究杂志》（*Journal of International Peace Research*）上发表了他们关于"外国新闻的结构"的开创性文章，他们将负面性视为关键新闻价值。加尔通在瑞士日内瓦举行的2019年全球建设性新闻会议上表示，这是一个警告。然而，它似乎更像是一个教学点，消极性经常被列为新闻教科书中的新闻价值。在文章中，加尔通和鲁格特别呼吁"更多地提及积极事件"（Galtung & Ruge，1965：85）。本书中的报道实践反映了新闻界听取他们建议的合理方法。半个多世纪后，现在这样做还不算太晚。

只关注黑暗或光是没有效果的，这不是对社会负责的新闻业。相反，记者应该努力讲述完整的故事，这才是好的新闻报道。

参考文献

Boorstin, D. J. 1987. *The image: A guide to pseudo-events in America.* New York: Atheneum.

Bornstein, D. 2015. "The news we need to hear." *The New York Times*, January 8. http://opinionator.blogs.nytimes.com/2015/01/08/solutions-for-a-new-year/.

De Correspondent. n. d. "Our 10 founding principles." https://thecorrespondent.com/principles.

Galtung, J., & Ruge, M. H. 1965. "The structure of foreign news: The presentation of the Congo, Cuba and Cyprus crises in four Norwegian newspapers." *Journal of Peace Research*, 2 (1): 64 – 90.

Gillmor, D. 2005. "The end of objectivity." Dan Gillmor on *Grassroots Journalism*, Etc. http://dangillmor.typepad.com/dan_gillmor_on_grassroots/2005/01/the_end_of_obje.html.

Green-Barber, L. 2016. "The Seattle Times Education Lab: How coverage of school discipline shifted public discourse." The Solutions Journalism Network and The Center for Investigative Reporting. https://www.dropbox.com/s/8i2q778yzfy1m1z/edlab-analysis-LGB-2.pdf.pdf?dl=0.

Green-Barber, L., & McKinley, G. E. 2019. "Engaged journalism: Practices for building trust, generating revenue, and fostering civic engagement." https://s3-uswest-2.amazonaws.com/lindsaygreenbarber.com/assets/IA + Engaged + Journalism + Report + 1.31.19.pdf.

Gyldensted, C. 2015. *From mirrors to movers: Five elements of positive psychology in constructive journalism*. Charleston, SC: GGroup Publishing.

Heyamoto, L., & Milbourn, T. 2018. "The 32 Percent Project: Exploring how citizens define trust and how journalists can earn it." Agora Journalism Center. https://journalism.uoregon.edu/files/2018-32-percent-agora-report.pdf.

Heyamoto, L., & Milbourn, T. (2018). The 32 Percent Project: How citizens define trust and how journalists can earn it. Agora Journalism Center. Retrieved from https://cpb-us-e1.wpmucdn.com/blogs.uoregon.edu/dist/2/9795/files/2018/10/2018-32-Percent-AgoraReport-wd1bwq.pdf.

Iyengar, S. 1991. *Is anyone responsible? How television frames political issues*. Chicago & London: University of Chicago Press.

Kovach, B, & Rosenstiel, T. 2014. *The elements of journalism: What newspeople should know and the public should expect*. New York: Three Rivers Press.

Lough, K., & McIntyre, K. 2019. "Transitioning to solutions journalism: One newsroom's shift to solutions-focused reporting." Presented at the Future Of Journalism conference, Cardiff, September.

McGregor, S., & Stroud, N. J. 2016. "How one community responded to solutions journalism." Center for Media Engagement. https://mediaengagement.org/research/

how‐one‐community‐responded‐to‐solutions‐journalism/.

McIntyre, K., Dahmen, N., & Abdenour, J. 2018. "The contextualist function: U. S. newspaper journalists value social responsibility." *Journalism*, 19 (12), 1657–1675.

Noack, M., Orth, J., Own, B., & Rennick, S. 2013. "A transformational journey: Adopting solutions journalism at Utah's Deseret News." Solutions Journalism Network. https://www.dropbox.com/s/n9ndgp6sr8pckqt/Deseret‐News‐Case‐Study. pdf? dl = 0.

Ripley, A. 2018. "Complicating the narratives." Solutions Journalism Network, June 27. https://thewholestory.solutionsjournalism.org/complicating‐the‐narrativesb91ea06ddf63.

Schaffer, J. 2015. "If audience engagement is the goal, it's time to look back at the successes of civic journalism for answers." Nieman Lab blog. http://www.niemanlab.org/2015/06/if‐audience‐engagement‐is‐the‐goal‐its‐time‐to‐look‐back‐at‐the‐successes‐of‐civic‐journalism‐for‐answers/.

Schaffer, J., 2015. If audience engagement is the goal, it's time to look back at the successes of civic journalism for answers. *Nieman Lab*, 22.

Schudson, M. 1981. *Discovering the news: A social history of American newspapers*. Basic Books.

Schudson, M., & Anderson, C. 2009. "Objectivity, professionalism, and truth seeking in journalism." In *The handbook of journalism studies*, pp. 108–121. Routledge.

Tunstall, J. 1971. *Journalists at work*. London: Constable.

Waisbord, S. 2002. *Watchdog journalism in South America*. New York: Columbia University Press.

Weaver, D., & Wilhoit, G. C. 1996. *The American journalist in the 1990s*. Mahwah, NJ: Erlbaum.

后　记

此译本出来之时，国内关注建设性新闻已超过五年。建设性新闻引入国内，学界主流的声音是接纳的，几年间刊载三百多篇相关论文，唐绪军、胡百精、蔡雯、殷乐、漆亚林、徐敬宏、常江、陈薇、邵鹏等教授几年间就发表研究论文三篇以上。相关丛书出版、研究机构建立、教育模式探新，一时"春意盎然"。也有学者持不同的观点，归纳起来主要是，建设性新闻不符合中国国情，过于强调它的重要性等。其实推介这一理论资源或学术概念，出发点就是批判性接受，择善而从；建设性新闻不可能，也无此雄心成为中国新闻未来的"首选"，为中国新闻业奠定"总基调"。关于国外相关学者对当下新闻状况的极其不满与大力批判，其实我想可以将其理解为"推崇"建设性新闻的一种表达策略，并不意味着它就能成为唯一或主导。不过这些不同的声音为国内建设性新闻研究"敲了黑板"。

2017年我在美国弗吉尼亚州访学，很偶然与凯伦·麦金泰尔认识，于是很好奇地做了一个关于建设性新闻的专访，较详细地引入建设性新闻概念，之后也没去深耕。去年跟她在脸书聊天，得知2021年初即将出版本书。我当即就有翻译此书之意，但因为自己也只是浅涉建设性新闻，有些犹豫，不过看到她发来的文稿，书不厚，语言也平实、不艰涩，便行动起来。我想，希望通过此书，能对建设性新闻的新闻形态创新的历史溯源、发展脉络及其前后语境，提供一个大概的说明；同时将更多超越问题的新闻形式呈现出来，以飨读者。

这几年手头在翻译《娱乐心理学》《娱乐理论：牛津读本》，我一个人来做的话，时间无法"周转"，便邀约了浙江工业大学人文学院副院长邵鹏教授一起来完成，前年一年时间里他在《新闻大学》《浙江大学学报》《当代传播》连续发表几篇建设性新闻的研究文章，在这个领域"擦拳抹掌"，当是合译者人选，我们的翻译沟通合作也很愉快。最后，在本书翻译过程中，感谢张舒雅、舒镒惠两位研究生完成了部分初稿。本书得到暨南大学新闻与传播学院的资助，也是中央高校基本业务经费项目（19JNQM02）的阶段性成果。感谢支庭荣院长的推进与鞭策。还要感谢社会科学文献出版社皮书出版分社社长邓泳红，编辑陈雪、张静阳的精心校稿，对提升书稿质量贡献很多。

晏　青

2022年3月26日于广州回南天

图书在版编目(CIP)数据

超越问题的新闻：从市民新闻到方案新闻 /（美）凯伦·麦金泰尔（Karen McIntyre），（美）妮可·达曼（Nicole Dahmen）主编；晏青，邵鹏译.--北京：社会科学文献出版社，2022.11（2024.1重印）
（"建设性新闻"研究丛书）
书名原文：Reporting Beyond the Problem：From Civic Journalism to Solutions Journalism
ISBN 978-7-5201-9972-8

Ⅰ.①超… Ⅱ.①凯…②妮…③晏…④邵… Ⅲ.①新闻报道-研究-美国 Ⅳ.①G219.712

中国版本图书馆CIP数据核字（2022）第197565号

·"建设性新闻"研究丛书·
超越问题的新闻：从市民新闻到方案新闻

主　　编 /	[美]凯伦·麦金泰尔（Karen McIntyre）
	[美]妮可·达曼（Nicole Dahmen）
译　　者 /	晏　青　邵　鹏

出 版 人 / 冀祥德
组稿编辑 / 邓泳红
责任编辑 / 陈　雪
文稿编辑 / 张静阳
责任印制 / 王京美

出　　版 / 社会科学文献出版社·皮书出版分社（010）59367127
　　　　　　地址：北京市北三环中路甲29号院华龙大厦　邮编：100029
　　　　　　网址：www.ssap.com.cn
发　　行 / 社会科学文献出版社（010）59367028
印　　装 / 北京虎彩文化传播有限公司

规　　格 / 开　本：787mm×1092mm　1/16
　　　　　　印　张：13.75　字　数：198千字
版　　次 / 2022年11月第1版　2024年1月第2次印刷
书　　号 / ISBN 978-7-5201-9972-8
著作权合同
登 记 号 / 图字01-2022-2662号
定　　价 / 98.00元

读者服务电话：4008918866

版权所有 翻印必究